U0463662

读懂王阳明

阳明心学入门

陈垂培 著

团结出版社

图书在版编目（CIP）数据

读懂王阳明：阳明心学入门 / 陈垂培著. -- 北京：

团结出版社, 2020.9

ISBN 978-7-5126-8143-9

Ⅰ.①读… Ⅱ.①陈… Ⅲ.①王守仁—1472-1528—

哲学思想—研究 Ⅳ.①B248.25

中国版本图书馆CIP数据核字(2020)第144926号

出版：团结出版社

（北京市东城区东皇城根南街84号 邮编：100006）

电话：（010）65228880 65244790（传真）

网址：www.tjpress.com

Email: zb65244790@vip.163.com

经销：全国新华书店

印刷：大厂回族自治县德诚印务有限公司

开本：145×210 1/32

印张：10.25

字数：250千字

版次：2020年9月 第1版

印次：2020年9月 第1次印刷

书号：978-7-5126-8143-9

定价：48.00

序

　　阳明心学是一门身心修炼之学，不是一门知识性的学科，重血脉骨髓上的功夫体认，不重解释字词文句。德国哲学家奥伊肯说，人的义务和特权便是以积极的态度不断地追求精神生活。精神生活是内在的，它不是植根于外部世界，而是植根于人的心灵；但它又是独立的，它超越主观的个体，可以接触到宇宙的广袤和真理。这个真理在王阳明看来就是"良知"，是人之所以为人的自性，是人所固有的"根本慧"，是能接通自然能量的本源性直觉。王阳明的《传习录》就是要传这个良知，要世人都自觉地致自己本心之良知。

　　我在北京三智文化书院讲解《传习录》时，陈垂培同志是众多同学中的一位。他引起我的注意因为他刻苦用功，也因为他对问题的独特看法。记得在一次交流时，他提出："历朝历代的各级政府官员是传承儒家文化的主体。"我纠正他说："书院才是传承儒家文化的主体。"而他则认为："虽然书院的作用不容抹杀，但是书院大多是由致仕或者被罢免的官员创办或主讲，而书院学子大多数也走科举当官的路。"可能因为我是办书院的，而他供职于政府机关，看问题的角度不同，得出的结论也不一样。无论如何，作为一个政府公职人员自觉担当起传承中华优秀传统文化的责任，总是值得鼓励的。

心学的要害在于结合自己，把自己摆进去。有一地方官员，经常听王阳明先生讲学，他说："此学甚好。只是薄书讼狱繁难，不得为学。"王阳明先生说："我何尝教尔离了薄书讼狱，悬空去讲学？尔既有官司之事，便从官司的事上为学，才是真格物。"学习阳明心学就是要结合自己的实际，在自己的工作、生活实践中学习、体悟。我知道，陈垂培先生平时工作非常繁忙，但是他多年来一直坚持在工作中学习，在生活中学习，他业余时间基本上都用来学习了，一段时间以来，每个周末都到三智文化书院来参加学习交流，也时常来听我的讲座。

原本以为陈垂培同志学习阳明心学只是在实践躬行上用力，看过他写的书稿后，才知道他对许多学术问题的研究都很深入，这足以让以研究为主业的某些专家学者汗颜。而这种在研究中实践、在实践中研究的做法，正是几千年来儒家的优秀传统，也是马克思主义的优良作风，在王阳明时代，这叫知行合一，在当代叫理论联系实际。他的书稿中也处处体现知行合一和理论联系实际的精神。

诚然，阳明学风，要人摆脱文字言说，反向自身自心上来，而讲学论道亦离不开言语文字，这一直是个矛盾。阳明大弟子徐爱在《传习录》序中引用这样的典故，孔子因子贡喜欢从言语中去探究，故提醒他少说话，多从心上体悟；而颜回对于孔子的话总是默默用心领悟，孔子却一整天和颜回滔滔不绝地畅谈。徐爱认为，孔子对子贡"无言"不为少，对颜子"终日言"不为多，都是因材施教。"文所以载道也"，"苟徒入耳出口，不体诸身"，一言不为少；"使能得之言意之表，而诚诸践履之实"，千言不为多。

陈垂培同志不是专门从事儒家思想研究的专家学者，其研究阳明心学的方法不注重训诂考证、引经据典，而注重在实践中用心体认，他的书从一个当代政府官员的视角，对明代政府官员王阳明的思想进行一番考察和体悟，应该说相似的职业使他能更真切体会王阳明先生当年的心境，能比较全面准确地再现这位 500 年前儒家圣人的思想脉络。据我所知，陈垂培同志的这本专著，是截至目前第一本当代政府官员诠释明代政府官员思想的书，因为稀少，也因为作者真正花了功夫，所以还是值得一读的。

是为序。

周月亮

2020 年 6 月 19 日

（作者为中国传媒大学阳明书院院长，博士生导师）

前　言

王阳明生活的时代距今 500 年,对于整个宇宙来说,500 年只是一瞬间,对于有历史记载的人类文明来说,500 年却占近六分之一的时长,可以称为"很久很久以前"。在生活节奏如此快的今天,我们为什么要对一个很久很久以前的人和他说过的话、做过的事,倾注大量心血去研究? 他究竟有什么过人之处? 他的那些尘封已久的思想对今天还有用吗? 让我们一起走进阳明心学的思想殿堂,一起去看看里面有什么宝藏。

一、为什么学阳明心学?

美国史学家斯塔夫里阿诺斯的《全球通史》[①],以公元 1500 年为分水岭把整个人类历史的演进划分成两个基本阶段: 公元 1500 年以前,人类基本上生活在彼此隔绝的地区中; 公元 1500 年之后,西方的兴起促使世界由分隔走向整体,从此才有真正意义上的世界史。

公元 1500 年,欧洲文艺复兴运动已经进行了一百多年,欧洲国家在许多重要科技上领先世界,工商业兴起,海上贸易活跃。哥伦布正在开辟通往

---

① 〔美〕L·S·斯塔夫里阿诺斯著、吴象婴等译:《全球通史: 从史前史到21世纪》,北京大学出版社,2006年10月第1版。

美洲的新航路，卡布拉尔率领船队远征印度，迪奥戈·迪亚士在东非发现马达加斯加……，大航海时代的到来，推动了欧洲诸国的殖民扩张，以西方国家占据绝对优势的全球化即将洪水猛兽般席卷全世界。随着人文主义思潮的兴起，欧洲结束了漫长而黑暗的中世纪，思想上摆脱了封建神学的束缚，哲学、文学、美术、音乐、建筑业空前繁荣，达·芬奇、拉斐尔、米开朗基罗、哥白尼、托马斯·莫尔、马丁·路德、马基雅维利等群星荟萃。

公元 1500 年的中国正处于明朝中叶，虽然约 100 年前，大明王朝就有规模宏大的"郑和下西洋"，虽然第九位皇帝孝宗朱祐樘躬行节俭，勤于政事，创造了经济相对繁荣的"弘治中兴"，但与探索、开放、扩张的工商业化的西方世界相比，当时的中国仍然处于保守、僵化、封闭的自给自足的农耕文明阶段。公元 1500 年，王阳明 29 岁，刚中进士一年，先在工部实习，后任刑部云南清吏司主事。这个时期的王阳明经过了"任侠""骑射""辞章""神仙""佛氏"的广泛涉猎后，专心于儒学，踌躇满志，正欲为国家干一番事业。然而，诚如黄仁宇先生所言，从整个世界的范围和大历史的视角看，公元 1500 年之后的大明帝国已经走到了它发展的尽头，皇帝的励精图治或者宴安耽乐，文官的廉洁奉公或者贪污舞弊，武将的骁勇善战或者苟且偷生，思想家的开拓创新或者因循守旧，结果都是无分善恶，农业帝国最终摆脱不了历史的大失败。[1]

洞察世界格局，并非厚此薄彼，承认唯物史观，亦非抹杀个人作用。只有把历史人物置于特定的时代背景下考察，才能既不过分夸大和神秘化古人，也不自以为是地对古人横加指责。王阳明所处的时代，政治体制僵化低效，自然灾害、盗贼匪患、藩王叛乱等常令统治者和官僚阶层疲于应付，无

---

[1] 黄仁宇：《万历十五年》，第219页，中华书局，2007年1月第1版。

暇他顾；思想上朱熹关于儒家学说的诠释一统天下，成为官方主流的意识形态，任何与朱熹思想相左的学术观点都被视为异端邪说。在这样的环境下，作为传统的读书人，王阳明坚守千年儒家道德传统，忠孝信义，仁民爱物；作为正统的政府官员，他为王朝兴衰竭尽全力，居功至伟；作为有独立思想的学者，他为复兴孔孟之道，披荆斩棘，推陈出新。在当时的政治经济条件下，王阳明已将个人的主观能动性发挥到极致，成为立德、立功、立言"三不朽"的圣人。任何脱离时代背景对他的指责或溢美，亦或用现代的学术话语体系批判他的思想，都是不切实际的。

500多年过去了，世界发生了翻天覆地的变化，中国也发生了翻天覆地的变化。中国的经济、政治、军事乃至文化，不像几世纪前初次与世界潮流交汇时那样处于绝对劣势，而是在一个相对平等的环境中与西方世界展开竞争与合作。经济方面，中国用40年左右的时间使国内生产总值增长了200多倍，成为世界第二大经济体；政治方面，实行中国特色社会主义制度，有利于集中力量办大事，展示出比西方更高的行政效率；军事方面，中国拥有一支强大的现代化陆、海、空和火箭军立体化协同作战部队，军事实力位居世界前列。文化方面，中华文化在同其他文化的交流互鉴中不断发展，从历史上的佛教东传、"伊儒会通"，到近代以来的"西学东渐"、新文化运动、马克思主义和社会主义思想传入，再到改革开放以来全方位对外开放，中华文化始终在兼收并蓄中历久弥新。①

当前，中华民族正阔步走在伟大复兴的征程上，中华民族伟大复兴离不开中华文化的复兴。文化是一个国家、一个民族的灵魂。文化兴国运兴，

---

① 习近平：《深化文明交流互鉴共建亚洲命运共同体——在亚洲文明对话大会开幕式上的主旨演讲》，2019年5月15日，北京。

文化强民族强。没有高度的文化自信，没有文化的繁荣兴盛，就没有中华民族伟大复兴。[①]中国特色社会主义文化源自于中华民族五千多年文明历史所孕育的中华优秀传统文化，儒家思想是中华优秀传统文化的主要代表，而作为儒家思想的集大成者之一，王阳明的心学正是中国传统文化中的精华，也是增强中国人文化自信的切入点之一。当代中国人要担负起中华优秀传统文化忠实传承者和弘扬者的责任，就要坚持创造性转化、创新性发展的原则，深入学习、挖掘包括阳明心学在内的中华优秀传统文化蕴含的思想观念、人文精神、道德规范，结合时代要求继承创新，让中华文化展现出永久魅力和时代风采。

在新一轮全球化进程中，世界多极化、文化多样化、社会信息化深入发展，人类社会充满希望。同时，国际形势的不稳定性、不确定性更加突出，人类面临的全球性挑战更加严峻，全球气候变暖、重大自然灾害、新型传染病疫情、经济和金融危机、不同文明的激烈冲突、局部战争等等，需要世界各国齐心协力、共同应对。应对共同挑战、迈向美好未来，既需要经济科技力量，也需要文化文明力量。[②]当代中国在总结、吸收和借鉴几千年中华优秀文化"道法自然""天人合一""天地万物一体""协和万邦"等思想的基础上，提出了"人类命运共同体""生态文明共同体"等重要理念，为解决全球化进程中人类共同面临的问题，贡献了中国智慧、提供了中国方案。从这些理念中，我们可以追寻到阳明心学等中华优秀传统文化的思想渊薮。

国家离不开公民，社会离不开个人。人类社会的全面进步离不开个人的

---

①习近平：《决胜全面建成小康社会夺取新时代中国特色社会主义伟大胜利——在中国共产党第十九次全国代表大会上的报告》。
②习近平：《深化文明交流互鉴共建亚洲命运共同体——在亚洲文明对话大会开幕式上的主旨演讲》。

自由全面发展。在高速发展的社会，人像陀螺一样快速旋转着，工作时围于车间、机器、键盘、数据，生活中唯有手机、游戏、啤酒、炸鸡，没有小桥流水、闲云野鹤的闲情逸致，没有落霞孤鹜、秋水长天的诗情画意，也没有夫唱妇随、儿孙绕膝的天伦情趣，人在经济大潮中迷失，最终竟搞不清是经济为人服务，还是人被经济奴役，成了"茫茫荡荡度日，譬如一块死肉，打也不知道痛痒"[①]的行尸走肉。"人为什么活着？"再一次成为令许多人困惑的问题。500年前，王阳明竭尽全力要唤醒明代中国人的"良知"，500年之后，这个"良知"依然存于每个人的心中。现代人用古圣先贤的方法修炼身心，不是要回到过去的生活方式，而是要在现代的生活实践中提升境界、完善人格，实现内心的安定与自由。只有人人做到真诚恻怛，人与人和谐相处，人与自然和谐共生，社会才能真正成为一个自由人联合体。

二、怎样学阳明心学？

学习历史，学习古人，在于以古为鉴，更在于继承和弘扬有价值的东西，以避免金子般的闪光思想淹没在历史的尘埃中。自古以来，中华文明在继承创新中不断发展，在应时处变中不断升华，积淀着中华民族最深沉的精神追求，是中华民族生生不息、发展壮大的丰厚滋养。[②]阳明心学无疑是这深沉文化积淀的杰出代表之一，传承着中华民族精神的优秀基因。现代人学习阳

---

①王守仁：《传习录（下）》，《王阳明全集》，第108页。（本书参考的《王阳明全集》是上海古籍出版社2012年12月第1版简体版，吴光、钱明、董平、姚延福编校，以下注释中均简称"《全集》"）。
②习近平：《深化文明交流互鉴共建亚洲命运共同体——在亚洲文明对话大会开幕式上的主旨演讲》。

明心学不能有任何功利目的，甚至也不能以扩展知识、增长见识为目标，这些正是王阳明所反对的。而是要坚持以马克思主义为指导，以创造性转化、创新性发展为原则，学习王阳明的思想智慧、家国情怀、担当精神和思维方式。通过学习，不断省察克治，找到自身的不足，使自己内心不断强大，使自己品德修为有所精进。结合自己学习阳明心学的体会，作者总结了三种主要的学习方法。

——文本学习法。

学习阳明心学需要了解中华传统文化经典特别是儒家典籍的基本常识，需要研读王阳明本人的著作，也需要阅读一些其他学者介绍、研究王阳明的著作。

首先，掌握一定的国学基础知识。阳明心学的许多内容是对中国传统文化，特别是儒家经典著作的阐释和探讨，所以，在学习阳明心学之前必须对儒家经典有一定的了解。必读的书目有《大学》《中庸》《论语》《孟子》，选读的书目有《易经》《老子》《庄子》《诗经》《坛经》《春秋左传》《四书章句集注》等，如果文言文基础不好或时间不允许，也可以阅读这些经典的今译本或初级本。另外，也可以阅读一些介绍中国传统思想的书籍，如钱穆先生编写的《中国思想史》《国学概论》，冯友兰或张岱年先生编写的《中国哲学史》等。

其次，研读王阳明本人著作。王阳明思想主要集中在《传习录》，《传习录》有点像《论语》，主要是王阳明和弟子们讲学论道的语录，也收录了一些王阳明与当时学者论学的书信，钱穆先生曾说，《传习录》是"中国人所必读的书"之一。学习阳明心学必须深入研读、反复研读《传习录》，研读的时候应放下自己固有的成见，"置身事中"，模拟自己就是在听讲的学生，虚心倾听王阳明先生本人是怎么说的，用心领悟他在当时为什么要这么说，这样有利于更准确把握阳明心学的要旨。目前，比较权威的现代人点校的《传习录》主要有三个版本：陈荣捷编的《王阳明传习录详注集评》、邓艾民编校的《传习录注疏》和叶圣陶点校的《传习录》。除了《传习录》之外，《大学问》《重修山阴县学记》《亲民堂记》《象祠记》《瘞旅文》《教条示龙场诸生》《客座私祝》等文章，以及他写的书信、诗赋、公文等都值得一读，这些文章都收入《王阳明全集》中。

第三，阅读一些介绍、研究王阳明生平和思想的著作。这可以帮助我们从不同的视角观察、了解这位 500 年前的伟人，加深对其心学思想的理解。关于生平，主要参考资料有：王阳明的弟子钱德洪等编的《王阳明年谱》，王阳明的亲密朋友湛若水写的《阳明先生墓志铭》，王阳明的学生和亲家黄绾写的《阳明先生行状》，以及张廷玉、黄宗羲等历代名人为王阳明写的传记（这些也都收入《王阳明全集》）。现代人写的传记，比较严谨的有：美国学者杜维明教授的《青年王阳明》、日本学者冈田武彦教授的《王阳明大传》、束景南教授的《王阳明年谱长编》、董平教授的《王阳明的生活世界》、周月亮教授的《王阳明传》等。此外，还有明代小说家冯梦龙的《皇明大儒王阳明先生出身靖乱录》。关于思想，可以参阅：明代学者黄宗羲的《明儒学案》之《姚江学案》、钱穆先生的《阳明学述要》、牟宗三弟子蔡仁厚的《王阳明哲学》、邓艾民教授的《朱熹王守仁哲学研究》、陈来教授的《有无之境——王阳明的哲学精神》、瑞士学者耿宁的《人生第一等事——王阳明及其后学论"致良知"》等。

当然，如果只是学习一些阳明心学作为工作生活、为人处世的指导和帮助，而不是专门研究王阳明思想，只要真正读懂《传习录》就可以了，以上所列的书籍可以仅作为参阅资料或备查的工具书。在研读《传习录》的过程中，遇到"四书五经"或二程、朱熹等的论述，再临时去翻查一下原文。

——精神学习法。

王阳明是几千年来中国传统儒者的杰出代表他胸怀天下的家国情怀、为民请命的仁人之心、扶大厦之将倾的大义担当、求真务实的治学态度、知行合一的人格魅力是中华民族世世代代学习的楷模。那么学习王阳明学习他什么呢？学习他的思想，学习他的品格，学习他的精神，主要有以下五个方面：

第一，绝对忠诚的政治品格。曾子"每日三省"的内容之一就是："为人谋而不忠乎？"诸葛亮说过："人之忠也，犹鱼之有渊。鱼失水则死，人失忠则凶。"忠诚是中华传统文化的优秀品格，这个品格在王阳明身上体现得特别突出。终其一生，无论身处顺境还是逆境，哪怕是在平定宸濠之乱后，蒙受巨大的冤屈，他始终忠心耿耿，始终坚守对国家、对人民的赤诚忠心。学习王阳明精神，最重要的就是学习他绝对忠诚的政治品格，提高政治敏锐性和政治鉴别力，在大是大非面前头脑清醒、旗帜鲜明，经得起大风大浪考验，决不能在政治方向上走岔了、走歪了，更不能走错了。

第二，极端负责的责任意识。王阳明不管在朝廷为官，还是在地方任职，他对工作都极端负责，这种责任意识是浸入骨髓、发自内心的。弘治十三年（1500年）他任刑部云南清吏司主事期间，到刑部提牢厅（管监狱的部门）轮值一个月，在这临时负责的一个月里，他遍查了所有档案，把前几任轮值主事的主要事迹（案例）整理出来，写在墙上，供后来者参考。正德十四年（1519年），他奉命去福州出差，路过江西南昌城外的丰城县时，正遇到宁王朱宸濠叛乱，强烈的责任感促使他放弃福州之行，留下来组织义军抗击朱宸濠。这种极端负责的责任意识和担当精神,是很值得我们学习的。

第三,一体之仁的为民情怀。王阳明说:"天地万物,本吾一体者也,生民之困苦荼毒,孰非疾痛之切于吾身者乎?"[①]他担任庐陵知县、剿灭南赣汀漳匪患、征思田、灭八寨断藤峡土匪,包括平定宸濠之乱以及随后极力阻止正德皇帝亲征,都是出于对老百姓疾苦的恻隐之心,这种感同身受的切肤之痛使得他在为民办事时,把生死置之度外,完全忘了个人安危。学习阳明精神,就是要坚持以人民为中心,把人民群众放在心中最高位置,把群众利益放在第一位,站在人民立场想问题、作决策、干事情,把民生疾苦放在心头,从群众最关心的事做起,让人民群众得到更多的实惠,不断增强人民群众的幸福感、获得感和安全感。

第四,知行合一的实践精神。大家都知道王阳明一生倡导"知行合一",他说"知而不行只是未知",强调"事上磨炼"的实践功夫。毛泽东的伟大著作《实践论》就是在马克思主义的指导下对中国传统知行观的继承和发展。习近平总书记在十九届中央纪委三次全会上强调:"领导干部特别是高级干部必须从知行合一的角度审视自己、要求自己、检查自己。"要求从身边小事做起,用一点一滴的行动,体现"知行合一",无论对待事业、对待工作、对待群众、对待生活、对待家人、对待朋友都要做到知行合一、表里如一。

第五,淡泊名利的高尚情操。王阳明多次为国家立下赫赫战功,但是他对个人得失荣辱却看得很淡,剿匪成功后,朝廷升他为"右副都御史,荫子一人做锦衣卫,世袭百户",他上《辞免升荫乞以原职致仕疏》[②]。嘉靖皇帝

①王守仁:《答聂文蔚》,《全集》,第69页。
②王守仁:《辞免升荫乞以原职致仕疏》,《全集》,第318页。

因他平定叛乱有功，封他为"新建伯"，他两次上疏"辞封爵普恩赏"，他宁可不要自己的封赏，也要把功劳让给下面的将士们。淡泊名利是古今圣贤的共同特质，也是值得华夏儿女永远传承的优秀品质。

学习伟大人物主要是学习他的精神，效法他为人做事的风格，时时处处以他为榜样，提升自己的境界，完善自己的人格。

——实践学习法。

近年来，越来越多的人了解王阳明、崇拜王阳明、研究王阳明、学习王阳明，有些人甚至立志践行王阳明圣贤之路，立志成为一名当代圣贤，这当然是好事！对个人、对家人、对社会、对国家，都是正能量的事。但是，现实中我们也看到一些组织和个人在学习、宣传阳明心学过程中存在着这样那样的问题，主要有以下几类：

人云亦云、随波逐流。有些人学阳明心学，是因为听别人说阳明心学是个好东西，不明就里就跟着学了；或者跟潮流、赶时髦，感觉身边好多"大咖"都学习了阳明心学，自己要是不学就落伍了。压根没有想过自己学习是出于什么目的，就这么稀里糊涂地学了。

邯郸学步、东施效颦。有些人不结合当前的社会现实和个人的实际情况，照着500年前《传习录》上所说的每一句话去做。一说"心上修"，就整天静坐，调息，诵读，有的人为了学习阳明心学，把工作都辞了，一天到晚大声诵读《传习录》。当时王阳明本人学习儒家经典的时候，可曾把工作辞了，潜心修炼？一说"事上磨"，就大事小事都磨，美其名曰"炼心""正心"，像丢个铅笔头这样的小事情也煞有其事地磨炼一番。本来丢个铅笔头不是个事儿，你这一磨炼，琢磨来琢磨去，反倒琢磨出事来了。殊不知这些都是王阳明当年极力反对的。

明修栈道、暗度陈仓。有些机构和个人学习阳明心学，不是为了弘扬中华优秀传统文化，不是为了提高自己的精神境界和道德修养，不是为了改善自己的工作生活，而是为了名和利，如同王阳明时代，许多人学习程朱理学，并不是为了弘扬孔孟之道，而是为了追求功名利禄一样。这个学习误区比上面两个杀伤力更大，就像朱子后学扼杀朱子学一样，它把阳明心学当成功利的手段，变成道具和教条，丢掉了阳明心学"活的灵魂"。

真正学习、修炼阳明心学的人，需要有"独立之精神，自由之思想"，决不能人云亦云、随波逐流，也不能邯郸学步、东施效颦，更不能明修栈道、暗度陈仓，打着学习王阳明的幌子，行追名逐利之实。我们要学的是阳明心学的精神不是架势、是精髓不是皮毛、是思想不是知识、是方法不是概念、是原则不是教条、是境界不是利益、是功夫不是名声、是实践不是谈资、是做人不是做样子。学习阳明心学要紧密结合自己的工作、生活实际，把自己"摆进去"。如果真正立志践行王阳明圣贤之路，立志成为一名当代圣贤，那就要像王阳明那样对待工作、对待生活、对待家人、对待朋友、对待自己。王阳明首先是个普通人，然后是个优秀的人，最终才成为一个出类拔萃的圣人。

首先，学习阳明心学，践行阳明之路，要学习做一个普通人。

有的人可能会觉得很奇怪，做一个普通人还要学习吗？我们不都是普通人吗？如果此时此刻你内心正是这么想的，那么你可以直接跳到下一条。这一条是针对这样一些人，他们原本是普通人，后来学了一点哲学理论（不论儒、释、道，还是西方哲学），就认为自己不是普通人了，自以为是，好为人师，以点化和超度别人为己任，不管别人愿意不愿意、喜欢不喜欢，都像搞传销一样对别人讲经说道，或苦口婆心、或生拉硬拽、或指手画脚。这便有违"仁"和"良知"的本旨了。我曾偶遇一位阳明心学的狂热爱好者,他因女友不愿意学阳明心学感到很苦恼,甚至想和女友分手。我对他说,当年王阳明也没有要求夫人诸氏跟他学心学啊。

立志弘扬阳明心学的执着者、践行者,首先需要下大功夫学习如何做一个普通人。"圣人无心,以百姓之心为心",须知古往今来的圣贤,都是普通大众中最普通的一员,他们做普通人,说普通话,行普通事,有着普通人的想法、普通人的心态、普通人的需求、普通人的生活方式;有着和普通人一样的衣食住行、喜怒哀乐、音容笑貌、言谈举止。有人问王阳明:"什么是异端?"王阳明回答:"与愚夫愚妇同的,是谓同德。与愚夫愚妇异的,是谓异端。"[1]如果你觉得自己和普通人不一样,那问题一定是出在你自己身上,而不是出在普通人身上。所以,王阳明经常告诫弟子要"反求诸己"。他对弟子说:"你们拿一个圣人去与人讲学,人见圣人来,都怕走了,如何讲得行。须做得个愚夫愚妇,方可与人讲学。"[2]老百姓怎么聊天,我们就怎么说话。与人交谈满口"良知""致良知""心即理",这和革命时期毛泽东同志批评的一些喝过洋墨水的所谓哲学家"言必希腊""满嘴教条"没有什么两样。

其次,学习阳明心学,践行阳明之路,要努力做一个优秀的人。

中国传统文化十分重视"修己安人""内圣外王",《大学》的为学次第是格物、致知、诚意、正心、修身、齐家、治国、平天下,同时强调"一是皆以修身为本"。一屋不扫,何以扫天下?要影响别人,先做好自己。在做好普通人的基础上,努力做一个优秀的人。如果你是学生就努力做一个德智体美劳全面发展的好学生,如果你是农民就努力成为种田能手,如果你是工人

---

①王守仁:《传习录(下)》,《全集》,第93页。
②同上,第102页。

就努力成为一流工匠,如果你是军人就努力成为战斗英雄,如果你是公务员就努力成为真正的人民公仆,如果你是教师就努力做到"为人师表、行为世范",如果你是医生就努力成为当代华佗,如果你是演员就努力做到德艺双馨……用一颗为国为民的心,把自己的本职工作做到极致,就是事上磨炼,就是"知行合一",就是"致良知",这才是阳明心学的精髓。而不是要抛家舍业,离群索居、遁迹山林,不顾俗世中的一切事务,找个深山老林潜心修炼,或者整天屏息静坐、苦思冥想,那是舍本逐末,只会离"良知""天理"越来越远。

先做好自己,真正做到知行合一,然后才能用自己的行动,影响家人、同事、朋友、邻居,以及和自己接触过的每一个认识和不认识的人,在自己"朋友圈"里起到模范、标杆、榜样的作用,在自己周围聚起一个"正能量场",带着大家一起做好工作,一起崇尚积极向上、健康快乐、幸福美满的生活。

最后,学习阳明心学,践行阳明之路,要追求做一个高尚的人。

高尚体现在境界。冯友兰先生说,人生境界从低到高有四种:自然境界、功利境界、道德境界、天地境界。人要努力摆脱自然境界和功利境界,摒弃自私自利的"小我",不断追求更高道德境界的"大我",甚至是天地境界的"无我"。王阳明说,"大人者,以天地万物为一体者也,其视天下犹一家,中国犹一人焉""古先圣人许多好处,也只是无我而已""圣人之学,以无我为本"。[1]这种"无私""无我"的精神,这种心中只装着"天下苍生""黎民百姓"唯独没有自己的胸怀,是每一个践行阳明心学的人都应该学习的。

高尚体现在行为。子曰:"听其言而观其行。"人们往往是通过行为来

---

[1]王守仁:《大学问》《传习录(下)》《别方叔贤序》,《全集》,第798页,第110页,第195页。

评判一个人的。"外假仁义之名,而内以行其自私自利之实,诡辞以阿俗,矫行以干誉,掩人之善而袭以为己长,讦人之私而窃以为己直,……妒贤忌能而犹自以为公是非,恣情纵欲而犹自以为同好恶"[①],500年前王阳明严厉批评的种种不良现象,在500年后的今天仍然随处可见。学习阳明心学关键在于付诸实践,"诸恶莫作,众善奉行",心甘情愿为他人着想,全心全意为人民服务。

从上面的描述,我们可以看出,在21世纪的当代中国,学习王阳明、践行圣贤之路,并不那么玄妙、神秘、遥不可及。只要立下鸿鹄志,结合当前的社会实际,结合我们正在做的事情,结合中华民族伟大复兴的伟大实践,在实践中不断加强道德修养和品格锤炼,不断提升自己的思想境界,提高自己的素质能力,让中华优秀特质内化为自己的优秀品格,努力做一个优秀的、高尚的普通人,用心做好自己,真心为他人着想,诚心为人民服务,让中华优秀传统文化影响更多人,就已经走在成为当代圣贤的路上了。

三、怎么阅读本书?

目前,关于王阳明的书籍大致分为两大类,一类是介绍王阳明生平的,包括传记、故事、小说,甚至还有"戏说",另一类是诠释王阳明思想体系的,以专家学者的学术专著为主。第一类书籍虽然有些也涉及阳明心学的思想内容,但大多蜻蜓点水或语焉不详。第二类书籍往往晦涩难懂,让一般读者望而却步。本书属于第二类,但力求以通俗易懂的语言深入浅出地解读阳明心学的思想和实践功夫。

[①]王守仁:《答聂文蔚》,《全集》,第69页。

本书是作者多年来学习阳明心学、实践阳明心学的心得体会,既不同于专家学者的知识性的学术研究,又不同于时尚作者的故事性的传奇戏说,而是一本客观严谨、全面准确解读阳明心学的思想性著作。本书把阳明心学作为一个完整的思想体系来研究和阐述,创新性地提出"阳明心学是以儒家天地万物一体思想为土壤,以'心即理'为基础,以'知行合一'为实践功夫,以'致良知'为统领"的思想体系的观点。抽丝剥茧地介绍了王阳明"心即理""心外无物""知行合一""致良知""四句教"和"天地万物一体"的思想,同时深入剖析学术界和普通读者关注的"亭前格竹""龙场悟道""南镇看花""天泉证道""严滩问答"等著名公案。

本书创新观点和成果主要有:一是完整梳理心学的源流、学科归类,正面回答"心学是什么"这个众说纷纭的问题;二是从境界、功夫、致用三个方面论述心学的效用,正面回答"心学有什么用"的问题;三是参照中国传统习俗对王阳明生平进行科学分期,为阳明学研究提供新的视角;四是把"格物"作为理解阳明心学、进入阳明心路历程的一把钥匙,阐述王阳明圣贤之路的探索历程;五是用"史家追叙真人实事"的方法,"复盘"龙场悟道,正面回答"龙场悟道悟到了什么";六是用"心外无物"思想解释"破山中贼易,破心中贼难"的含义;七是从实践的角度论述"如何致良知";八是深入分析了"四句教"从"无善无恶"到"有善有恶"过渡的问题;九是提出"天地万物一体"的思想是阳明心学的思想根基的观点。除了这些主要观点和成果之外,阳明心学领域的原创观点在书中随处可见,例如:对"三人坟"和《瘗旅文》的研究,作者通过实地考察,提出了为何王阳明当时没有及时对"吏目"三人进行援助的合理解释;又如:王阳明与陆九渊"心即理"思想的区别与联系问题,等等。

更为重要的是，本书除了介绍和诠释王阳明思想之外，还深入剖析和论述了王阳明的"心学功夫"，例如："圣人处此、更有何道"思维模式转换功夫，如何真正"致良知"的功夫，"知行合一"的功夫等，这些功夫都是可以在工作、学习、生活中真正应用的，有助于提升思想境界和思维能力。需要郑重说明的是，本书的观点是在深入研读王阳明原著和前人研究成果的基础上，经过作者切身体悟再创作而成的，是"得之于心"的体悟而非"入耳出口"的空口谈说。

本书包括前言、正文、附录三大部分，正文部分共十章，章节编排充分考虑了王阳明思想的逻辑结构和主要观点提出的时间顺序每一章都是一个相对独立的主题，十章之间又是一个环环相扣的整体。阅读本书时，建议按顺序从第一章读到第十章。对中国传统思想比较了解的读者，可以跳过第一章，直接从第二章开始阅读。读过王阳明年谱或传记的读者可以略过第二章。而有一定阳明心学基础的读者可以不按顺序，任意选读感兴趣的章节。

本书可以独立阅读，也可以和王阳明原著及其他学者介绍王阳明思想的书籍一起阅读。在阅读本书时，遇到引用王阳明原著或其他学者研究成果的部分，可以查阅原著或其他学者著作中的有关论述，以加深对本书观点和论证方法的理解。在阅读王阳明原著时，遇到理解上的困惑，可以参考本书的观点和论述，以帮助对原著的理解。阅读其他学者著作的时候，读到和本书共同的主题，可以对比两者关于同一个主题的观点之异同，以更立体更全面地看问题。

本书主要作为初学者自学阳明心学的入门参考书。对于熟悉王阳明思想的读者，本书提供一个可能不同于其他学者的独特视角，供参考借鉴。对于专门从事王阳明思想研究的专家，本书的一些观点和想法，也借此向方家请教。

　　由于作者水平有限，书中错误与不当之处在所难免，敬请读者不吝赐教。

目　录

第一章　心学是什么?

阳明心学究竟是一门什么样的学问? 它是怎么产生的? 它有什么用处? 在介绍阳明心学之前, 有必要先了解一下心学是什么。本章从历史逻辑、理论逻辑和实践逻辑三个维度进行探讨, 以求对心学有个概况式的认识。

一、心学源流: 从"十六字心法"说起

有一个美丽的传说。相传在上古时代, 华夏部落联盟首领之位实行禅让制。① 尧有九个儿子, 但是他年老的时候, 并没有把首领的位置传给自己的儿子, 而是传给各个部落公认的忠孝两全、德才兼

---

① 关于上古尧舜禹的禅让, 最早见于《尚书·尧典》。儒家主流思想认为, 确实存在一个禅让时代, 并把它作为理想中的大同盛世。《论语》《吕氏春秋》《史记》等都有记载。《唐虞之道》记载:"唐虞之道, 禅而不传; 尧舜之王, 利天下而弗利也。禅而不传, 圣之盛也。利天下而弗利也, 仁之至也。故昔贤仁圣者如此。……故唐虞之道, 禅也。"《史记·五帝本纪》记载:"尧知子丹朱之不肖, 不足授天下, 于是乃授权舜。授舜, 则天下得其利而丹朱病; 授丹朱, 则天下病而丹朱得其利。尧曰'终不以天下之病而利一人', 而卒授舜于天下。"

备的舜。舜年老的时候，也没有在自己的七个儿子中选择继承人，而是把位置让给治水有功、威望很高的禹。据说，他们禅让的时候，除了把最高权位让给下一代首领，还传授给他一个治国理政的最高心法。《论语·尧曰》记载的尧传给舜的"武功"心法是："咨！尔舜！天之历数在尔躬，允执其中，四海困穷，天禄永终。"后面还有一句话"舜亦以命禹"，也就是舜又把这个心法口诀传给了大禹。舜传授禹时，这个心法被概况为十六个字："人心惟危，道心惟微，惟精惟一，允执厥中。"[①]

　　远古时代的社会是儒家心目中的理想社会，当时的"帝王"尧、舜、禹施行仁政，创造了天下大同的太平盛世，这是儒家治国平天下的最高境界。历朝历代有点抱负的封建帝王，大都以尧、舜为榜样，想当"尧舜之君"，或想被人尊称为"尧舜之君"。而皇帝身边的大

[①]《尚书·大禹谟》中所记载，舜对禹的政治交代是："来，禹！降水儆予，成允成功，惟汝贤。克勤于邦，克俭于家，不自满假，惟汝贤。汝惟不矜，天下莫与汝争能。汝惟不伐，天下莫与汝争功。予懋乃德，嘉乃丕绩，天之历数在汝躬，汝终陟元后。人心惟危，道心惟微，惟精惟一，允执厥中。无稽之言勿听，弗询之谋勿庸。可爱非君？可畏非民？众非元后，何戴？后非众，罔与守邦？钦哉！慎乃有位，敬修其可愿，四海困穷，天禄永终。惟口出好兴戎，朕言不再。"但是，《大禹谟》这篇文献本身有争议，是梅氏伪古文《尚书》中的第一篇。然而，《中庸》有"执其两端，用其中于民"，《孟子》有"子莫执中。执中为近之，执中无权，犹执一也，所恶执一者，为其贼道也举一而废百也"，《荀子》有"人心惟危，道心惟微，危微之几，惟明君子而后能知之"，后来汉儒在伪作《大禹谟》时应该是将这些思想续承照录。参见：徐公喜《十六字心传思想发展轨迹》（《朱子学刊》，2000年第一辑，第481页），陈来《〈中庸〉》的地位、影响与历史诠释》（《东岳论丛》2018年11月第39卷/第11期）。

臣们，也往往以尧、舜作为例子规劝皇帝励精图治、仁爱百姓。所以，尧、舜、禹口口相传的这个治国理政的最高心法，在儒家看来就显得尤为重要。谁要真正掌握这个心法的精髓，并能忠实地付诸实践，谁就能够像尧、舜、禹那样治理国家，或辅助君王治理国家，使国家成为一个理想的大同世界。经过几千年的发展，"人心惟危，道心惟微，惟精惟一，允执厥中"逐渐成了儒家道统思想的总结、成为"中华文化心法"。儒家心学的最初起源就是这"十六字心法"。[①]

从可以查到的资料看，儒家学派的创始人孔子，除了记录下尧、舜、禹治国理政理念传承这件事情外，并没有对这个理念或"心法"进行诠释。孔子和他的弟子总结尧、舜、禹和夏、商、周时代治国理政正反两方面的经验教训，创立并倡导一套以"修己安人""内圣外王"为目的，以"仁、义、礼、智、信"为主要内容的思想体系。这个思想体系称为儒家道术，也可以称为儒家哲学。这个体系包括许多方面，比如：一德行，注重修养，后人称为义理之学；二言语，注重发表，后人称为词章之学；三政事，注重政治，后人称为经济之学；四文学，注重文物，后人称为考证之学；等等。[②]

孔子之后，孔门弟子主要分成两派。一派注重外观的典章文物，对于孔子所说的话、所删定的经典，异常忠诚，形式比较保守，以有若、子夏、子游、子张为代表。另一派不注重形式，注重内省的身心修养，以曾参、子思、孟子为代表[③]，这一派已经有心学的特征。相传

①周炽成：《"心学"源流考》，《哲学研究》2012年第8期。
②梁启超：《儒家哲学》，第3页，第5页，中华书局，2015年1月第1版。以下引用该书均出自这个版本。
③梁启超：《儒家哲学》，第24页，第25页，第26页。《韩非子·显学》

曾子作《大学》①，这是一篇论述儒家修身齐家治国平天下思想的文章，提出为学的"三纲领"(明明德、亲民、止于至善)和"八条目"(格物、致知、诚意、正心、修身、齐家、治国、平天下)，强调修己是治人的前提，修己的目的是为了治国平天下，说明治国平天下和个人道德修养的一致性。子思是孔子的孙子，他在《中庸》里提出了"诚"的理念，同时也有了"性善论"的端倪，所谓"天命之谓性，率性之谓道"。同时，创造性地诠释了十六字心法"中"的概念："喜怒哀乐之未发，谓之中；发而皆中节，谓之和；中也者，天下之大本也；和也者，天下之达道也。致中和，天地位焉，万物育焉。"把"中"提高到"天下之大本"的地位。《大学》《中庸》都是儒家极为重要的经典，也是儒家心学思想的重要来源。

　　孟子在孔子去世100年后出生②，处于战国中后期，诸侯纷争，社会动荡，一方面各种思潮泛滥，群言淆乱，杨朱、墨翟的言论颇为盛行，另一方面各诸侯国掀起了各种形式的变法运动，法家思想也有

记载，"自孔子之死也，有子张氏之儒，有子思氏之儒，有颜氏之儒，有孟氏之儒，有漆雕氏之儒，有仲良氏之儒，有孙氏之儒，有乐正氏之儒……儒分为八"。当然，孔子弟子及再传弟子极多，学派非常复杂，加上年代久远，现存资料不多，难以准确考证。
①《大学》出自《礼记》，原本是《礼记》四十九篇中的第四十二篇。《礼记》原名《小戴礼记》，又名《小戴记》，由汉宣帝时人戴圣根据历史上遗留下来的一批佚名儒家的著作合编而成。《大学》的成书时代大体在孔子之后，孟子、荀子之前的战国前期，即公元前5世纪左右。现在学术界比较认可的是战国初期曾参所作。
②考证，孔子生于公元前551年9月28日，卒于前479年4月11日，享年73岁。孟子大约生于前372年，卒于前289年，享年84岁。中国民间有73岁、84岁是老人一个坎的说法，"七十三、八十四，阎王不请自己去"，即是从圣人的年龄来的。以上均指中国传统的"虚岁"。

一定的市场。在这个情况下，以孟子为代表的儒家学派，不得不对儒家思想进行适当的补充、修正和创新，提出"性善论"及"民本""仁政"等思想。孟子认为有"心"还是无"心"是人和动物的根本区别，人之所以为人者，即人之有人心^①。这个把人与动物区别开来的"心"具有思考的功能，"心之官则思，思则得之，不思则不得也。此天之所与我者"。同时，它有四个基本属性："无恻隐之心，非人也；无羞恶之心，非人也；无辞让之心，非人也；无是非之心，非人也。恻隐之心，仁之端也；羞恶之心，义之端也；辞让之心，礼之端也；是非之心，智之端也。人之有是四端也，犹其有四体也。"^②在孟子看来，这"四端"就是人的"本心"，即人心本来的或最初的状态。孟子关于"心"的定义，特别是他提出的心之"四端"，奠定了儒家心学的理论基础，后儒对心学的发展均基于这个基础。《孟子》中的一些论述，如："人之所不虑而知者，其良知也；人之所不学而能者，其良能也""我四十不动心""我知言，我善养吾浩然之气"等等，成了后儒心学思想的直接来源。

比孟子稍晚的儒家代表人物荀子，反对孟子的"性善论"，认为性是恶的，应该以"礼"为修养的主要工具，用外部的严肃规范作为修束身心的准绳，而不能单靠内心的"良知"。所以，荀子历来不被心学所重视，但是，他在《荀子·解蔽》中引《道经》说："人心之危，道心之微。危微之几，惟明君子而后能知之。"对"十六字心法"的传承

<hr>

① 冯友兰：《中国哲学小史》，第16页，中国人民大学出版社，2005年2月第1版。
②《孟子·告子上》《孟子·公孙丑上》。

是有贡献的。[①]

汉代对于儒家的贡献，更多的只是整理工作，创新思想很少。一部分精神，用在整理方面，一部分精神，用在实行方面。整理工作方面主要在治经，分今文和古文两派，西汉为今文兴盛的时代，东汉则为今文、古文互争的时代。今文家崇尚博大，专讲微言大义，对于古书的一字褒贬，皆求说明，类似孔子之后的曾子一派。古文家崇尚谨严，注重考释，专讲训诂名物，对于古书的章句制度，皆求了解，类似孔子之后的有若一派。两派都自认为是儒学正宗、孔子真传，互相攻击，古文家斥今文为狂妄，今文家斥古文为伪作。值得一提的是西汉第一学者董仲舒，他受阴阳家的影响，提出天人合一的学说，试图调和孟子和荀子的性善性恶论，认为性兼含善恶，主张成善抑恶。另外，董仲舒推动的"罢黜百家，独尊儒术"，奠定了儒学在此后两千多年中的主流意识形态地位。

魏晋南北朝时期，道家比较流行，士大夫竞尚清谈，颇有以道家解释儒家思想的味道，使道家哲理成为儒家哲理的一部分。王弼注《周易》《老子》在中国学术史上具有相当重要的地位。何晏注《论语》也有很大权威，一直影响到近千年后的程朱一派，宋代朱熹注《论语》也没有超出何晏的范围。梁武帝时佛教盛行，儒家受佛教影响也比较明显，儒释道三教同源，成为一时的通论。南北朝时期，总的来说南朝学风比较简洁开放，好求哲理；北朝学风有点保守性，专从名物训诂上着手。例外的是北朝学者徐遵明，他在多方求学未果

①徐公喜：《十六字心传思想发展轨迹》，《朱子学刊》，2000年第一辑，第481页。

后,专以本心为师,上承孟子,下开象山,成为心学的一个承上启下式的人物。[1]

隋唐儒家,依然以调和儒释道为主基调。唐中叶,佛教渐渐中国化,比较有影响的有三派:慧能的禅宗是一派,主张顿悟,"即心是佛";澄观的华严宗是一派,以"事理无碍"为教义,许多华严大师都在唐代;智顗的天台宗是一派,在隋朝初创时与儒家没有多大关系,唐中叶以后的高僧湛然开始以儒释佛。佛教的这三派对此后儒家思想影响非常大。

关于隋唐儒家重点介绍几个代表性人物:第一个是隋朝的王通(文中子),就是唐初四杰之一王勃的爷爷,他不重视训诂的工夫,不排斥佛教,明确提出"三教可一"的观点。王通以孔子自居,续写《六经》,后世褒贬不一,但他提出的"乐天知命""穷理尽性"及"心迹之判"却与心学有较大渊源。有这么一个故事:魏徵问,"圣人也有忧虑、有疑惑吗?"王通说,"天下都有忧虑、疑惑,我怎么能没有忧虑和疑问呢?"魏徵走后,王通对董常说,"乐天知命,我哪来忧虑啊?穷理尽性,我哪来疑惑啊?"王通解释前后说法不一的原因是"魏徵问的是迹(行迹),我告诉你的是心","心"与"迹"在普通人那里有区别,在"适造(道)者"看来并无不同,并不妨碍其统一。这个"心迹"论对宋明理学有较大的影响。[2]第二个是孔子的第三十一世孙孔颖达,他奉唐太宗之命编纂《五经正义》,融合了历史上诸多经学家

①梁启超:《儒家哲学》,第36-41页。
②欲晓:《王通与宋明新儒学——以船山〈读文中子〉诗为线索》,《南京大学学报(哲学·人文科学·社科学)》,2018年第6期。

的见解，集魏晋南北朝以来经学之大成。孔颖达首次阐释"人心""道心"："人心为万虑之主，道心为众道之本。"把"道心"当作万物之根源"众道之本"，具有那么一点本体意义。[1]第三个是唐朝大文学家韩愈，虽然对儒家思想没有什么建设性的贡献，但他尊儒排佛以维护儒学正宗为己任，倡导所谓自尧舜至孔孟一脉相传的"道统论"。韩愈在《原道》中指出："斯吾所谓道也非向所谓老与佛之道也，尧以是传之舜，舜以是传之禹，禹以是传之汤，汤以是传之文、武、周公，文、武、周公传之孔子，孔子传之孟轲，轲之死不得其传焉。荀与扬也，择焉而不精，语焉而不详。"[2]韩愈认为，孟子之后道统中绝，其学不传。这给后世留下极大的问题挑战和想象空间，道统是指什么？为什么到孟子就中断了？以六经为业的汉唐经师，为什么不算接续道统？道统断裂千年之后，还能传承并保持其纯粹性吗？这些问题对宋代儒学有很大的影响。第四个是晚唐的李翱，他在文章方面，是韩愈的学生，在学术方面，比韩愈造诣高，他引用佛教思想，创设自己的学说。他所著的《复性书》开启了研究心性问题的先河，和佛徒宗密所著的《原人论》共同构成了宋代儒学思想的重要来源。[3]

　　宋初儒家思想主要有两派比较有影响，孙复、胡瑗是一派，比较平正通达，提倡躬行实践，兴起了私人讲学之风；陈抟、种放是一

①陈良中：《"十六字心传"理论的形成及内蕴》，《兰州学刊》，2007年第4期。
②韩愈：《原道》，《古文观止》（清吴楚材、吴调侯选，刘世南、唐满先译注），第483页，江西人民出版社，1981年10月第1版。以下引用该书均出自这个版本。
③梁启超：《儒家哲学》，第46—47页。

派，以道家《黄庭经》及道教修炼法解释《易经》。"北宋五子"周濂溪、邵康节、张横渠、程明道、程伊川，混合了以上两派的主张，开创出宋代儒学新气象，后世称为"新儒学""理学"，或与明代新儒学合在一起统称为"宋明理学"。

周濂溪，就是我们中学读过的《爱莲说》的作者周敦颐，他受陈抟、种放一派影响而作的《太极图说》，对程朱影响很大。他的另一部著作《通书》的许多观点直接继承了《中庸》思想，并发展了孔、孟、荀和董仲舒、韩愈以及佛道思想，阐发了心性义理学说，把性分为刚柔、善恶与中，而"中"是最高的境界，指出"性者刚柔、善恶、中而已""厥彰厥微，匪灵弗莹，刚善刚恶，柔亦如之，中焉止矣"。①

邵康节，即邵雍，主要研究易学，著有《皇极经世》（著名的"观物内外篇"即在该书中）、《伊川击壤集》等。他在吸取道教有关修心学说的基础上，发展了孟子的心学思想，创造性地提出了"心为太极"的思想，开启了宋代儒家心学先河。他说"先天之学，心也；后天之学，迹也；出入有无死生者，道也""先天学，心法也，图皆从中起，万化万事生于心"。②邵雍观察世界（"观物"）也有其独到之处：观物者，非以目观之，以心观之；非以心观之，以理观之。也就是"不以我观物，以物观物"，这是一种"无我"的境界。

张载，字子厚，号横渠，是二程的表叔。提出"为天地立心，为生民立命，为往圣继绝学，为万世开太平"的名言，因讲学于关中，其学派称为"关学"。张载主张气一元论，用虚空（即气）解释宇宙的本

①徐公喜：《十六字心传思想发展轨迹》。
②崔波：《邵雍心学思想圭旨》，《中原文化研究》，2019年第1期。

体和现象，不同于周敦颐的《太极图说》和邵雍的先天论。在修养方面，张载和荀子一样专讲礼，以礼为修养身心的唯一工具。[1]他还提出了"闻见之知"与"德性之知"两个概念，认为只有德性之知才为真知，才能反映万物的本性本质，"诚明所知，乃天德良知，非见闻小知而已"。（《正蒙·诚明篇》）

二程，即程颢（明道）和程颐（伊川），主要讲学活动在洛阳，他们的学说也称为"洛学"，与张载的"关学"颇有渊源，一般认为二程是周敦颐的学生，而与表叔张载互为师友。二程思想主要见于《遗书》《文集》和《经说》等，均收入《二程集》中。虽然并称"二程"，其实兄弟俩的学风并不一样。大程平缓简便，不用苦工，由心而发，实在见道，学问常以综合为体，宇宙观是气一元论，风格比较接近孟子，尝说："学者须先识仁，仁者浑然与物同体""良知良能，皆无所由，乃出于天，不系于人"，对陆九渊、王阳明影响很大。小程性情慎重，困知勉行，学问常以分析立说，宇宙观是理气二元论，提倡涵养需用敬，风格比较接近荀子，尝说："人敬之道始于威仪，而进于主一""穷理即是格物，格物即是致知"，对朱熹影响极深，后人所称的"程朱理学"主要指程颐和朱熹。[2]

值得注意的是，程颢、程颐对远古"十六字心法"都做了独特的解释。程颐解释："'人心'，私欲也；'道心'，正心也。'危'言不安，'微'言精微。惟其如此，所以要精一。'惟精惟一'者，专要精一之也。精之一之，始能'允执厥中'。中是极至处。"程颢解释："'人心

---

①梁启超：《儒家哲学》，第53页。
②同上。

10

惟危'，人欲也。'道心惟微'，天理也。'惟精惟一'，所以至之。'允执厥中'，所以行之。用也。"[①]虽然二程尚未用心学一词，但是，他们在别的地方肯定了先圣之心和后圣之心的一致性，肯定了圣心和我心的一致性，亦即肯定了传心的可能性："先圣后圣，若合符节。非传圣人之道，传圣人之心也。非传圣人之心，传己之心也。己之心无异圣人之心。"二程还认为，《中庸》是"孔门传授心法"。[②]二程因对"十六字心法"的系统解释而被作为宋代"心学"的发端。

粗略地讲，程颢思想的传承或影响路线是程颢——谢上蔡……陆九渊……王阳明；程颐思想的传承或影响路线是：程颐——杨龟山——罗豫章——李延平——朱熹——罗钦顺等。[③]南宋最重要的儒家学者当属朱熹和陆九渊，朱陆两人观点颇有冲突。朱熹是宋理学，甚至是儒家哲学的集大成者，其思想在南宋末年以及元、明、清成了官方主流意识形态，《四书集注》成了科举的教科书。一般认为陆九渊是宋代"心学"的开创者，并把他的学问和王阳明的学问并称"陆王心学"[④]，事实上，朱熹对"心学"也做出重大的贡献，他对心的论述远比陆九渊要多，他系统总结了此前各种关于"十六字心法"

①程颢、程颐：《河南程氏遗书》卷第十九，《河南程氏外书》卷第二，《二程集》，第256页，第364页，中华书局，1981年7月第1版。以下引用《二程集》均出自这个版本。
②周炽成：《"心学"源流考》。
③梁启超：《儒家哲学》，第54页。
④周炽成认为，陆九渊从来没有以"心学"来概括自己的学问，在宋代也没有其他人以此来概括陆子的学问。到了晚明，有"陆王"的说法，但未有"陆王心学"的说法。清代偶尔有人说"陆王心学"，但不常用，到了20世纪才广泛流行开来。参见：周炽成《陆九渊之冤:陆学在宋代非心学》，《广东社会科学》，2014年第5期。

的说法，结合《中庸》"中和"思想，建构起一个圣圣传心的道统理论和儒学新的道统体系。"《中庸》何为而作也？子思子忧道学之失其传而作也……道统之传有自来矣……'人心惟危，道心惟微，惟精惟一，允执厥中'者，舜之所以授禹也。……若吾夫子，则虽不得其位……其功反有贤于尧舜者……惟颜氏、曾氏之传得其宗。及曾氏之再传，而复得夫子之孙子……自是而又再传以得孟氏……尚幸此书之不泯，故程夫子兄弟者出，得有所考，以续夫千载不传之绪"。这段话把"十六字心法"摆到很重要的地位。韩愈提出道统说，为宋儒所继承，而把"十六字心法"作为道统的基本内容，则完全是宋儒的新贡献。韩愈和宋儒都认为，在孟子之后，道统失传。但是，韩愈只是暗示自己接上道统而没有明说，宋儒则鲜明地以二程作为孟子的后继者。禅宗所说的心传超越文字，而朱熹等人所说的心传则不脱离文字。朱熹对传心兴趣之浓，从他命名尤溪县的"传心阁"可略见一斑。现代学者钱穆说："纵谓朱子之学彻头彻尾乃是一项圆密宏大之心学，亦无不可。"[1] 现在一般把程颐、朱熹一派的学问称为"程朱理学"，但在宋末至元时期，很多人称程朱学为"心学"。[2] 值得注意的是朱熹的"格物致知"观。朱熹最重大的、也是引起争议最多的贡献在于修改《大学》，补上了"格物致知"篇，这受到王阳明的激烈批判。

陆九渊以直承孟子自居。他"因读《孟子》而自得之"，甚至断定

---

[1]周炽成：《"心学"源流考》。
[2]邓国坤、周炽成：《陆九渊学说被称作"心学"之历史过程考》，《佛山科学技术学院学报（社会科学版）》，2015年3月。

"切不自揆,区区之学,孟子之后至是而始一明也"。他以孟子的"四心""四端"为本心的内涵,以本心为道德的根源。为学之道,即在于发明本心。本心即明,犹如"水有源""木有根"。陆九渊反对程朱及当时大部分学者以人心与道心二分来解释"十六字心法",他说:"心一也,人安有二心?自人而言,则曰惟危;自道而言,则曰惟微。"他还说:"谓'人心,人伪也;道心,天理也',非是。人心,只是说大凡人之心。惟微,是精微,才粗便不精微,谓人欲天理,非是。人亦有善有恶,天亦有善有恶,岂可以善皆归之天,恶皆归之人。"①受孟子"万物皆备于我"的影响,陆九渊提出"心即是理"。②他和朱熹常相辩难,二人有两次会讲颇具影响,第一次是南宋淳熙二年(1175年)的"鹅湖之会",朱强调"道问学",主张先博览而后归之于约,以陆的教法太简易;陆侧重"尊德性",主张先发明人的本心而后使之博览,以朱的教法为支离。第二次是在淳熙八年(1181年),朱请陆登白鹿洞书院讲堂,讲义利之辨,朱认为陆这次讲学切中学者隐微深固之疾,当共守勿忘。

明代最伟大的思想家当属王阳明,但当时有影响的大家还有陈献章(白沙)及其弟子湛若水(甘泉)。陈白沙提出为学的目的是达到圣人的境界(和王阳明的人生第一等事是学做圣贤类似),即"夫士何学?学以变化气习,求至乎圣人而后已矣",提倡涵养心性,"静养端倪""以自然为宗",现代学者常把他的学问也称为"心学"③。

---

①陆九渊:《陆九渊集》,第395—396页,中华书局,1980年1月第1版。以下引用《陆九渊集》均出自这个版本。
②陆九渊:《陆九渊集》,第273页。
③现代也有学者认为,陆九渊是心学的创始者,明代心学由陈白沙拉

但是，白沙几乎没有提到过心学，仅有一次也是指读书为学要自得于心，而非"陆王心学"或者"十六字心法"的心学概念，且未见其对心学有赞赏推崇之语，更没有自称为心学，而时人也没将其学问称作心学。①

湛若水是陈献章的学生，是王阳明"一见定交"的好朋友，对阳明思想有一定的影响，王阳明曾坦言："晚得友于甘泉湛子，而后吾之志益坚，毅然若不可遏，则予之资于甘泉多矣。"②湛若水的主要思想是"随处体认天理"，他对"格物"的解释不同于朱熹，认为"格"是"至"，"物"是"天理""格物云者，体认天理而存之"（格物就是体认并存养天理）。湛若水在多个地方以"圣人之学"为心学，其中仍有源自"十六字心法"者，例如，"圣人之学皆是心学，所谓心者，非偏指腔子里方寸内，与事为对者也，无事而非心也。尧舜允执厥中，非独以事言，乃心事合一""好恶也者，性情也；性情也者，心也，此大禹所传于尧舜之心学也"。因此，学者往往也把湛若水的学问归为"心学"，或把他和他老师陈献章的学问并称为"陈湛心学"。③事实上，虽然湛若水和王阳明相互影响，但是两人的观点相差甚远，两

开序幕，湛甘泉完善与发展，王阳明集陆九渊心学与陈湛心学之大成。其发展的基本进程是白沙心学—甘泉心学—阳明心学三阶段，形成陈湛心学与阳明心学两流派，二者有着密切关联。参见：黄明同《明代心学：白沙—甘泉—阳明——略论明代心学的发展进程》，《中国哲学史》2019年第1期。
①邓国坤：《心学与非心学：白沙学争议考证》，《江南大学学报（人文社会科学版）》，2019年1月。
②王守仁：《别湛甘泉序》，《全集》，第231页。
③黄明同：《明代心学：白沙—甘泉—阳明——略论明代心学的发展进程》，《中国哲学史》2019年第1期。

人因对格物的不同理解而反复通信争辩，所以，有学者认为陈献章、湛若水仍然属于程朱一派。[1]

应该说，心学作为儒学的一个流派正式提出并流行开来是在宋代，其最原初、最正宗的含义就是上古"十六字心法"的传心之学。王阳明也是在这个意义上使用"心学"概念的，并对这个概念予以很大的发挥。王阳明在《象山文集序》中开宗明义讲："圣人之学，心学也。尧、舜、禹之相授受曰：'人心惟危，道心惟微，惟精惟一，允执厥中'此心学之源也。中也者，道心之谓也；道心精一之谓仁，所谓中也。"[2] 这个为陆九渊文集写的序言传递出三个重要信息，一是认为圣人之学就是心学，其源头就是"十六字心法"，二是给"道心"下定义就是"中"，三是承认陆九渊的学问就是心学。这个论述，可能是后人把王阳明和陆九渊的学问并称"陆王心学"的原因。在《重修山阴县学记》中，他进一步论述："圣人既没，心学晦而人伪行，功利、训诂、记诵、辞章之徒纷沓而起，支离决裂，岁盛月新，相沿相袭，各是其非，人心日炽而不复知有道心之微。"[3] 非常明确地把"心学"和单纯的"功利、训诂、记诵、辞章"之学对立起来。

在《谨斋说》，王阳明说："君子之学，心学也。心，性也；性，天也。圣人之心纯乎天理，故无事于学。"一般人达不到圣人的境界，所以必须学，学什么呢？"学以存其心"，进而"谨守其心"，就能做到"善之萌"则扩充之，"不善之萌"则力避之。如果学者"舍心而

①邓国坤：《心学与非心学：白沙学争议考证》。
②王守仁：《象山文集序》，《全集》，第206页。
③王守仁：《重修山阴县学记》，《全集》，第216页。

外求",必定"支离决裂,愈难而愈远"。①有意思的是,这篇《谨斋说》是给朋友杨景瑞的书斋写的,王阳明在文章最后说,以"谨"命名书斋,说明已经知道为学之要了,紧接着说"景瑞尝游白沙陈先生之门,归而求之,自以为有见。又二十年而忽若有得,然后知其向之所见犹未也""君遣其子思元从予学"。景瑞跟着陈白沙学习,自以为有所成,二十年之后才发现之前所见并未真正得道,于是派自己的儿子来跟随王阳明学习。可以看出,王阳明对陈白沙的学术并不认可。这个例子可以部分地回答黄宗羲之问"有明之学,至白沙始入精微。其吃紧工夫,全在涵养。喜怒未发而非空,万感交集而不动,至阳明而后大。两先生之学,最为相近,不知阳明后来从不说起,其故何也?"②也是对认为王阳明心学与"陈湛心学"有传承关系观点③的一个反驳。

在《应天府重修儒学记》,王阳明对"心学"做了更清楚的阐述:

士之学也,以学为圣贤。圣贤之学,心学也。道德以为之地,忠信以为之基,仁以为宅,义以为路,礼以为门,廉耻以为垣墙,《六经》以为户牖,《四子》以为阶梯。求之于心而无假于雕饰也,其功不亦简乎?措之于行而无所不该也,其用不亦大乎?三代之学皆此矣。我国家虽以科目取士,而立学之意,亦岂能与三代异!④

---

①王守仁:《谨斋说》,《全集》,第222页。
②黄宗羲著,沈芝盈点校:《明儒学案》,第79页,中华书局,2008年。
③黄明同:《明代心学:白沙-甘泉-阳明-略论民代心学的发展进程》。
④王守仁:《应天府重修儒学记》,《全集》,第742页。

在这段论述中，王阳明认为学习的目的就是学做圣贤，而学做圣贤之学就是心学，并用形象的比喻说明心学的内容是什么，他认为尧、舜、禹三代之学也是学这个，当下虽然国家用科举选拔人才，但是学习的宗旨和远古时代是不变的。

王阳明从小立志成为圣贤，显然，他本人是身体力行践行他所阐述的这门"圣贤之学"的，他学说的主要思想有"心即理""知行合一"和"致良知"三大部分，可能是出于谦虚，他很少直接把自己的学问称为"心学"。对于这些思想的诠释正是本书的内容，在这里就不再展开。王阳明去世之后，他的弟子和再传弟子逐渐分化为各种学派。王阳明弟子王畿、胡瀚，明末清初思想家黄宗羲，近代学者牟宗三，现代学者冈田武彦、陈来等都对王门后学进行过分类。综合来看，陈来的分类逻辑比较清晰[①]，为了直观起见，我们把它制作成表格（见表1–1）。

---

①陈来：《有无之境：王阳明哲学的精神》，第374–378页，生活读书新知三联书店，2009年12月北京第1版。（以下引用该书简称"《有无之境》"）

表 1-1：王门后学分化情况表

派别	左：保守派、正统派	中：中间派（强调王阳明思想中的某一方面，致力于推动王学发展，又不越王学的藩篱）				右：异端派（主要是泰州学派）
		主"有"	主"无"	主"动"	主"静"	
主要思想	坚持王阳明正统思想，以戒惧为宗旨以自然为流行	坚持"四有"，以修为功，强调保任实功	坚持"四无"，以悟为则，强调流行无碍	以独知为宗旨，以良知为已发，在用上着力	以归寂为宗旨，以良知为未发，在体上用功	以自然为宗，以良知为当下圆成，不思不学，直心任意，率性而行
代表人物	邹守益	钱德洪	王畿	欧阳德	聂豹	王艮

　　阳明后学中开始有人用"心学"来专指"阳明学"。王门后学邓元锡在《皇明书》中单列心学，该书卷四十二《心学纪》述王阳明一人，卷四十三《心学述》记黄绾、薛侃、邹守益、欧阳德、聂豹等11人，卷四十四《心学述》记罗洪先、王艮等7人。这显然是以心学来概括阳明学一系。该书卷三十五、三十六、三十七为《理学》，述吴与弼、胡居仁、曹端、陈白沙、罗钦顺等24人。由此可见，邓元锡把明代的儒学分为心学与理学：阳明学为心学，其他的为理学。邓元锡把白沙学列于理学而不是心学之中，而且没有把甘泉学列入心学之列，这与现

代论者归陈、湛于心学截然不同。①

从晚明到清代，存在着对立的看法：一些人以心学来专指阳明学，另一些人则不以它为阳明学的专利。第二部分人对心学的理解比较宽泛，他们认为从孔子开始，儒家均不讳言心，故不必讳言心学。到清代中后期，开始有学者使用"陆王心学"这个名词，据考证，最早使用的是方东树，他在评论顾炎武对心学的解释时指出："《日知录》引《黄氏日钞》、唐仁卿诸说，以为辟陆王心学则可，以为六经、孔孟不言心学则不可。"之后，康有为说："宋明义理之学，自朱子书外，陆王心学为别派。"梁启超说："先生乃教以陆王心学，而并及史学、西学之梗概。"1930年代后，学界开始把"程朱理学"和"陆王心学"对立起来，范寿康说："程朱的理学与陆王的心学"是宋明思想界的两大主潮。冯友兰说："朱子为道学中理学一派之最大人物，与朱子同时而在道学中另立心学一派者，为陆象山……道学中之理学，以朱子为集大成者；而其中之心学，则以阳明为集大成者。"1950年代之后，来自西方的所谓客观唯心主义和主观唯心主义的概念，为盛行的程朱理学与陆王心学的对立起了推波助澜的作用。这成了当今道学研究中很强势的范式，这一范式有历史渊源，也有理论意义，但也有简单化的弊端。②

任何一种思想都不是从天上掉下来的或凭空冒出来的，都有它的渊源和传承。从以上粗线条勾勒的脉络可以隐隐约约看出，自孔子之后，儒家思想的传承或者说儒家学者的风格大概有两大类，一

---

①周炽成：《"心学"源流考》。
②同上。

类是比较保守、比较严谨、比较注重形式的、比较注重训诂、考证、注疏等工作的,另一类是比较开放、比较活泼,不太在意外在的形式而注重内心修养的。后者就构成了"心学"思想传承的大致路径。

二、心学定义:心学属于什么学科?

从以上对心学源流的考察中,可以看出,儒家心学的概念产生于宋代儒者对"十六字心法"的系统解释。所以,心学最原初、最正宗的定义应该是,古圣先贤以"人心惟危,道心惟微,惟精惟一,允执厥中"为主要精神的传心之学,是后世学者修身养性以获得古圣先贤心法精髓、达到古圣先贤思想境界、像古圣先贤那样治国平天下的修养之学和实践之学。

儒家心学概念出现之后,逐渐有多义化的倾向,除了最原初、最正宗的意义之外,也还有其他意义。有人可能侧重其"以心体会"义,有人可能突出其"澄心静坐"义,有人可能着重其"明心见性"义,有人可能倾心其"内观拒外"义,有人可能注目其"先内后外"义。[①]王阳明更是发展出一套以"致良知"为核心内容的心学体系。可以肯定的是:(一)不管从哪种意义上阐述,儒家心学在宋明时期都或多或少、或直接或间接跟其原初义("十六字心法"的传心之学)有关;(二)心学和理学很难简单地泾渭分明地"切分",程朱理学在当时经常被称为"心学",而阳明学在当时也曾被划入理学,不能把宋、明的儒者泾渭分明地分为理学与心学两大阵营,不管朱子学还是阳明

①周炽成:《"心学"源流考》。

学都可以归入广义的"宋明理学";(三)儒家心学并没有西方哲学本体论意义上"心是世界的本体""心是第一性的,物是第二性的"的这种含义。所以,把儒家心学、阳明心学归入西方哲学话语体系下的"唯心主义"或"主观唯心主义"过于简单化了。①

那么应该给儒家心学或阳明心学以什么样的学科定位呢?按照梁启超的解读,儒家思想主要包含"道"和"术"两部分,"道"本义是人处于十字路口,引申为"道路""方向""规律",后成为儒家乃至中华文化的核心概念,讨论人性和世界的本质,带有世界观的蕴意;"术"本义是城邑中的道路,引申为"方法""技艺",颇有方法论的味道。古人说,"道不远人,远人不可以求道",道学是做人的学问。儒家一面讲道,一面讲术;一面教人应该做什么事,一面教人如何去做,道不离术,术不离道,犹如"世界观"与"方法论"的统一。按这个理解,儒家思想近似于西方学科体系中的哲学。但是,西方学者历来对儒家有很大的偏见,黑格尔就认为《论语》所讲的只是一种道德常识,在哪一个民族都能找得到,"是毫无出色之点的东西"。他认定孔子只是一个实际的世间智者,在他那里思辨的哲学是一点也没有的,只有一些善良的、老练的、道德的教训,从里面我们不能获得什么特殊的东西。②而中国学者普遍认为,黑格尔等西方学者的偏见是由于东西方文化差异导致的误解。梁启超把世界哲学大致分为三派:印度、犹太、埃及等东方国家的哲学,注重人与神的关系;

---

① 周炽成:《"心学"源流考》。
② 〔德〕黑格尔著,贺麟、王太庆译:《哲学史讲演录》第一卷第119页,商务印书馆,1959年第1版,1995年4月北京第7次印刷。

希腊及现代欧洲的哲学,注重人与物的关系;中国哲学,注重人与人的关系。他认为单用西方哲学的方法,研究儒家,研究不到儒家的博大精深处。[1]

综合中西一些学者对儒家的看法,我们对阳明心学进行以下的定位(见图1-1):

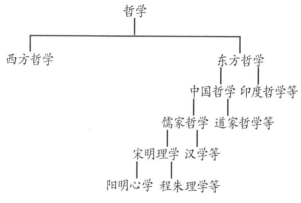

图1-1: 按地域划分的哲学分类法

也有学者反对按照地域划分哲学类别,牟宗三说:"哲学只有一个,没有所谓中国哲学,也没有所谓西方哲学。"[2] 如果按照牟宗三的观点,按西方哲学体系来定义儒家哲学,参照康德和黑格尔的分类法,可以有以下两种类似的分类方法。[3] 这两种分类方法非常相似,一种侧重伦理道德层面与自然层面的区分,另一种侧重精神层面

①梁启超:《儒家哲学》,第3页。
②牟宗三:《中西哲学之会通》,上海古籍出版社,1997年2月。
③关于哲学分类,参见:杨方《论哲学分类》,《湖南师范大学社会科学学报》,2000年2期。

与自然层面的对立。（见图1-2,图1-3）

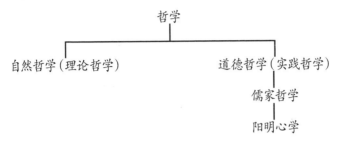

图1-2: 参照康德的哲学分类法

图1-3: 参照黑格尔的哲学分类法

当然,大家更加熟悉的分类方法是唯物 - 唯心对立法,1930 年代以来我国哲学界的主导性观点是把阳明心学归入主观唯心主义,许多哲学专业和中学思想政治教科书,以及冯友兰、张岱年、任继愈、冯契等著名哲学家都有相关的论述（见图 1-4）。[①]

---

①杜运辉、吕伟:《中国传统哲学现代诠释示例——以王阳明"南镇看花"心物关系为中心》,《哲学研究》2018年第4期。

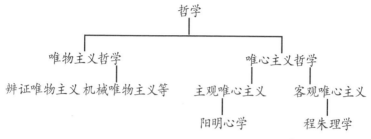

图1-4：参照传统教科书的哲学分类法[1]

由于"哲学"（"Philosophy"）这个词是从西方，经过日本翻译成中文的。所以以上所有关于心学的分类，都带有西方哲学的印记。这些分类，都有一定的历史背景，也都有一定的道理，但是这些分类也都是笼统的、相对的，只具有有限的参考价值，绝对的"一刀切"，反而容易对思想本身产生误解。自中国近代学人用"哲学"来研究和理解儒家思想以来，就不断出现批评声音，主要理由是：用"哲学"的视角来看待传统思想，往往通过本体论、宇宙论的框架，采取概念、命题理论化的进路，会失去传统儒家对个人安身立命、境界提升和对社会价值安置、引领的作用。这种批评无疑抓住了核心要害。[2]用西方哲学来解读中国传统思想至少有两大盲点。其一是西方哲学关注的核心是知识，而且是"knowing what"的那种知识，而中国传统思想关注的核心是生活之道。评判知识的标准是真伪，评判生活之道

①参见：艾思奇主编《辩证唯物主义历史唯物主义》第11页，人民出版社，1978年4月第3版。
②张洪义：《重建传统价值的实践追求》，《贵州文史丛刊》2019年第1期。

的标准是优劣,用前者的标准去评判后者,就像用尺子去衡量重量一样无从下手。其二是西方主流哲学偏向于注重人的自由意志(free will),注重自主的选择,因此这个主体眼里看到的一切往往都是外在于自我的对象,而难于看到自身修炼的需要。而中国传统思想却将人看作是在种种关系之中、需要修炼而不断完善的主体。西方主流哲学界长期以来一直缺乏对作为生活实践者的、处在关系中的主体的足够重视。①

　　现在有许多学者从"比较哲学"的视角,研究阳明心学和儒家哲学。瑞士哲学家耿宁试图用现象学的视角研究阳明心学。②陈来将阳明哲学与西方哲学中的存在主义、康德哲学、现象学进行了比较,对中西哲学的同与异皆作出评价。③美国学者安乐哲、郝大维等致力于把儒家哲学更准确地翻译成西方人能理解的语言,把中国传统文化传播到西方世界。④这些对消除西方对中国哲学的傲慢与偏见,重新认识、理解和接受中国传统文化有很大的帮助。

---

①〔美〕倪培民:《将"功夫"引入哲学》,《南京大学学报(哲学·人文·社会科学)》,2011年第6期。
②参见:〔瑞士〕耿宁著,倪梁康译:《人生第一等事——王阳明及其后学论"致良知"》,商务印书馆,2016年北京。以下引用该书均出自这个版本。
③刘昊:《四十年来中国大陆宋明理学研究的典范——陈来教授的宋明理学研究》,《贵州文史丛刊》,2019年第1期。
④安乐哲创立了一种叫"自觉性诠释"(selfconsciouslyinterpretive)的新的中国传统哲学翻译策略,搭建一个框架,通过前言解读背景、更新哲学术语表的关键词条、运用自觉性诠释翻译方法,并提供重要语句的中文原文。参见:〔美〕安乐哲:《活着的中国哲学》,《孔学堂》,2015年1月。

同时,也要看到用"比较哲学"的方法和视角研究儒家哲学的局限性。因为文化与话语体系的巨大差异,导致中西方很难用自己的话语体系准确表达对方的思想内容。不同于西方的分析性语言所采用的分析性叙述方式,中国的语言是面向性(aspectual language)和互系性(correlative language)的语言,因此其叙述方式也是叙事性(narrative)的。比如西方的二元本体论追求"事物"本质,而中国的"一多不分"观强调的是"事件性(eventful)",是动中有静,静中有动的关系互动中的叙述方式。①耿宁在他关于阳明心学的著作中,仅仅为了找到一个相对准确的标题就费尽周折。例如,耿宁认为把阳明语境中的"良知""致良知"翻译成"ursprüngliches Wissen(本原知识)"和"Verwirklichung des ursprüngliches Wissen(本原知识的实现)"已经是他能找到的最贴切的译法了,这样的译法显然没有完整表达出王阳明的思想。又如,无论把"圣人"翻译成"wise man(智者)"还是"heiliger Mensch(神圣的人)"都无法完整表达中国圣人的含义。②美国儒学家安乐哲也认为,传统上把"道"翻成"the Way","天"译作"Heaven","礼"译为"ritual",这种一直被看作"忠实"的译法"是对该文本的任意歪曲,会彻底损害其根本含义"。③

综上,从学术上把儒家思想、阳明心学归入"哲学"类是有一定道理的,但是要注意中国传统思想的独特之处。就阳明心学而言,王阳明的本职工作是一位政府官员,主要事功是其立下的赫赫战功,

①常青:《以中国话语阐释和翻译中国哲学》,《鞍山师范学院学报》,2017年第1期。
②〔瑞士〕耿宁:《人生第一等事》,第1—4页。
③〔美〕安乐哲:《活着的中国哲学》。

教书讲学是他的业余爱好，不能要求他为自己的观点构建一个完整严密的体系，而且中国古代思想家也没有像西方思想家那样构建体系的传统。所以，不管从"比较哲学"的视角看，阳明心学与西方现象学或别的什么流派有多么相似，它和西方意义上的"哲学"都有着本质的区别。因此，有学者称其为"圣贤学"，是教人提升道德修为，成为圣贤的修心之法。所以，学习阳明心学，不能以学习一般哲学的方法来学，不能仅仅把它当成一门知识，否则的话就成为王阳明本人所极力反对的"耽于记诵、辞章、训诂"的弊病了。

三、心学效用：境界、功夫、致用

为什么要学习心学？学习心学究竟有什么用处？从以上我们对心学学科归类的探讨来看，心学大体相当于西方的哲学，所以，在讨论心学有什么价值这个问题之前，我们先简要了解一下哲学有什么样的价值。

哲学从来不会告诉人们解决"现实"问题的具体方法，也不像具体科学那样直接给出具体的运行规律。它不是工程工艺技术、物理化学原理、天体循环法则。美国有句俗话"哲学不能烤面包"。[①]英国哲学家罗素曾经把哲学与物理科学进行一番比较，说明从实用的角度来看，哲学似乎毫无用处，丝毫没有价值。"物理科学上的发明创造使得无数不认识这门学问的人也已经认为物理科学是有用

---

① 胡军：《哲学是什么》，第222页，北京大学出版社，2002年5月第1版。

的东西了；……这种实用性是哲学所没有的"。[1]但是，以"现实"的眼光看似无用的哲学并不等于真正没有用处，它在更深的层次、更高的维度和更宏大的范围，影响着每一个时代、每一个社会和每一个人，中西方哲学家关于哲学价值的共识之一是"无用之大用"。[2]

一定的哲学素养，为一个人的人生奠定底色。每个人不管他自己意识到还是没意识到，都是在按照一定的哲学世界观生活，不同之处在于，有的人过着独立思考的生活，有的人过着随波逐流的生活。生活中可能有这样一些"现实"的人，他们只晓得人体需要食粮，却忽略了为心灵提供食粮的必要性。事实上，活着绝对不只是吃饭、睡觉，心灵所需要的东西至少也是和肉体所需要的东西同样重要的。凡是承认人类不仅有物质需要而且有精神需要的人，都无法否认哲学的价值。没有哲学色彩的人一生总免不了受束缚于种种偏见，由常识、由他那个时代或民族的成见、由未经深思熟虑而滋长的自信等等所形成的偏见。对于这样的人，世界是固定的、有穷的、一目了然的；普通的客体引不起他的疑问，可能发生的未知事物他会傲慢地加以否定。但是反之，只要我们一开始采取哲学的态度，我们就会发觉，就连最平常的事情也有问题，而我们能提供的答案又只能是极不完善的。哲学虽然对于所提出的疑问，不能肯定告诉我们哪个答案对，但却能扩展我们的思想境界，使我们摆脱习俗的控制。它把从未进入过自由怀疑境地的人们的狂妄独断的说法排除掉了，并且

①〔英〕罗素：《哲学问题》，第127页，商务印书馆，2007年4月第1版。以下引用该书均出自这个版本，
②同上。

指出所熟悉的事物中那不熟悉的一面，从而使人们对生活时刻保持好奇、谦逊的态度。①

　　一定的哲学传承，为一个民族的精神奠定底色。没有哲学的民族是苍白的、肤浅的、甚至野蛮的民族。黑格尔说："一个国家没有哲学，就像一座雄伟壮观的庙中没有神像一样，空空荡荡，徒有其表，因为它没有可信仰的东西，可尊敬的东西"。②中华文明是世界上唯一绵延五千年不间断的文明，作为中华文化核心的儒家哲学，既是文明延绵不断的原因，也是文明延绵不断的成果。梁启超说："如果把儒家抽去，中国文化，恐怕没有多少东西了。中国民族之所以存在，因为中国文化存在；而中国文化，离不开儒家。"③儒家哲学具有胸怀天下的气度和海纳百川的智慧，它以极大的包容性不断地吸收、融合道教、佛教、伊斯兰教、基督教以及近代以来的科学技术等本土和外来文化，以它极大的坚韧性构筑了中华民族共同的精神家园，两千多年来，儒家的哲学精神已经深深浸染到民族的血脉和基因中，化作华夏儿女安身立命的根基、为人处世的规矩、待人接物的习惯、言谈举止的范式和喜怒哀乐的端绪，成为中华民族精神的深沉而厚重的底色。

　　一定的哲学发展，为一个时代的进步提供思想先导。思想走在行动之前，就像闪电走在雷鸣之前一样。就人类历史的发展来看，任何一次社会变革、政治变革，都是以思想、观念的变革为前奏和先导

---

① 〔英〕罗素：《哲学问题》，第130页。
② 〔德〕黑格尔：《哲学史讲演录》第一卷，第119页。
③ 梁启超：《儒家哲学》，第3页。

的。欧洲文艺复兴以复兴古希腊罗马古典文化为旗号，高扬"人文主义"，提出以人为中心而不是以神为中心，肯定人的价值和尊严，反对神学对人的束缚，引导西方走出黑暗的中世纪，进入充满创造和变革的近现代。中国"五四"新文化运动为马克思主义在中国的传播开通了道路，引起了中国天翻地覆的变化。1978年"真理标准"问题大讨论引发了新的思想解放运动，推动中国进入改革开放和现代化建设新时期。从历史到现实，从东方到西方，都充分说明了思想变革对社会发展的重要意义，充分体现了哲学社会科学在历史进程中的巨大作用。[①]

除了具有一般哲学的"无用之大用"外，作为中国传统儒家哲学重要流派的心学，特别是其集大成者和主要代表的阳明心学，又有什么独特的价值呢？学习、修炼阳明心学对于修炼者个人，能产生什么样的功效呢？

和西方意义上的哲学不同，儒家哲学的基本关怀不是追求对客观世界的认知，而是追求成人成己的生活方式；不注重对"世界是什么"的理论解释，而注重对人的生活提供基本的态度和指导。[②]西方哲学是"知识哲学""认知哲学"，儒家哲学是"实践哲学""功夫哲学"。梁启超说，儒家哲学，范围广博。概括说起来，其用功所在，可以《论语》"修己安人"一语括之。其学问最高目的，可以《庄子》"内圣外王"一语括之。[③]"内圣"是境界，"外王"是致用。"修己"是"内

---

①靳诺：《为什么说哲学社会科学是"思想先导"》，光明日报，2016年6月22日第7版。
②〔美〕倪培民：《将"功夫"引入哲学》。
③梁启超：《儒家哲学》，第3页。

圣"的功夫，做修己的功夫，做到极处，就是内圣；"安人"是"外王"的功夫，做安人的功夫，做到极处，就是外王。所以，"功夫"即是从"境界"到"致用"的中介。

——境界。

罗素把人的境界粗略地分成两种，一种是本能的（或说功利的、不经思考的），另一种是哲学的（或恬淡的、逍遥的、思考的）。他说，一个听凭本能支配的人，他的生活总是禁闭在他个人利害的圈子里：这个圈子可能也包括他的家庭和朋友，但是外部世界是绝受不到重视的，除非外部世界有利或者有碍于发生在他本能欲望圈子以内的事物。这样的生活和哲学式的恬淡的、逍遥的生活比较起来，就是一种类似狂热的和被囚禁的生活了。追求本能兴趣的个人世界是狭小的，它局促在一个庞大有力的世界之内，迟早我们的个人世界会被颠覆的。除非我们能够扩大我们的趣味，把整个外部世界都包罗在内；不然，我们就会像一支受困在堡垒中的守军，深知敌人不让自己逃脱，终于不免投降。在这样的生活里，没有安宁可言，只有坚持抵抗的欲望和无能为力的意志在经常不断斗争。倘使要我们的生活伟大而自由，我们就必须用种种方法躲避这种囚禁和斗争。①

冯友兰更进一步把人生境界细分为四个境界——

一个人做事，可能只是顺着他的本能或其社会的风俗习惯。就像小孩和原始人那样，他做他所做的事，然而并无觉解，或不甚觉解。这样，他所做的事，对于他就没有意义，或很少意义。他的人生境界，就是我

①〔英〕罗素：《哲学问题》，第130页。

所说的自然境界。

一个人可能意识到他自己，为自己而做各种事。这并不意味着他必然是不道德的人。他可以做些事，其后果有利于他人，其动机则是利己的。所以他所做的各种事，对于他，有功利的意义。他的人生境界，就是我所说的功利境界。

还有的人，可能了解到社会的存在，他是社会的一员。这个社会是一个整体，他是这个整体的一部分。有这种觉解，他就为社会的利益做各种事，或如儒家所说，他做事是为了"正其义不谋其利"。他真正是有道德的人，他所做的都是符合严格的道德意义的道德行为。所以他的人生境界，是我所说的道德境界。

最后，一个人可能了解到超乎社会整体之上，还有一个更大的整体，即宇宙。有这种觉解，他就为宇宙的利益而做各种事。他了解他所做的事的意义，自觉他正在做他所做的事。这种觉解为他构成了最高的人生境界，就是我所说的天地境界。

这四种人生境界之中，自然境界、功利境界的人，是人现在就是的人；道德境界、天地境界的人，是人应该成为的人。前两者是自然的产物，后两者是精神的创造。自然境界最低，往上是功利境界，再往上是道德境界，最后是天地境界。它们之所以如此，是由于自然境界，几乎不需要觉解；功利境界、道德境界，需要较多的觉解；天地境界则需要最多的觉解。道德境界有道德价值，天地境界有超道德价值。[①]

人生的意义一定程度上体现在追求人生境界提升的过程中。提

①冯友兰：《贞元六书》，华东师范大学出版社，1996年12月。

升人生境界可以有不同的路径。罗素认为"真正的哲学冥想"是一条有效的途径，它不期望，不恐惧，也不受习惯的信仰和传统的偏见所束缚，而是恬淡地、冷静地、以纯粹追求知识的态度把知识看成是不含个人成分的、纯粹可以冥想的，是人类可以达到的。冥想中的公正乃是追求真理的一种纯粹欲望，是和心灵的性质相同的，就行为方面来说，它就是公道，就感情方面说，它就是博爱；这种博爱可以施及一切，不只是施及那些被断定为有用的或者可尊崇的人们。因此，冥想不但扩大我们思考中的客体，而且也扩大我们行为中的和感情中的客体；它使我们不只是属于一座和其余一切相对立的围城中的公民，而是使我们成为宇宙的公民。在宇宙公民的身份之中，就包括人的真正自由和从狭隘的希望与恐怖的奴役中获得的解放。总之，哲学问题可以扩充我们对于一切可能事物的概念，丰富我们心灵方面的想象力，并且减低可能禁锢心灵的教条式的自信。此外，尤其在于通过哲学冥想中的宇宙之大，心灵便会变得伟大起来，因而就能够和那成其为至善的宇宙结合在一起。[1]罗素用西方的思维方式和语言逻辑表达了与儒家"天地万物一体之仁"相似的思想。

　　提升人生境界的另一条路径是学习、修炼儒家哲学，特别是阳明心学。这可能是一条摆脱自然境界、功利境界，进入道德境界，甚至是天地境界的更直接、更有效、更适合中国人的途径。儒家的世界观是"天人合一""天地万物一体之仁"，就是追求一种内心生活的高远的精神境界、那种精神哲学、那种宇宙体验。[2]《易经·乾·文

①〔英〕罗素：《哲学问题》，133页。
②陈来：《王阳明的万物一体思想》，《中共宁波市委党校学报》2019

言》释九五爻曰:"夫大人者,与天地合其德,与日月合其明,与四时合其序,与鬼神合其吉凶,先天而天弗违,后天而奉天时。天且弗违,而况于人乎?况于鬼神乎?"①已经初步显示出"天人合一"的境界与气魄。孟子说:"万物皆备于我矣。反身而诚,乐莫大焉。"张载的《大心篇》里面讲的"大其心则能体天下之物",都是从一个小我的感受性出发,达到大我的境界。

千百年来,儒者都以提高人生境界为目标,自觉修身养性。孔子的"无意、无必、无固、无我",孟子的"吾善养吾浩然之气",范仲淹的"不以物喜,不以己悲""先天下之忧而忧,后天下之乐而乐",张载的"民吾同胞,物吾与也",陆九渊"宇宙内事乃己分内事",都体现了很高的人生境界。王阳明说的更为详尽,"夫人者,天地之心,天地万物本吾一体者也。生民之困苦荼毒,孰非疾痛之切于吾身者乎?"王阳明经过百死千难总结出"致良知"的修炼方法,他认为,天地虽大,但有一念向善,心存良知,虽凡夫俗子,皆可为圣贤。每个人都可以自主自为,人人都可以通过致良知的日常实践,完善自己的人格情操,而把人生的境界提升到高明光大的圣人之域。

前人的探索为我们树立了榜样,也为我们积累了经验。当代中国人对中华优秀传统文化,坚持创造性转化和创新性发展的正确态度,儒家的心学修炼传统,得到了很好的继承和发展。习近平总书记说,党性修养是共产党人的心学。中国共产党人成功将马克思主义

年第2期。
①陈鼓应、赵建伟注释:《周易今注今译》,第14页,商务印书馆,2016年5月第1版。以下引用该书均出自这个版本。

党性理论与中华传统修养文化结合起来，将修养内容从传统的"心性"拓展到"党性"，把传统的内省工夫演进为共产党人主观世界的改造，把传统的"事上磨炼"发展为进行革命实践锻炼，并从传统的"心灵觉悟"具体化为"阶级觉悟"，从传统较重个体的修炼拓宽为党内政治生活的集体"共修"，创造性建立了党性修养理论，成为共产党人正心修身、提升精神境界的圭臬。[①] 2019年3月22日，习近平总书记访问意大利众议院，众议长菲科问："您作为世界上如此重要国家的一位领袖，您是怎么想的？"习近平总书记说："这么大一个国家，责任非常重、工作非常艰巨。我将无我，不负人民。我愿意做到一个'无我'的状态，为中国的发展奉献自己。"[②] "我将无我，不负人民"诠释了全心全意为人民服务的根本宗旨，鲜明体现了党性和人民性的高度统一，成为新时代中国共产党人最高的人生境界。[③]

——功夫。

说起"功夫"，人们首先想到的经常是武侠小说里的"武功"。在金庸的小说里，东邪、西毒、郭靖、杨过、张无忌等都是"功夫"登峰造极的高手；在影视世界里，李小龙、成龙、李连杰等也都是武术精湛的"功夫大师"。但汉语世界中，功夫不仅仅是武术，更不仅仅是打架。其实，任何来自实践和修养达到一定境界的技能，如跳舞、

---

① 马明伟：《共产党人"心学"的传承与弘扬》，人民网：http://dangjianpeoplecomcn/n1/2017/0117/c117092-29030098html
② 杜尚泽：《习近平：我将无我，不负人民》，新华网：http://wwwxinhuanetcom/world/2019-03/24/c_1124275623htm
③ 肖伟光：《"我将无我，不负人民"：共产党人最高人生境界》，学习时报，2019年05月13日。

绘画、烹饪、写作、表演、待人接物、甚至治国理政等，都可以说是功夫。在宋明时期，功夫一词被理学家、道家、佛家等作为广义的人生艺术而广泛使用。他们都毫不含糊地把自己的学问说成是不同的功夫流派。①

"功夫"一词最早以"工夫"的形式出现在魏晋时期。它起初指的是"工程"和"夫役"，或在某件事情上所花的时间和努力。后者至今依然是常见的用法，如说"一顿饭的工夫""白费了许多工夫""在某处下工夫"等。稍后，"工夫"一词被引申为做某件事情所需要的能力、才艺和造诣，也称为"功力"，如"涵养功夫""书法功夫"等。另一个主要的引申用法是指做某件事情的方法，也可称为"功法"，如程颐将"穷理"看作"知命尽性的功夫"，陆九渊所谓的"易简"功夫等等。在"功法"这个意义上，"克己""集义""灭人欲""主敬"等等都可以说成是功夫。②

虽然在儒家传统思想奠基阶段的先秦并没有功夫这个概念，但宋明儒家频频地用它来表述儒家思想，确实是很有见地的。"功夫论"一词可以很好地概括儒家乃至整个中国传统思想对修炼、践行和生活方式的关注。③阳明心学的功夫论主要是指通过适当的实践和精神修养的方法或形式，来达到理想的境界；④有时也指有一定境界的人所具有的经世致用的能力和方法。所以，功夫既是普通人通向圣贤的桥梁，也是圣贤之"内圣"外化为"外王"的途径，更是修

①〔美〕倪培民：《将"功夫"引入哲学》。
②同上。
③同上。
④陈来：《有无之境》，第313页。

炼者自身拥有的包括思想道德和能力水平在内的综合素质。

王阳明《传习录》多次提到"功夫"[1]，例如：格物是诚意的工夫，明善是诚身的工夫，穷理是尽性的工夫，道问学是尊德性的工夫，博文是约礼的工夫，惟精是惟一的工夫，等等。在王阳明对弟子进行言传身教时，提到的修炼圣学的功夫还有：省察克治、戒慎恐惧、事上磨炼、不动心、静坐、慎独、存心、定气等，这些具体功夫在王阳明晚年统统归为"致良知"，于是"致良知"也可以看成王阳明功夫论的总纲领。

如果用武侠小说中的"武功"作类比，阳明心学"功夫"类似于武功里面的"内功""内功心法"，而礼、乐、射、御、书、数、洒扫、应对、农耕、造作、政务、用兵、待人、接物等只是"武功招式""外家拳法"。武功招式比划得再优美娴熟，也只是花拳绣腿，用来表演可以，真刀真枪的对阵就不行了。金庸小说里，真正的武林高手，无一不是内功高强者，武功秘籍也都是内功心法。当然，光有内功修为，没有具体技艺也是不行的。曾有人问王阳明，是否修炼了心学就可以带兵打仗了？王阳明说："也须学过。此是对刀杀人事，岂意想可得？必须身习其事，斯节制渐明，智慧渐周，方可信行天下。"[2]需要内外

[1]《全集》"功夫"用了138次，"工夫"用了215次。其中《传习录》中"功夫"用了82次，"工夫"用了141次。王阳明的著作中"功夫""工夫"经常混用，并往往表达同样的意思。例如《传习录（上）》王阳明在对徐爱解释"知行合一"时说："一行做知的功夫，一行做行的功夫，即功夫始有下落。"而在同一段落，他又说："我如今且去讲习讨论做知的工夫，待知得真了方去做行的工夫，故遂终身不行，亦遂终身不知。"

[2]钱德洪：《征宸濠反间遗事》，《全集》，第1215页。

兼修,动静结合,功夫才能日臻上乘。

　　——致用。

　　马克思说:"哲学家们只是用不同的方式解释世界,而问题在于改变世界。"改造世界即是"致用"。从"修己"到"安人",从"内圣"到"外王",从"解释世界"到"改造世界",作为思想、意识、思维形态存在的哲学理念如何作用于客观世界,如何产生实实在在的效果,如何转化为看得见、摸得着的物质形态,是一个复杂的过程,也是一个重大的飞跃。罗素认为:"如果研究哲学对别人也有价值的话,那也必然只是通过对于学习哲学的人的生活所起的影响而间接地在发生作用。"[①] 学习哲学的人的生活又有什么独特之处呢? 根据罗素的观点,那是因为"哲学所考虑的对象是重大的,而这种思考又能使人摆脱个人那些狭隘的打算"。罗素还介绍了一种他称之为"哲学冥想" 独特的思维方式。[②]

　　哲学思维是个"底层思维",关涉世界观、方法论、立场、视角、价值判断、思维模式等最基本的问题,用一个不太恰当的类比,大概相当于计算机的操作系统。如果把人看作一台计算机,人的生物结构就是计算机的硬件,一个人所具有的具体的知识和技能——如数学、物理、化学等自然科学知识,修车、裁缝、烹饪等技能——就像计算机中的一个个应用程序(或手机中的 APP)。而哲学思维如同计算机的操作系统,使用过 DOC、Windows 3.0、Windows 95……Windows2000、Windows XP 等操作系统的人都知道,在低版本的操

---

①〔英〕罗素:《哲学问题》,第127页。
②同上,第130-133页。

作系统上，只能支持功能十分有限的应用程序，有些应用程序根本就装不进去。而随着操作系统的升级，应用程序的功能也不断强大。这个形象的比喻可以解释为什么同样的知识、技术在不同人身上发挥的作用却千差万别。同样一部《孙子兵法》，在赵括的操作系统上运行的效果是几天之内葬送了赵国四十万大军，在马谡的操作系统上运行的效果是失街亭；而在诸葛亮、王阳明、曾国藩、毛泽东等的操作系统上运行却出神入化、活灵活现，产生了无比巨大的魔力，达到以少胜多、以弱胜强的效果。赵括、马谡的"操作系统"带不动《孙子兵法》这么复杂的应用软件。学习心学，加强哲学思维训练，正是要升级自己的操作系统，而非仅仅改进应用软件，是要从底层思维上使自己有一个根本的提升，全面的升级。

儒家哲学具有源远流长的经世济民传统，可以说儒家"为学"的目的就是"致用"。《大学》"格物、致知、诚意、正心、修身"的目的就是"齐家、治国、平天下"，齐家、治国、平天下就是"致用"。一代又一代中国读书人坚持"文以载道""士以弘道"和"经世致用"等文化传承，倡导文须有益于天下，有益于将来，决不能"置四海之穷困不言，而终日讲'危微精一'之说"。北宋张载提出的"为天地立心，为生民立命，为往圣继绝学，为万世开太平"，更成为众多思想家和研究者为学为人的座右铭。郑板桥"衙斋卧听萧萧竹，疑是民间疾苦声"的诗句，鲜明体现了他关心民间疾苦的学术精神和人生价值。我国古代的学术大家，无论是做"究天人之际、通古今之变"的学问，还是搞"判天地之美、析万物之理"的研究，都始终贯穿着"心忧天下""为民请命""经世致用"的情结。① 阳明心学倡导"知行合一",是经世致用的哲学。用行动来表达信仰,用实践来体现存在,是阳明心学之所以能经世致用的根本原因。阳明心学强调把信仰转化为现实行动的必要性,以"知行合一"为展开个体之精神世界的实践功夫,从而实现存在与价值的统一、信仰与行动的统一、主体与客体的统一、内圣与外王的统一。② 王阳明的人生经历就是经世致用的典范。

战争是心学应用的典型实例。金一南说,一切战争都是心战,心胜则兴,心败则衰。人心向背是决定战争胜负的关键因素。"人心"既包括直接从事战争的所有将士的心,更包括战争涉及的全体老百姓的心。高明的领袖总是跳出战争看战争,从战争之外去寻求克敌制胜的法宝。中国共产党的革命历程极其生动地诠释了"得民心者得天下"的千古真理。单从战争本身来看,古今中外著名的战争都可以看作对阵双方的主帅以战场为棋牌,以将士为棋子的对弈。事实上,不论围棋、中国象棋还是国际象棋,都是产生和演变于古代的战争实践。如上所述,同一部《孙子兵法》在不同"弈者"手中产生天壤之别的效果。

不只战争,人类社会的一切实践活动都是"心的实践",大到治国理政,小到待人接物,无一不是"心"的活动。经验告诉我们,凡事用心、细心、专心致志,往往马到成功;而不用心、不专心、粗心大意,

①赵学琳:《中国特色哲学社会科学的价值结构研究》,《学术探索》,2019年第2期。
②《首届中国阳明心学高峰论坛倡议书》,2016年10月16日北京。

往往功败垂成。而"用心""细心""专心"还只是心学的一点皮毛，甚至还没有跨入心学门槛，可见心学，特别是经过实践检验和五百年传承发展的阳明心学，不仅能"致用"，简直就是一个取之不尽用之不竭的思想宝库。

第二章　王阳明经历了怎样的传奇人生？

　　王阳明思想的产生和他一生不平凡的经历息息相关,在介绍他心学思想之前,很有必要先简要介绍一下他的生平,以便更好地理解他思想的形成、发展和完善。王阳明名王守仁,字伯安,号阳明,谥号文成,浙江余姚人,明代思想家、哲学家、文学家、军事家、教育家、书法家,官至南京兵部尚书、都察院左都御史,封新建伯。

　　关于王阳明生平的考证、传记、评价、故事、小说、演义等非常多。有人认为他是历史上罕见的立德、立功、立言"三不朽"的儒家圣人,有人认为他是儒家"心学"的集大成者,把他与孔子(儒学创始人)、孟子(儒学集大成者)、朱熹(理学集大成者)并称为孔、孟、朱、王。总之,王阳明是一位十分了不起的人物。对这位了不起的人物的生平进行全面客观的介绍并不容易。

一、王阳明生平分期

　　王阳明生于明朝成化八年壬辰年九月三十日亥时(即公元 1472 年 10 月 31 日 21 时至 23 时之间),卒于明朝嘉靖七年戊子年十一月

二十九日午时(即公元 1529 年 1 月 9 日 11 时至 13 时之间),享年 57
岁。为了便于研究和叙述,严肃的学术文章一般都把王阳明一生分为
几个阶段。有代表性的分期有以下几种。

杜维明把王阳明的经历和学说划分为三个时期。第一个时期从
1472 年开始到 1509 年结束,主要依据是 1509 年他的流放生活结束
了,并首次提出了知行合一之说。第二个时期自 1510 年他被任命为
庐陵县知事起到他成功平定宸濠之乱的第二年即 1520 年为止。第三
个时期从 1521 年他提出致良知开始至他逝世的 1529 年为止,是他
学术臻于完善的时期,例如:1524 年刊印《传习录》全文版,1527 年
刊印《文录》、阐述《大学问》、订立"四句教"等。①

耿宁从研究王阳明哲学思想发展入手,把王阳明的生平分为三
个时期:王阳明早期(1472—1506 年)对一种哲学定位的寻求,直到
三十四岁找到他的生活与哲学的方向;王阳明中期(1507—1518 年)
通过一种异乎寻常的经验认识到在此方向上继续前行的哲学基础;
王阳明晚期(1519—1529 年)大致是自四十九岁起,通过对"良知"
概念的一个新构想从根本上深化这个哲学基础。②

日本学者冈田武彦也按照三个阶段来安排他的巨著《王阳明大
传》的篇章结构,从出生到龙场悟道是一个阶段,担任庐陵知县到
南赣剿匪是第二阶段,平定朱宸濠叛乱到逝世是第三阶段。③与冈田
武彦类似,陈来把王阳明一生的思想发展大致总结为早年历程(出

①〔美〕杜维明:《青年王阳明》,第13页,生活读书新知三联书店,
2017年10月北京第1版。以下引用该书均出自这个版本。
②〔瑞士〕耿宁:《人生第一等事》,第88页。
③〔日〕冈田武彦:《王阳明大传》,重庆出版社,2015年2月第1版。

生至龙场悟道）、中年教法（庐陵知县至平定宸濠之乱）和晚年化境（提出致良知之后）三个阶段。[1]吴光在王阳明生平介绍中，按重大事件把他的一生大致分为五个阶段：少年立志、龙场悟道、治理江西、讲学故里（天泉证道）、广西平乱。[2]

以上的分期有一个共同的特点，都是以事件或思想发展为根据对王阳明一生进行大致分段，各阶段之间没有一条非常严格而精准的时间界限，给人一种大概的、粗略的感觉。笔者认为，对一个人生平分期是研究和介绍其生平事迹及思想发展的重要手段之一，是一件非常严肃的事情，需要考虑时代背景、政治影响、传统习惯、个人经历等多种因素。王阳明处在中国明朝，分期的时间界线应该采用中国传统历法，即夏历或称阴历、农历。根据中国传统习惯，通常把一个人一生分为少年、青年、中年、晚年（或老年）四个阶段。在皇权专制时代，最高统治者皇帝个人的道德品行和政治理念、执政能力、执政风格对国家、社会，特别是官僚体制内部的官员的影响是巨大的，从王阳明一生的经历，可以清楚地看出这种影响，所以，当时在位的皇帝也是王阳明生平研究需要考虑的因素。综上，我把王阳明一生做如下分期（见表2-1）。

①陈来：《有无之境》，第361-374页。
②吴光：《王阳明的生平及其思想主旨》，《人文天下》，2017年7月总第99期。

表 2-1：王阳明生平分期表

分期	少年	青年	中年	晚年
起止时间	成化八年壬辰至二十三年丁未1472年10月31日至1488年1月13日	弘治元年戊申至十八年乙丑1488年1月14日至1506年1月23日	正德元年丙寅至十六年辛巳1506年1月24日至1522年1月27日	嘉靖元年壬午至七年戊子1522年1月28日至1529年1月9日
年龄	一至十六岁	十七至三十四岁	三十五至五十岁	五十一至五十七岁
在位皇帝	宪宗朱见深	孝宗朱祐樘	武宗朱厚照	世宗朱厚熜
主要事件	出生、读书、习武、格竹、父亲中状元、丧母、宪宗卒	娶妻、丧祖父、乡试、三次会试、中进士、工作、休病假、收徒徐爱、结交湛若水、孝宗卒	因言获罪、龙场悟道、知庐陵县、讲学、南赣剿匪、平宸濠乱、忠泰之变、武宗卒	讲学、丧父、丧妻、续弦、老年得子、天泉证道、征思田、逝世

为了使大家对上表有更深刻的认识，补充说明如下：

（一）这个分期考虑了十五、十六世纪中国自然人的生命周期，大致符合当时剔除战争和因病夭折因素后男性的平均年龄和成长衰老特征，即20岁之前属于少年，20至30多岁之间为青年，30多至50岁为中年，50岁以上为晚年（老年）。

（二）这个分期考虑了传统文化和习惯因素。除了分期时间采用中国传统历法之外，年龄的计算也采用传统的"虚岁"计龄法，即小孩一出生就算一岁，越过一个除夕即增加一岁。根据传统风俗把少年时期的结束时点设定在十六虚岁那年的除夕。这是古代男孩子"束发"为大童的年纪，《大戴礼记·保傅》："束发而就大学，学大艺焉，履大节焉。"束发之后就不用再读"小学"，而开始读"大学"了。至今在中国南方大部分地区还保留了为男孩子隆重庆祝十六虚岁生日的传统风俗，认为男孩子到十六虚岁就不再是少年了。孔子曰"五十而知天命"，把五十岁左右作为王阳明晚年的起点无疑是合适的。

（三）这个分期考虑了王阳明个人的经历，他十七虚岁迎娶夫人诸氏，因此，有理由从十七岁开始就作为他青年的起点。青年时期他的主要活动是读书、参加科举考试、在北京从事低级政府官员工作等。而自三十五岁起开始进入对抗奸监、获罪下狱、贬谪龙场、剿匪和平叛等多灾多难又波澜壮阔的中年时期。

（四）这个分期考虑了政治因素对王阳明一生经历的影响，用当时皇帝的更替流年对分期进行微调。少年时期在位的皇帝是宪宗朱见深、青年时期在位皇帝是孝宗朱祐樘，这两位皇帝历史评价都比较高，总体上算是明君，孝宗还创造了"弘治中兴"，这样的政治局面对于正直官员的成长是相当有利的，历史事实也证明王阳明的父亲王华和王阳明本人在这两位皇帝在任时都有很好的发展。武宗朱厚照即位后，政治局势急转直下，王阳明本人和家庭都遭受到极大的打击和磨难，这十五年正是王阳明的中年时期。随着武宗正德皇帝驾崩，世宗嘉靖皇帝即位，王阳明也进入他的晚年时期。虽然嘉靖皇帝没有正德皇帝那么荒淫无度，也加封王阳明为新建伯，但是毕竟属于近支的皇室成员继承皇位，听信因"大礼议"上位的张聪、桂萼等的谗言,非但没有重用王阳明,在王阳明死后还革去他新建伯的封号。

综合考虑以上因素把王阳明一生划分为四个时期,他的少年、青年、中年、晚年恰好分别对应宪宗、孝宗、武宗、世宗四位皇帝。这是一个历史的巧合,也充分体现了王阳明的一生与国家、民族的命运紧紧相连、息息相关。当然,即使没有这个巧合,一生立志做圣贤的王阳明在任何时期都自觉地把自己的命运融入国家、民族的命运之中,用自己的一生阐释对国家民族的"鞠躬尽瘁、死而后已"。

二、少年时期(1—16岁)

少年时期大事件:出生、父亲中状元、读书、"格竹"、丧母、出游关外。

明朝成化八年壬辰年九月三十日亥时(即公元1472年10月31日21时至23时之间),王阳明出生于浙江余姚一个耕读之家。其先祖可以追溯到临沂王氏始祖汉代御史大夫王吉,经西晋光禄大夫王览,传至东晋丞相王导迁居金陵成为乌衣王氏,历经朝代更迭,家族从金陵经余杭、上虞达溪迁至余姚秘图①。六世祖王纲经刘基(刘伯温)推荐,被朱元璋亲自任命为兵部郎中,并为国殉职。可能是受王

---

① 王览(206年—278年)是二十四孝之一"卧冰求鲤"的主人翁西晋太保王祥的同父异母弟。王览的另一支,即他的曾孙"书圣"王羲之迁到绍兴成为绍兴王氏的始祖。王阳明家族成员和人们确信王羲之是王阳明的第三十三代祖宗(年谱),并不准确。参见束景南:《余姚秘图山王氏世系》,《王阳明年谱长编》,上海古籍出版社,2017年11月第1版。以下引用《王阳明年谱长编》均出自这个版本。

纲悲剧经历的影响，此后王阳明的祖辈们大多处于半隐居状态，五世祖王彦达、高祖王与准、曾祖父王杰虽受朝廷多次征召，都以"躬耕养母"为由拒绝出仕。曾祖父王杰在母亲去世后，遵母遗言接受举荐到南京国子监当生员，但只是做学问，没有担任什么职务。祖父王伦，号称竹轩公，是一位精通诗书音律的隐士，时人常把他比作陶渊明①。父亲王华从小饱读诗书，是成化十七年（1481年）状元，官至南京吏部尚书。

历史上伟大人物降世，都会有各种奇异的事情发生，王阳明的出生也不例外。据传说，他母亲怀孕十四个月，有一天他祖母岑太夫人梦到神仙穿着绯玉衣裳，驾着祥云从天而降，为她送来大胖孙子。刚刚梦醒，就听到婴儿呱呱落地的哭声了。祖父竹轩公因此给他取名"王云"，出生的房子也改名为"瑞云楼"。让全家人感到忧虑的是，王云到五岁还不会说话。有一天一位"神僧"路过，摸着王云的小脑袋说，"好个孩儿，可惜道破了"（意指取名为"云"道破了天机），竹轩公心领神会，把王云的名字改为"王守仁"。改名之后，王守仁很快就会说话了，而且一会说话就能背诵好多古诗和儒家经典中的一些段落。面对祖父的惊讶和不解，小王守仁淡定地说，"闻祖读时，已默记矣"，当时爷爷在读书的时候，在一旁玩耍的孙子已经把内容默默记下来了，只不过那时不会说话。②这些传说近乎神话，我们不必尽信，但是可以肯定的是，王守仁出生比预产期稍晚，说话比一般小孩晚，小时候聪明伶俐，刚刚会说话不久，就能背诵一些古诗文。

---

①〔美〕杜维明：《青年王阳明》，第18-23页。
②同上，第24-28页。

在王守仁十岁那年，他的父亲王华高中状元（廷试第一甲第一名），被授予翰林院撰修。这给整个家族带来极大的荣耀。第二年，祖父竹轩公带着十一岁的王守仁到北京和王华一起居住，接受更好的教育。祖孙俩进京路过镇江府，当地的朋友在金山寺附近宴请竹轩公，古时文人多有酒后吟诗的雅兴，正当长辈们对着眼前的景色酝酿诗句时，小守仁已经脱口而出：[1]

金山一点大如拳，
打破维扬水底天。
醉倚妙高台上月，
玉箫吹彻洞龙眠。

长辈们惊诧之余合理地怀疑王守仁是事先准备好这首应景诗，然后在聚会场合背出来炫耀一下，现场出题"蔽月山房"要求他即兴作诗。王守仁稍加思索即吟诵出来：

山近月远觉月小，
便道此山大于月。
若人有眼大如天，
还见山小月更阔。

这首富有哲理性和趣味性的小品诗，出自一位十一岁的儿童之口，真是让人叹为观止。要知道在没有科普教育的明朝，十一岁的小

[1]以下引用的两首诗见钱德洪《王阳明年谱》，《全集》，1001页。

孩懂得近大远小的道理,知道月亮比山大,并且想象如果有个人眼睛大如天,就能看出月亮比山大,而且在很短的时间里,用如此平实的语言展示出如此高超的诗歌艺术,那只有一种解释,王守仁是一位如假包换的天才!事实上,王守仁到了京城之后,他的吟诗作词才华在他祖父、父亲的社交圈中享有较高的声誉,小小年纪就已经被认为是诗人了。

在京城五年时间,王守仁的主要任务是学习。他父亲让他和同龄孩子一起到塾馆接受传统教育。有一天他问老师:"何为第一等事?"老师严肃地回答:"惟读书登第耳。"没想到王守仁不同意老师的说法,他说:"登第恐未为第一等事,或读书学圣贤耳。"这个想法让父亲王华也大为吃惊[①]。可以看出,王守仁从小就善于独立思考,并且很早就开始思考人生意义、人生价值这样一些人生终极问题。王守仁是个言行一致的人,他说要读书学圣贤,并不是说说而已,而是立即付诸实践。他从《大学》中学到做圣贤应该遵循格物、致知、诚意、正心、修身、齐家、治国、平天下的步骤,于是邀请钱姓同学从"格物"做起。他们把庭院里的竹子作为对象物,开始冥思苦想,试图悟出当圣贤的道理,钱同学"格"了三天筋疲力尽累倒在地,王守仁坚持了七天,也殚精竭虑,生了一场大病。他人生的第一次圣贤实践以失败告终,感叹自己没有圣人的天分,连起步的"格物"都"格"不动了。[②]

①束景南:《王阳明年谱长编》,第44页。
②关于"亭前格竹"的时间,向来众说纷纭。一般根据钱德洪编的《年谱》认为"格竹"在弘治壬子年(1492年),如:邓爱民(《朱熹王守仁哲学研究》,第84页)、林乐昌(《从"亭前格竹"到"龙场悟道":王

小守仁还是个兴趣广泛且调皮捣蛋的孩子,他爱好武术、骑射、兵法,甚至佛教、道教、相卜之术均有所涉猎。史书记载他常常逃课去玩他喜欢的游戏。有时还带领其他孩子集体逃课玩军事游戏,他自任大将军,给每位孩子发不同颜色和尺寸的令旗,指挥他们操练队形。十三岁时,王守仁的母亲郑氏不幸去世,他悲痛欲绝,痛哭了好几天。据说,王守仁的继母赵氏对他很不好,但很快被他"略施小计"制服了。他事先花钱串通好附近一位有名的巫婆,然后趁他继母不在房间时,偷偷在她被窝里藏了一只猫头鹰。继母发现猫头鹰后十分惊恐,于是请来巫婆驱邪。巫婆则按照王守仁事先提供的口径,告诉他继母大鸟是王守仁死去的母亲化身的,要求她今后要视王守仁如己出,才能避免灾祸。从此继母对王守仁倍加爱护。[1]这个广泛流传的故事意在说明王守仁从小精通诡道,后来他在南赣剿匪、江西平叛时,大量运用突袭、伪装、反间等谋略,是小时候就善于使用计谋的自然延续。

阳明思想转向新释》,《陕西师大学报(哲学社会科学版)》第23卷第4期,1994年12月)。陈来考证"格竹"在弘治己酉年(1489年)王阳明18岁前(《有无之境》第382-384页)。束景南考证应在王阳明15岁时(《王阳明年谱长编》第58页)。我的观点是,"格竹"时间应在王阳明说完"人生第一等事,或读书学圣贤耳"这句话不久,也就是12岁左右。王阳明是一个说了马上就要去做的行动派,有了想当圣贤的志向,对朱熹格物的概念又似懂非懂,做出"格竹子"的事也就顺理成章。后面有专门论述。
[1]这些传奇故事综合参考:冯梦龙《皇明大儒王阳明先生出身靖乱录》,转引自张昭伟编注《王阳明图传》第13-14页,上海古籍出版社,2017年6月第1版。冈田武彦《王阳明大传》上卷第061-062页。杜维明《青年王阳明》,第46-47页。

十五岁时，王守仁"慨然有经略四方之志"，他到居庸关一带考察明王朝的边防状况，并一度冒险到关外考察朝廷辖区外少数民族地区的武装力量分布情况。他还与少数民族青年有过正面的交锋，"逐胡儿骑射，胡儿不敢犯"。他在边境上逗留了一个多月才回到北京，根据实地考察结果，他试图给宪宗皇帝上疏建议加强边防，父亲王华认为此举幼稚而狂妄，阻止了他。①

成化二十三年丁未年八月十九日（1487年9月9日），宪宗皇帝朱见深病逝。宪宗在位23年，政治总体上风气清明，在位初年恢复了朱祁钰的皇帝尊号，平反于谦的冤案，任用贤明，宽免赋税、减省刑罚。王守仁的父亲王华也是在这样的政治环境中考中状元并得到朝廷重用的。九月六日（1487年9月26日）孝宗皇帝朱祐樘即位。这年年底，十六岁的王守仁在父亲的安排下，结束了在京城五年的读书生活回到家乡余姚，主要目的是回原籍准备参加科举乡试和到江西南昌迎娶他的未婚妻子诸氏。

三、青年时期（17—34岁）

青年时期大事件：结婚、练书法、拜谒娄谅、丧祖父、参加科举、任京官。

弘治元年戊申年（1488年）七月，十七岁的王守仁奉父命到南昌与江西布政司参议诸养和之女诸氏成婚。令人意想不到的是，新婚之夜新郎意外失踪，诸家发动全家上下搜遍南昌城，终于在第二天

---

① 束景南：《王阳明年谱长篇》，第55页。

早晨,在道观"铁柱宫"的一个僻静小屋中找到正和一道士相对打坐的王守仁。这个事件让当时参加婚礼的亲朋好友哭笑不得,也让几百年后的研究者匪夷所思。对此"八卦"事件,各种正说、戏说、考证、演绎等热闹非凡,有逃婚说,有陌生环境焦虑说,有效仿父亲保持君子形象说,甚至有性无能、性压抑说,众说纷纭,莫衷一是。[①]传统的解释是,当时王守仁身体比较弱,希望通过道家养生术来调理身体。结婚当天,全家都忙碌操劳,就新郎闲着没事,于是他到城里瞎逛,逛到城南广润门附近的铁柱宫,信步走进铁柱宫,看到一个白胡子老道士正在打坐。王守仁一时兴起盘腿坐在老道士对面,边打坐边和老道士谈经论道,讨论养生之术,竟然忘了当日是他大婚的日子,到第二天早上才被心急如焚的家人找到。

结婚之后,王守仁在岳父家住了一年,主要工作是练习书法,据说岳父家的几大箱上等宣纸都被他用光了。一年后他书法大进,奠定了一代大书法家的历史地位。后来他总结自己学习书法的心得,"吾始学书,对模古帖,止得字形。后举笔不轻落纸,凝思静虑,拟形于心,久之始通其法。……此心精明,字好亦在其中矣"。[②]这个时候,虽然他还没有发展出自己的心学体系,但是已经在不自觉地把心学运用于书法之中了。

弘治二年己酉年(1489年)十二月,因祖父竹轩公病重,王守仁偕夫人诸氏从南昌启程回老家余姚。船过广信,王守仁便道拜谒明代著名大儒娄谅先生。娄谅与他讨论宋代儒学思想,特别是朱熹的

①〔美〕杜维明:《青年王阳明》,第60-61页。
②束景南:《王阳明年谱长编》,第64页。

格物之学,并且明确告诉他"圣人必可学而至"。① 王守仁再次燃起"做圣人"的梦想,随后几年他在老家潜心研读儒学经典,一边探求做圣人的路径,一边准备参加科举考试。王守仁回到家乡后不久,祖父竹轩公就逝世了。不久,父亲王华丁忧回余姚,葬竹轩公于余姚穴湖山,守孝三年。王华利用这三年在家的时间教导王守仁及王氏家族子弟读儒家经典,备考乡试。

弘治三年庚戌年(1490年),有"天下第一士子""当代真儒"美誉的吴伯通任浙江提学副使。王守仁拜在吴伯通门下,并到杭州府学接受教育,深受吴伯通熏陶。② 弘治五年壬子年(1492年)八月,王守仁在杭州参加乡试,中举人第六名。③ 其时,主考官即是吴伯通。考试当天,"大雨如注,贡院号舍皆漂流",考生都跑到知府公堂避雨。按察使下令驱逐考生,考生气急败坏,纷纷拿石头瓦片扔按察使,按察使慌忙逃窜,局势一度失控。监考官惊慌失措,想把考试推迟一天。左布政使刘世节认为推迟一天违反规定,坚持等雨停后继续考试。到傍晚果然雨停了,八百余名考生秉烛夜考,其中就有王守仁。④

弘治六年癸丑年(1493年)二月,王守仁第一次参加会试落榜,四月回到余姚。闰五月,父亲王华服阕(古代三年之丧满)升任右春

---

① 〔美〕杜维明:《青年王阳明》,第63页。
② 吴伯通,字原明,四川广安州人,天顺甲申进士,弘治三年任浙江提学副使。见束景南《王阳明年谱长编》,第74页。
③ 束景南:《王阳明年谱长编》,第79页。束景南考证,王守仁壬子年浙江乡试第七十名,而非第六名。
④ 束景南:《王阳明年谱长编》,第78页。

坊右谕德,充经筵讲官。①九月,王守仁随父到京,进入北京国子监读书。弘治九年丙辰年(1496年)二月,王守仁第二次参加会试又名落孙山,许多人来安慰他,他却非常淡定地说:"世以不得第为耻,吾以不得第动心为耻。"②二十五岁的王守仁已经在践行孟子"吾四十而不动心"的精神。考试结束后,王守仁也结束了国子监近三年的学习,于九月启程回余姚老家,路过南京时,向朝天宫全真道士尹真人学道一百多天,修真空炼形法。到了余姚后,他在父亲之前读书的龙泉寺组织了诗社,当时余姚文士魏瀚、魏明端(魏瀚之子)、韩邦问、陆相、谢迪等都是诗社的成员。③

　　弘治十年丁巳年(1497年)秋后,王守仁举家从余姚迁往绍兴(山阴)东光相坊居住。迁居绍兴后王守仁经常到城外会稽山游玩,他探寻到一处适合修道的阳明洞天,便筑室其中,修炼尹真人传授的真空炼形法,自号阳明山人,从此"阳明先生"的名号便慢慢地叫开了。除了修道外,王阳明对军事十分痴迷,他自学兵法,"凡兵家秘籍,莫不精究",与朋友聚会时,经常拿果核在桌子上摆兵布阵,做战场对阵游戏。

　　弘治十二年己未年(1499年)二月,二十八岁的王阳明第三次参加会试,考出第二名的好成绩,殿试赐二甲进士出身第六名。中进士

---

①经筵讲官是明清时期辅佐太子的一个官职,隶属于詹事府,从五品。负责协助右春坊大学士处理太子上奏请、下启笺及讲读之事,类似太子的老师兼秘书。
②束景南:《王阳明年谱长编》,第96页。
③同上,第111页,第122页。

后，王阳明进入工部实习，[1]不久即奉命到边关考察边戍军屯，他根据考察情况给皇帝上了《陈言边务疏》，提出"安边八策"。[2]王阳明"实习"期间的另一项工作是为刚去世不久的著名戍边将领威宁伯王越督造坟墓。对这个看似不起眼的差事，王阳明十分用心，他把民工像士兵一样组织起来，按兵法理论编成队列，用战争的思维统筹工程建设，空闲的时候还组织民工操练诸葛亮的"八阵图"。这种军事管理方法大大提高了工程质量和效率，王家为了感谢他赠予威宁伯生前的佩剑。[3]

弘治十三年庚申年（1500年）六月，在工部"实习"一年后，王阳明被正式任命为刑部云南清吏司主事，其工作除了在刑部办公外，还奉命到直隶、淮安、凤阳、南京、芜湖、庐州等地审决重要囚犯。无论在刑部处理日常公务，还是到地方审判重犯，王阳明工作都极为认真负责，平反了许多冤假错案。例如，在刑部时王阳明曾到提牢厅（监狱管理部门）担任轮值主事一个月，他发现狱卒私下克扣犯人饭菜养猪，他责备狱卒："囚犯虽然有罪，也应当得到基本的饭食，取犯人之食养猪，是率兽食人食。"于是下令杀猪，把猪肉分给犯人吃，断然结束这个延续几十年的"惯例"，从此监狱再没有养猪现象。又

---

①束景南：《王阳明年谱长编》，第152页。观政工部，即到工部下属部门试事，类似现在的实习，或试用期干部，已经有薪水了，"月给俸米"。

②"八策"即谨陈便宜八事以备采择：一曰蓄材以备急；二曰舍短以用长；三曰简师以省费；四曰屯田以足食；五曰行法以振威；六曰敷恩以激怒；七曰捐小以全大；八曰严守以乘弊。参见王阳明《陈言边务疏》，《全集》，第239页。

③〔美〕杜维明：《青年王阳明》，第52页。

如，在南京审判重犯时，有陈姓指挥官，作恶多端，杀了十八人，虽然被捕入狱，但是他多方贿赂，案子十几年都没判。王阳明不顾巡抚、御史求情，判犯人斩立决。临刑时陈指挥对王阳明大喊："死而有知，必不相舍！"那意思是做鬼也饶不了他。王阳明笑着对他说："我不杀你，十八人的冤魂也饶不了我。"[4]

王阳明在刑部云南清吏司主事任上工作了两年时间，"日事案牍，苦读经史，过劳成疾"。弘治十五年壬戌年（1502年）八月，王阳明上《乞养病疏》，得到批准后回绍兴养病。这次病假历时近两年，主要是在阳明洞修炼道家的养生术和到杭州遍访古寺名刹高僧大德，即所谓"出入佛老二氏"。王阳明在这两方面都有一定的道行，道术据说已经能预知未来和祈雨；佛学则参透禅理，悟佛家"种性"之说。但后来王阳明都看出佛道两家的缺陷，决心回归儒家正统。弘治十七年甲子年（1504年）七月，受山东监察御史陆称聘请到山东担任乡试主考官。九月下旬回到北京，改任兵部武选清吏司主事。

这个时期的王阳明虽然官位卑微，但是他的文学声誉已经和李东阳、李梦阳、何景明、徐祯卿等大官员及大文豪齐名，在儒学方面也有一定的造诣，到北京读书的妹婿徐爱拜在他门下，成了他授徒讲学的开端，乙丑年（1505年）底，他与刚中进士的湛甘泉一见定交，经常一起讲论学问，共同倡导圣人之学。

弘治十八年乙丑年（1505年）五月七日，孝宗皇帝朱佑樘辞世，享年三十六岁。孝宗皇帝是明朝皇帝中口碑比较好的一个，史书上说他为人宽厚仁慈，躬行节俭，不近声色，勤于政事，重视司法，大开言

④束景南：《王阳明年谱长编》，第196页，第212页。

路, 驱逐奸佞, 励精图治, 创造了"弘治中兴"。在这个背景下, 王阳明通过科举入仕, 历任刑部、兵部主事, 还担任山东乡试主考官。王华更是步步高升, 官至礼部右侍郎。五月十八日, 年仅十五岁的武宗朱厚照即位, 这位中国历史上臭名昭著的"玩主", 改变了千百位官员的命运, 其中也改变了王华和王阳明的命运。

四、中年时期(35—50岁)

中年时期大事件: 因言获罪、龙场悟道、知庐陵县、南赣剿匪、平宸濠乱、忠泰之变、封新建伯。

朱厚照即位后, 朝廷政治局势急转直下, 年轻皇帝喜好玩乐、荒淫暴戾、刚愎自用, 宠幸以刘瑾为首的"八虎"太监集团。刘瑾把持朝政, 排除异己, 敢于直言进谏的忠臣或被罢官、或被流放、或被捕入狱、或被廷杖, 甚至被诛杀, 一时间朝廷乌云密布, 政治空气压抑得令人窒息。多数官员为了身家性命屈服于恐怖压制敢怒而不敢言; 有些投机分子为保全自己的官位或寻找靠山, 投靠了刘瑾; 一些忠直刚毅之士冒着生命危险坚持与宦官集团斗争。正德元年丙寅年(1506 年)十月, 南京户科给事中戴铣、南京兵科给事中牧相(王阳明姑父)、监察御史薄彦徽等人, 上书要求严惩刘瑾奸党, 复用忠良, 端正国法。刘瑾假传圣旨, 缉拿戴铣、牧相、薄彦徽等三十人入狱。[1]这时候, 王阳明挺身而出, 上《乞宥言官去权奸以彰圣德疏》。毫无悬念, 这份上疏照样落入刘瑾之手, 并激怒了刘瑾。十一月, 王阳明被

①束景南:《王阳明年谱长编》, 第381页。

打入锦衣卫大狱关了一个多月,于十二月二十一日出狱,在午门前受廷杖三十,贬谪贵州龙场驿丞。[①]

正德二年丁卯年(1507年)闰正月初一,王阳明离京走上崎岖而漫长的赴谪之路。二月,父亲王华先被调任南京吏部尚书闲职,不久即被罢官;弟弟王守俭也随父从北京国子监迁到南京国子监读书。三月,王阳明到达杭州,在净慈寺、胜果寺等地养病。八月中旬,王阳明学殷商箕子披发佯狂,制造投江假象,由钱塘沿富春江、蘭江,经广信至武夷山,意欲从此隐居避世。在武夷山,他游九曲溪,访武夷精舍,登天游峰访天游观道士。后在道士的劝说下,决定放弃隐居,于九月下旬到南京,和刚被罢官的父亲王华一道回绍兴老家。正德三年戊辰年(1508年)正月初一,离开北京约一年后,王阳明从绍兴启程,取道江西、湖南,于三月上旬到达贵州龙场(今贵州省修文县境内)。[②]

当时龙场的恶劣环境无须赘述,王阳明初到时,水土不服、语言不通、物资匮乏、居无定所、食不果腹。但正是在这样的逆境中,他用全部身心悟出了"圣人之道",走出了一条和朱熹"即物穷理"完全不同的通向圣域之路。"龙场悟道"之后,王阳明的整个人生格局完全打开了,开始在贵州传播"知行合一"之教。他除了在龙场创立

①束景南:《王阳明年谱长编》,第387页。
②同上,第408-464页。钱德洪编《年谱》、邹守益编《图谱》及后世许多传记均记载,王阳明离京到钱塘,遭刘谨派兵追杀,设计投江自尽假象逃脱,坐船泛海至福建,上武夷山,历经诸多神乎其神的奇遇后,回到浙江。束景南考证,这是王阳明本人编造的故事,钱德洪、邹守益出于维护和神化恩师的目的,予以引用记载。

龙岗书院教学授徒外，还应贵州提学副使席书的聘请主教贵阳文明书院，贵州许多官员的子弟都拜在他门下。在龙场王阳明创作了许多诗词歌赋等文学作品，《古文观止》中收录他的三篇文章中，《象祠记》《瘗旅文》就是在龙场期间写的。①

正德四年己巳年(1509年)闰九月，朝廷下旨升王阳明为庐陵知县。十二月，王阳明离开龙场驿前往江西，他一路吟咏、讲学、收徒，于正德五年庚午年(1510年)三月十八日到达庐陵县就职。他在庐陵知县任上七个多月，主要政绩是发布告止争讼、建保甲防盗贼、减税负纾民困、救火灾修火备。八月，太监刘瑾伏诛。九月，父亲王华官复原职南京吏部尚书。十月，王阳明奉旨入朝觐见皇帝，升南京刑部四川清吏司主事，十二月，升吏部验封清吏司主事。正德六年辛未年(1511年)十月，升吏部文选清吏司员外郎；次年三月，再升吏部考功清吏司郎中，十二月，升南京太仆寺少卿，该职设在滁州，督马政(有点像弼马温)。王阳明在结束龙场贬谪生涯后的两年内六次升迁。滁州"弼马温"工作相对轻松，他广收弟子，醉心于讲学论道。正德九年甲戌年(1514年)四月，王阳明升南京鸿胪寺卿，在南京门生越来越多，他几乎是来者不拒，日夜讲学不辍。正德十年乙亥年(1515年)九月二十九日，王华在绍兴举办七十大寿庆典，并立王守信第五子王正宪为王阳明子嗣。

正德十一年丙子年(1516年)八月十九日，因闽赣交界地区连年匪患不断，兵部尚书王琼推荐，朝廷任命王阳明为都察院左佥都御

---

①另一篇收入《古文观止》的文章《尊经阁记》，是王阳明晚年应他的学生、绍兴知府南大吉之邀，为稽山书院内的尊经阁写的。

史,巡抚南、赣、汀、漳等处,主持剿匪。这些地区有近十万土匪,盘踞几十年,烧杀掠夺、鱼肉百姓、无恶不作,历经几任巡抚、都督,调集"狼达""土兵"①都无法剿灭。王阳明只用短短一年时间就把匪患铲除得一干二净,并在当地设置了三个县治,以避免官兵走后,盗贼重新聚集,保一方百姓后世几百年的安居乐业。

剿匪结束后不久,王阳明接到朝廷命令,让他到福州处理守卫官兵哗变事件。正德十四年己卯年(1519年)六月初九日,王阳明从赣州出发,十五日到达南昌城外一百余里的丰城,得知宁王朱宸濠已在南昌起兵叛乱,强烈的责任感使他放弃福州之行,决心留在江西平息叛乱。因丰城是座小城,不足以抵抗宁王十几万大军,王阳明从水路赶到吉安,在他的学生吉安知府伍文定的协助下,募集了一万多义兵征讨宁王。平叛战争艰苦卓绝而又富有戏剧性,中间曲折变化不再赘述。战争的结局是,从王阳明得知宁王反叛到最终平定叛乱只用了四十多天,而从他七月十三日发出平叛檄文擂鼓开战,至二十六日生擒宁王朱宸濠,仅仅用了十四天,创造了世界战争史上的一个奇迹。

然而,平叛大功却没有得到皇帝朱厚照和他身边权臣的认同。皇帝身边的佞幸之臣,许多长期收受朱宸濠巨额贿赂,担心事情败露,反过来污蔑王阳明擅离职守(没有遵旨到福州处理哗变)、越权行事(没有得到朝廷的命令擅自组织军队对抗宁王),甚至说他本是

①狼达、土兵:狼达为狼兵与达兵的合称,是明朝最精悍的军队,广西的东兰、那地、南丹等边境地区的少数民族首领归顺朝廷后,其掌管的士兵被称为狼兵;达兵也称鞑靼兵,是我国古代对北方游牧民族武装的称呼,由鞑靼人担任的官职也称为达官。土兵指土著人组成的部队。(见冈田武彦《王阳明大传(中)》第253页。)

宁王一伙的，只因起事不成，才倒戈生擒宁王，不然怎么能以一万多人轻易大败宁王十万大军？而好大喜功的武宗朱厚照自封"奉天征讨威武大将军镇国公"出师南征，在得知朱宸濠已被生擒的情况下，仍然坚持挥师南下。为了避免皇帝南巡荼毒江西及沿途百姓，王阳明在上疏劝阻皇帝亲征无果后，决定北上献俘。张忠、许泰、张彬等佞臣千方百计阻止他觐见皇帝，王阳明无奈只好在杭州将朱宸濠等囚犯交付当时尚属正直的太监张永。在危机四伏的情况下，王阳明忍辱负重与带兵进驻南昌的张忠、许泰周旋，最大限度地保护江西老百姓免受兵灾。

正德十五年庚辰年（1520 年）闰八月初十，朱厚照带着囚犯朱宸濠从南京北归，十二月五日至通州，赐宸濠死。次年（1521 年）三月十四日，朱厚照驾崩于豹房，享年 31 岁。武宗在位十六年，贪玩成性，荒诞不经，宠幸宦官，朝纲紊乱。无数忠良宦海沉浮，时乖命蹇。在这样的政治环境下，王阳明的中年可谓跌宕起伏、苦难辉煌，虽然为国家立下不朽功勋，然终武宗一朝，平叛之功并没有得到朝廷的任何封赏。四月二十二日，世宗朱厚熜即位，十一月，封王阳明新建伯、奉天翊卫推诚宣力守正文臣、特进光禄大夫、柱国，兼南京兵部尚书。

五、晚年时期（51—57岁）

晚年时期大事件：讲学、丧父、丧妻、续弦、得子、征思田、辞世。

嘉靖元年壬午年（1522 年）二月十二日，王阳明父亲王华病逝。当时朝廷因王阳明平定宸濠之功，加封他父亲王华、祖父竹轩公、曾祖父槐里公为新建伯,加封继母赵氏为夫人。十二日当天,朝廷圣旨传到绍兴王阳明家。王华在弥留之际,要求家人按照礼节着正装恭迎圣旨,等所有仪轨都走完后,才瞑目而逝。[①]

王华去世后,王阳明循例在绍兴老家丁忧三年。远近来求学、问学者络绎不绝,以至于附近寺庙、道观都住不下,他因病不得已一度张榜告示闭门谢客,"守仁鄙劣,无所知识,且在忧病奄奄中,故凡四方同志之辱临者,皆不敢见。或不得已而相见,亦不敢有所论说,各请归而求诸孔孟之训可矣"[②]。王阳明的一位特立独行的弟子,泰州学派创始人王艮,为了传播致良知之学,自制一辆仿古小蒲车身着古代衣冠,两次从绍兴驾车北上一路讲学到北京,在京城引起很大的轰动,对传播阳明心学起了很大的作用,也给王阳明带来很大的麻烦。随着王阳明名气越来越大、门生越来越多、思想传播越来越广,也越来越引起反对者对他的嫉恨、诋毁和诬陷,他们攻击王阳明结党营私、传播异端邪说,要求撤销他新建伯的爵位。嘉靖元年壬午年(1522年),世宗朱厚熜下旨把阳明之学列为"学禁"。然而来绍兴求学的四方学子并没有因"学禁"而减少,门人弟子从地方官员到山野村夫,从懵懂少年到耄耋老人,许多是父子、兄弟同来问学,王阳明每次讲学,前后左右环坐而听者常常多达数百人,盛况空前。

丁忧结束后,许多朝廷官员推荐王阳明担任重要职务,有荐入阁的、有荐兵部尚书的、有荐提督三边军务的、有荐暂掌南京都督府

---

①束景南:《王阳明年谱长编》,第381页。
②王守仁:《璧帖》,《全集》,第232页。

的,但是,嘉靖皇帝认为王阳明是"憸人"①"非圣门之士"终不肯用,甚至不授予王阳明象征新建伯爵位的铁券和相应的俸禄。嘉靖四年乙酉年(1525年)正月,王阳明夫人诸氏病逝。一年后,王阳明娶继室张氏,并于当年(1526年)十二月生一子王正聪(后避讳改名王正亿)②。王阳明55岁老年得子,欣喜若狂,写下诗句"携抱且堪娱老况,长成或可望书香"。

嘉靖六年丁亥年(1527年),广西思恩、田州的民族首领卢苏、王受叛乱,朝野之间实在没有合适的人可用,朝廷只得起用王阳明兼左都御史,总制两广、江西、湖广军务,赴广西平定思田之乱。此时,王阳明已经56岁,身体也大不如前,他多次上疏辞去职务,并托内阁、兵部多位官员帮助斡旋,最终朝廷还是没有同意他辞职,并两次下旨催促尽快赴任。九月八日,王阳明启程赴广西前夕,与弟子钱德洪、王畿在天泉桥论道,留下"无善无恶心之体,有善有恶意之动,知善知恶是良知,为善去恶是格物"四句教谕③。十一月二十日,王阳明到达广西梧州,经过深入调研,弄清了卢苏、王受叛乱本意只是寻求自保,而非反叛朝廷,于是制定了招抚方略并上报朝廷同意。嘉靖七年戊子年(1528年)正月初七日,王阳明给卢苏、王受写了督促其归降的告谕,严肃地指出了他们犯下的罪孽,以及不归降的严重后果,

---

①憸人:憸(xiān),奸邪。憸人即奸邪之人。司马光《王广渊札子》:"夫端士进者,治之表也;憸人进者,乱之阶也。"

②束景南考证,王阳明在娶张氏同时,纳妾多名,生子多人。见束景南《王阳明年谱长编》第1799—1803页。

③历来各类书籍皆认为王阳明天泉证道留下的是四句教,束景南考证,王阳明的最终教谕为"四无、四有八句教"。见束景南《王阳明年谱长编》第1876—1889页。

同时也对他们的处境深表同情。卢苏、王受收到劝降告谕后欢呼雀跃，对着告谕磕头不止，立即率七万多土兵，自缚归降。这次王阳明不费一兵一卒，迅速平息了震动朝野的思田之乱。随后，王阳明利用归降的土兵，以及之前调到广西准备平叛的湖广、保靖土兵，出其不意地剿灭了盘踞在八寨、断藤峡祸害一方的土匪，"百数十年豺虎窟穴，扫而清之"，得到了当地老百姓的拥护和爱戴。

征战中，王阳明身体每况愈下，咳嗽越来越激烈，已到咯血不止的地步，他在向朝廷上疏报告平定思田叛乱和剿灭八寨、断藤峡匪患消息的同时，也向朝廷乞求告老还乡。在迟迟得不到朝廷答复的情况下，他于八月二十七日离开南宁，走上归家之路。他一路走走停停，希望在途中收到朝廷的批复。十一月二十八日，王阳明乘舟到达江西南安青龙铺，他的弟子南安推官周积登舟探视，二十九日中午，王阳明对周积说："我去矣！"周积哭问："何遗言？"王阳明含笑说："此心光明，亦复何言。"不久即瞑目而逝。次年即嘉靖八年己丑年（1529年）十一月十一日，葬王阳明于绍兴高村洪溪，参加葬礼的门人达数千人。

王阳明晚年时期，执政的嘉靖皇帝朱厚熜是正德皇帝朱厚照的堂弟，因朱厚照没有子嗣，由皇室旁支继承大统。在位早期，朱厚熜还算英明苛察，他严以驭官、宽以治民、整顿朝纲、减轻赋役，重振国政，开创了嘉靖中兴的局面。然而，他心胸狭窄，嫉贤妒能，独断独行，刚愎自用，宠信"大礼议"[①]中顺着他意愿的桂萼、张聪，慢慢酿

①大礼议：嘉靖14岁即帝位，因想追封亲生父母的尊号，但首辅杨廷和等旧臣要求他改换父母而引发了长达三年半的大礼议之争；世宗不顾朝

成谄媚成风的不正常政治生态。嘉靖皇帝刚登基时，授予王阳明新建伯的崇高荣誉，第二年即把阳明学列为"学禁"，在王阳明死后，更是亲自裁定阳明学为"大坏人心"之邪说，下诏禁绝阳明之学，并剥夺了王阳明死后的赠谥、树碑、立坊、建祠、恤赏、恤荫等一切典例，革去新建伯世袭权利。①

臣反对，追尊生父为兴献帝后又加封为献皇帝、生母为兴国皇太后，改称孝宗敬皇帝曰"皇伯考"。嘉靖十七年（1538年）九月兴献帝被追尊为"睿宗知天守道洪德渊仁宽穆纯圣恭简敬文献皇帝"，并将兴献帝的牌位升祔太庙，排序在明武宗之上，改兴献王墓为显陵，大礼议事件至此最终结束。

① 束景南：《王阳明年谱长编》，第2058—2061页。

第三章　怎样才能成为儒家圣贤？

第一章我们谈到传统意义上的心学概念是古圣先贤代代相传、心心相印的"十六字心法"，允执厥中既是正心修身的总原则，也是经世致用的总原则。也就是说，古圣先贤们不管身心修炼、待人接物，还是治国理政，都要恭敬诚恳地秉持其中的大中至正之道。那么如何才能成为圣贤呢？或者说怎样才能像圣人那样随时随地、无论顺境逆境都虔诚地保持中正的状态呢？几千年来，儒家进行着不懈的探索和实践。

一、成为圣贤的第一级台阶

《大学》出自《礼记》，原是《小戴礼记》四十九篇中的第四十二篇，相传为曾子(曾参)所著。[1] 经北宋程颢、程颐竭力尊崇，南宋朱熹又作《大学章句》，最终和《中庸》《论语》《孟子》并称"四书"。宋、元以后，《大学》成为儒家经典的纲领性文献，是学校官方的教

---

[1]《小戴礼记》，又名《小戴记》，由汉宣帝时人戴圣根据历史上遗留下来的一批佚名儒家的著作合编而成。现在学术界比较认可《大学》系由战国初期曾参所作，也有人认是说秦汉时儒家学者的作品。

科书和科举考试的必读篇目，对中国古代读书人产生了极大的影响。

《大学》第一句"大学之道，在明明德，在亲民，在止于至善"，开宗明义提出了为学的宗旨或最终目的，就是"明明德、亲民、止于至善"，这个所谓的"三纲领"就是儒家提倡和追求的"内圣外王"的最高境界。真正做到这"三纲领"，也就做到了"惟精惟一，允执厥中"，也就是当之无愧的儒家圣人。

《大学》除了提出目标之外，也为读书人指明了修炼的道路："古之欲明明德于天下者，先治其国。欲治其国者，先齐其家。欲齐其家者，先修其身。欲修其身者，先正其心。欲正其心者，先诚其意。欲诚其意者，先致其知。致知在格物。物格而后知至，知至而后意诚，意诚而后心正，心正而后身修，身修而后家齐，家齐而后国治，国治而后天下平。"这就是为学次第，或者说是修己安人的步骤、内圣外王的阶梯，要成为"明明德于天下"的圣贤就必须按照格物、致知、诚意、正心、修身、齐家、治国、平天下这"八条目"，脚踏实地，一步一个台阶地往上攀登。

圣学之路的第一级台阶是格物，想成为圣贤，要做的第一件事情就是格物。那么，问题来了。什么是格物？怎样格物？几千年来一直争论不休。在中国思想史上，很少有概念像格物一样引起如此众多的歧见。

诺贝尔物理学奖获得者、美籍华裔物理学家丁肇中在一次著名的演讲中是这么说的——

《大学》里这样说：一个人教育的出发点是"格物"和"致知"。就是说，从探察物体而得到知识。用这个名词描写现代学术发展是再适当也没有了。现代学术的基础就是实地的探察，就是我们现在所谓的实验。但是传统的中国教育并不重视真正的格物和致知。这可能是因为传统教育的目的并不是寻求新知识，而是适应一个固定的社会制度。《大学》本身就说，格物致知的目的，是使人能达到诚意、正心、修身、齐家、治国的田地，从而追求儒家的最高理想——平天下。因为这样，格物致知的真正意义被埋没了。[①]

丁肇中认为，格物致知的真正意义是探察物体从而获得知识，即"寻求真理的唯一途径是对事物客观的探索""探索的过程不是消极的袖手旁观，而是有想象力的有计划的探索"，格物致知本身既是手段又是目的，而《大学》仅仅把格物致知作为达到诚意、正心、修身、齐家、治国、平天下的手段，从而埋没了格物致知本身的意义，导致了中国近代科学技术远远落后于西方。

丁肇中的解释对吗？应该说，作为科学家，丁肇中借用儒家经典"格物"这个名词描写现代学术发展，以强调实验精神在科学上的重要性，颇有新意，对科学研究也有启发作用。但是，丁肇中的论述只在科学研究领域，就格物致知说格物致知，就科学研究说科学研究，至于，格物致知为了什么？科学研究为了什么？或者格物致知、科学研究成功了之后，将导致"格物者""研究者"成为什么样的人？丁肇中并没有提及。我们知道，不但现代科学技术有"外部性"，就是

---

①这是1991年9月18日，丁肇中在北京人民大会堂"情系中华"大会上作的题为《应有格物致知精神》的演讲。

科学家本人也并不必然是品德高尚的好人。所以,丁肇中对格物的解释,如果不是错误的,也是有很大局限性的。

那么,儒家经典中的格物究竟是什么意思呢?

二、历史上对格物的探索

东汉郑玄在《礼记·大学注》中说:"格,来也。物,犹事也。其知于善深则来善物,其知于恶深则来恶物,言事缘人所好来也。"唐代孔颖达在《礼记·大学疏》中对郑玄的注释进一步解释:"致知在格物者,言若能学习招致所知。格,来也。已有所知,则能在于来物。若知善深则来善物;知恶深则来恶物。言善事随人行善而来应之,恶事随人行恶亦来应之。言善恶之来缘人所好也。物格而后知至者,物既来,则知其善恶所至。善事来,则知其至于善;若恶事来,则知其至于恶,既能知至,则行善不行恶也。"①

郑玄和孔颖达都把"格"解释为来、招来、引来;"物"解释为事;则"格物"就是"来事"、招来某事。一个人对于善知之甚深,就会招来善物;一个人对于恶知之甚深,那么就会招来恶物。这是说事物的招致,因人之所好而定,你好善则善事来,你好恶则恶事至。章太炎批评郑玄这个解释是"因果相倒",因为《大学》本文的顺序是"物格而后知至",而郑玄以为"知于善深则来善物,知于恶深则来恶物",将"致知"置于"格物"之先,不合经典原义。

晚唐的李翱认为:"物者万物也。格者来也、至也。物至之时,

①《礼记正义》卷六十,大学第四十二。

其心昭昭然明辨焉，而不应于物者，是致知也，是知之至也。"李翱把"格物致知"作为一个整体来认识，即当外物来时，心可以清楚明白地察觉明辨，但又不执着牵挂于外物。李翱的解释，对宋明理学产生重要的影响。①

北宋司马光在《致知在格物论》中进行较详细的论证："人之情莫不好善而恶恶，慕是羞非，然善且是者盖寡，恶且非者实多。何哉？皆物诱之也，物迫之也。"为什么桀、纣也知道禹、汤是圣人，盗跖也知道颜回、闵损是贤人，自己却不能成为圣人、贤人呢？就是因为"物诱之""物迫之"。要解决这个问题就要依据《大学》的路径，"于是依仁以为宅，遵义以为路，诚意以行之，正心以处之，修身以帅之，则天下国家何为而不治哉！"他认为："《大学》曰格物在致知，格犹扞（捍）也、御也。能捍御外物，然后能知至道矣。郑氏以格为来，或者犹未尽古人之意乎。"司马光认为，格物就是抵御外物的诱惑，以达到正心修身的道德修养目的。②

张载虽然没有对"格物"概念直接展开论述，但他关于认识与外物关系的理论对程朱"格物致知"说的形成有着重要的影响。张载认为："感亦须待有物，有物则有感，无物则何所感？"外物是人的感觉、感知的来源。"人谓己有知，由耳目有受也；人之有受，由内外之合也"。人的认识在于内部主观和外部客观的结合，这和现代认识论已经相当接近了。张载还提出："万物皆有理，若不能穷理，如梦过

①蔡铁权：《"格物致知"的传统诠释及其现代意蕴——一种科学与科学教育的解读》，《全球教育展望》2014年第6期，总第323期。
②杨渭生：《译司马光的认识论》，《晋阳学刊》1987年第六期。

一生。"如何穷理？"明庶物，察人伦，皆穷理也"。这个"穷理尽性之学"，与后儒的"格物致知"有着内在的联系。[1]

程颢、程颐是理学的创始人，二程的思想代表了两宋理学的主流。程颢提出："格、至也。穷理而至于物，则物理尽。""致知在格物，物来则知起，物各付物，不役其知，则意诚不动，意诚自定则心正，始学之事也。"这是一种自然顺应的超越自我的修养方法。程颐形成了一个完整的"格致"思想体系，成为理学"格物穷理"说的祖师。他认为："格，犹穷也。物，犹理也。犹曰穷其理而已也。"对于物"凡眼前无非是物，物物皆有理，如火之所以热，水之所以寒，至于君臣父子间皆是理"。穷理的方法途径为："凡一物上有一理，须是穷致其理。穷理亦多端：或读书讲明义理；或论古今人物别其是非；或应接事物而处其当，皆穷理也。"格物的过程："若只格一物便通众理，虽颜子亦不敢如此道。须是今日格一件，明日又格一件，积习既多，然后脱然自有贯通处。"而理又是统一的："如千蹊万径皆可适国，但得一道入得便可，所以能穷者，只为万物皆是一理。"对于格物穷理的目的，他说："或问：学必穷理。……子曰：诵诗书，考古今，察物情，揆人事，反复研究而思索之，求止于至善，盖非一端而已也。"[2]

---

①蔡铁权：《"格物致知"的传统诠释及其现代意蕴》。
②同上。

三、朱熹对格物的定义

因为朱熹思想对王阳明的影响太大了,我们单独对他进行介绍。

朱熹(1130-1200 年)字元晦, 又字仲晦, 号晦庵, 南宋著名理学家、思想家、哲学家、教育家、诗人, 后人尊称为朱子。朱熹是"二程"(程颢、程颐)的四传弟子,与二程合称"程朱学派"。但是他的思想受小程子伊川的影响多一些, 前面说过, 其学术传承路线大致是: 程颐——杨时——罗从彦——李侗——朱熹。朱熹是儒学集大成者,一生著述很多, 其中《四书章句集注》成为南宋以后钦定的教科书和科举考试的标准参考书,其思想也成为元、明、清三朝官方意识形态。

朱熹继承了程颐的格物论,并建立了更系统的格物穷理说。朱熹最大胆的"手笔"就是对《大学》进行修改和增写,其性质如同一个基督徒修改《圣经》、伊斯兰教徒修改《古兰经》, 或者共产主义者修改《共产党宣言》。那么, 朱熹对《大学》都改了哪些地方呢?

其一, 删改字句。朱熹遵循程颐的观点,把《大学》第一句话"大学之道, 在明明德, 在亲民, 在止于至善"中的"亲"改成"新", 这样一来, 为学的三个总目标之一, 就从"亲民"变成了"新民"。朱熹的解释是:"新者,革其旧之谓也。言既自明其明德, 又当推以及人, 使之亦有以去其旧染之污也。"同时与后文中的"苟日新, 日日新, 又日新""作新民""周虽旧邦, 其命惟新"相呼应。另外, 原文第三自然段最后两句"此谓知本, 此谓知之至也", 朱熹认为这两句并非经文，应是"传"文，其前一句"此谓知本"，根据程子的意见乃是"衍文"，应删去。其他还有一些个别字、词的修改。①

其二，改编次序。朱熹通过文本分析，认为《大学》文章结构不够严密，应该是"错简"所致，②于是他"因程子所定，而更考经文，别为序次"，就是对《大学》文序加以调整，成为结构严密、整整齐齐的"一经加十传"。第一章经文，总说明明德、新民（亲民）、止于至善"三纲领"和格物、致知、诚意、正心、修身、齐家、治国、平天下"八条目"；随后十章就是对经文进行阐释的传文，严格按照释明明德、释新民、释止于至善、释本末、释格物致知、释诚意、释正心修身、释修身齐家、释齐家治国、释治国平天下的次序编排。朱子解释如此调整的用意说："前四章统论纲领旨趣，后六章细论条目功夫。"

其三，增补一段。因传文对诚意、正心等条目都有解释，唯独对格物、致知没有做任何说明，朱熹认为古本《大学》"阙简"③导致"此谓知之至也"一句前"别有阙文""盖释格物致知之义，而今亡矣"。于是他"间亦窃附己意，补其阙略"自己动手补写了一段，并以"此谓知之至也"作结尾句。朱熹把补写的这段作为"传"的第五章，全文如下（除了最后一句之外都是朱熹手笔）：

---

①朱熹：《大学章句》，《四书章句集注》，第4页，中华书局，2011年1月第1版。以下引用该书均出自这个版本。
②先秦文章都是刻在竹简上，按次串联编成卷，保存年代久远，竹简散乱，后人整理时把前后次序搞错，就叫"错简"。如果有部分竹简丢失，则为"阙简"。
③同上。

所谓致知在格物者，言欲致吾之知，在即物而穷其理也。盖人心之灵莫不有知，而天下之物莫不有理，惟于理有未穷，故其知有不尽也。是以大学始教，必使学者即凡天下之物，莫不因其已知之理而益穷之，以求至乎其极。至于用力之久，而一旦豁然贯通焉，则众物之表里精粗无不到，而吾心之全体大用无不明矣。此谓物格，此谓知之至也。①

这是对《大学》文本的最重要的修改，朱熹把自己的意见作为经典的传文，对"格物致知"进行了一锤定音、盖棺定论式的定义，对后世产生无比巨大的影响，之后几百年，读书人读的都是经过改造的朱熹版《大学》，自此"即物穷理"成了"格物致知"的标准定义。在《语类》中，朱熹进一步明确："格物者，穷事事物物之理；致知者，知事事物物之理。"②

除了下权威定义之外，朱熹还对"为什么格物"和"怎么格物"进行深入探讨。朱熹确信格物的目的就是为了成为圣贤，他的《语类》说："《大学》格物致知处，便是凡圣之关。物未格，知未至，如何煞也是凡人。须是物格知至，方能循循不已，而入圣贤之域。"③若做不到"格物致知"，无论如何都是凡人，只有达到"物格知至"，方可进入圣贤之域。

---

①朱熹：《四书章句集注》，第8页。
②朱熹：《朱子语类》卷第十四至第十八，大学一至大学五。黎靖德编《朱子语类》中华书局1986年3月第1版。以下引用该书均出自这个版本。
③朱熹：《朱子语类》，卷第十五，大学二，第364页。

至于怎么格物，朱熹认为："格，至也。物，犹事也。"① "格物者，格，尽也，须是穷尽事物之理。若是穷得三两分，便未是格物。须是穷尽得十分，方是格物。"格物就是在事事物物上穷其至理。有学生问："格物是学者始入道处，当如何着力？"朱熹回答："遇事接物之间，各须一一去理会始得。不成是精底去理会，粗底又放过了；大底去理会，小底又不问了。如此，终是有欠缺。但随事遇物，皆一一去穷极，自然分明。"他还举例说："如读书，便就文字上格；听人说话，便就说话上格；接物，便就接物上格。精粗大小，都要格它。久后会通，粗底便是精，小底便是大，这便是理之一本处。……而今且大着心胸，大开着门，端身正坐以观事物之来，便格它。"②

请注意朱熹多次使用的"穷""极""尽""至"等字眼，考察《朱子语类》中朱熹和学生们关于格物的讨论，主要有三方面的含义：

一是囊括了所有"物"。朱熹说："盖天下之事，皆谓之物，而物之所在，莫不有理。且如草木禽兽，虽是至微至贱，亦皆有理。""凡万物万事之理皆要穷。但穷到底，无复余蕴，方是格物。""上而无极、太极，下而至于一草、一木、一昆虫之微，亦各有理。一书不读，则缺了一书道理；一事不穷，则缺了一事道理；一物不格，则缺了一物道理。须著逐一件与他理会过。"他举例说，如所谓"仲夏斩阳木，仲冬斩阴木"，自家知得这个道理，处之而各得其当便是。且如鸟兽之情，莫不好生而恶杀，自家知得是恁地，便须"见其生不忍见其死，

---

①朱熹：《四书章句集注》，第5页。
②朱熹：《朱子语类》，卷第十五，大学二，第346-350页。

闻其声不忍食其肉"方是。要之，今且自近以及远，由粗以至精。①

二是包含一物的全部"理"。有学生问："知至、意诚，求知之道，必须存神索至，不思则不得诚。是否？"朱熹回答："致知、格物，亦何消如此说？所谓格物，只是眼前处置事物，酌其轻重，究极其当处便是，亦安用存神索至！只如吾胸中所见，一物有十分道理，若只见三二分，便是见不尽。须是推来推去，要见尽十分，方是格物。既见尽十分，便是知止。"格物，不是悬空去思索，只是对眼前正在处置的事物，斟酌轻重，把它处理到最恰当处。如果一个事物有十分道理，则一定要把十分道理都探究清楚。朱熹可能也意识到话说得太满了，在回答另一个学生的问题时又说："格物云者，要穷到九分九厘以上，方是格。"总之，尽量把所有的道理都"格"出来。朱熹认为把一物之理格尽比格尽所有物更重要："十事格得九事通透，一事未通透，不妨；一事只格得九分，一分不透，最不可。"②

三是贯通内外表里精粗。朱熹认为，格物要成功地变成"物格"，关键在于贯通。他赞同程子的进路，"今日格一件，明日又格一件，积习既多，然后脱然有贯通处"。贯通内外指的是人，即格物的主体。必须做到"穷得到后，遇事触物皆撞着这道理：事君便遇忠，事亲便遇孝，居处便恭，执事便敬，与人便忠，以至参前倚衡，无往而不见这个道理"；如果没有贯通内外，人就分裂了，"外面虽为善，而内实为恶，是两个人做事了！外面为善是一个人，里面又有一个人说道：'我不好。'"。贯通表里精粗主要是指"理"本身，朱熹说："理固自有表

①朱熹：《朱子语类》，卷第十五，大学二，第359—361页。
②同上，第359—360页，第373页。

里精粗，人见得亦自有高低浅深。有人只理会得下面许多，都不见得上面一截，这唤做知得表，知得粗。又有人合下便看得大体，都不就中间细下工夫，这唤做知得里，知得精。二者都是偏。故大学必欲格物、致知。到物格、知至，则表里精粗无不尽。"[①]

应当说明的是，朱熹虽然提出格物就是穷极万物之理，但是其立论主要还是在人伦道德范畴，是从自然之道中见人伦之道，认为只有如此，才能从格物致知走向正心诚意，乃至修齐治平。如果陷于物理而不能返归人道，则是入于歧途。"且如今为此学而不穷天理、明人伦、讲圣言、通世故，乃兀然存心于一草一木、一器用之间，此是何学问？如此而望有所得，是炊沙而欲成其饭也"[②]。他形象地说："如今说格物，只晨起开目时，便有四件在这里，不用外寻，仁义礼智是也。如才方开门时，便有四人在门里。"[③]

四、王阳明圣贤之路的探索

毫无疑问，在朱熹思想一统天下的大环境下，王阳明从小就是在朱熹的影响中长大的，这种影响可能来自他的爷爷、父亲、私塾老师，或者来自诵读朱熹版的《大学》和其他著作。王阳明十一岁时就认为"人生第一等事是读书学圣贤"，并立志要当圣贤。我们有理由

①朱熹：《朱子语类》，卷第十五，大学二，第354页；卷十六，大学三，第397页。
②尹晓宁：《格物致知新解："以类相推"的方法论——兼论朱熹格物论的缺失》，《浙江学刊》，2014年第6期。
③同注释①，第348页。

相信,这个时候的王阳明应该了解朱熹的"格物致知论",甚至有可能已经把朱熹补写的《大学》里这段传文背得滚瓜烂熟了。

按照《大学》设定的步骤和朱熹提供的方法,少年王阳明很虔诚地开始他做圣贤的实践,从第一级台阶"格物"开始,他选择的"物"是北京寓所中的竹子。同时,他还请来志同道合的钱姓朋友一起来进行这项伟大的实践,以便圣贤之路不寂寞。关于这段"亭前格竹"轶事,主要根据两则记载。一则是嘉靖二年(1523年),晚年的王阳明在绍兴和弟子们讲学论道,讲到格物之道时,回首往事,亲口对钱德洪等弟子说:[1]

众人只说格物要依晦翁,何曾把他的说去用?我着实曾用来。初年与钱友同论做圣贤,要格天下之物,如今安得这等大的力量?因指亭前竹子,令去格看。钱子早夜去穷格竹子的道理,竭其心思,至三日,便致劳神成疾。当初说他这是精力不足,某因自去穷格。早夜不得其理,到七日,亦以劳思致疾。遂相与叹圣贤是做不得的,无他大力量去格物了。及在夷中三年,颇见得此意思,乃知天下之物本无可格者。其格物之功,只在身心上做,决然以圣人为人人可到,便自有担当了。这里意思,却要说与诸公知道。

另一段记载比较简单,是《年谱》"五年壬子"篇中以追叙的口吻记载的:"先生始待龙山公于京师,遍求考亭遗书读之。一日思先儒谓'众物必有表里精粗,一草一木,皆涵至理',官署中多竹,即取

①王守仁:《传习录(下)》,《全集》,第105页。

竹格之；沉思其理不得，遂遇疾。先生自委圣贤有分，乃随世就辞章之学。"①

从这两则记载可以看出：王阳明是按照传统儒家，特别是朱熹为读书人设计的标准路径去实践做圣贤理想的。他相信"做圣贤要格天下之物"，而"众物必有表里精粗，一草一木，皆涵至理"，所以他选择从"竹子"入手，开始"沉思其理"式的"格物"。圣贤之路的首次实践遭受惨败，钱姓朋友"格"了三日，"便致劳神成疾"，王阳明坚持了七日也"劳思致疾"。"亭前格竹"这段不寻常的经历，对王阳明一生产生很大的影响，据说他从此落下病根，一辈子病痛缠身，但是更重要的还是对他思想上造成的巨大冲击，他感叹一簇竹子都格不了，"圣贤是做不得的，无他大力量去格物了"，此后几十年他一直带着这个困惑在他的圣学之路上艰难探索，直到晚年提起这件事他还记忆犹新。

事实上，朱熹的格物说存在着两个致命的矛盾。第一个矛盾是有限性与无限性的矛盾，天下事物是无限的，而人的时间、经历、能力是有限的，要穷尽"万物万事之理"，并且对任何一物都"要见尽十分"（后来说"九分九厘以上"），是绝对做不到的。如王阳明后来所质疑的"先儒解格物为格天下之物，天下之物如何格得？"第二个矛盾是内与外的矛盾，格物的目的是提高内心道德修养，从而成为圣贤。但格物的直接效果是了解外界事物的规律或知识，而知识的增加并不必然导致道德修养的提高，这就导致王阳明后来经常批评的"析心与理为二"，把内心与外物、心与理二分对立起来，"纵格得

---

① 钱德洪：《王阳明年谱》，《全集》，第1000—1030页。

草木来,如何反来诚得自家意?"

当然,朱熹后来也意识到自己格物论的缺陷,他在回答弟子们关于"天下之物格不尽"的质疑时采纳了程颐的思路"今日格一件,明日又格一件,积习既多,然后脱然有贯通处",虽然不用格尽天下之物,但要积累得多,才能触类旁通。关于"格"外物如何"诚"内心,朱熹的解释是要做到"贯通",方法是"格物"的时候要"主敬",用内心的一个"敬"字就可以在格物的时候,把外物的理转化为内心的理。朱熹对格物论的纠偏和解释是在和学生的问答中零星说出来的,散见于《朱子语类》的各个篇章段落中。《朱子语类》共一百四十卷,仅讨论《大学》的也有五卷,王阳明"格竹子"的时候只有十一、二岁,虽然《年谱》记载他"遍求考亭遗书读之"(朱熹也称考亭先生),但很有可能没有读到《语类》里关于格物的补充解释,或者读了之后也不能全面准确地理解朱熹关于身心修养的这些深奥论述,才会把"格物"仅仅理解为面对外物"沉思",导致"亭前格竹"的百思不得其解。

"格竹子"失败后,王阳明曾一度把"做圣贤"的理想雪藏在内心深处,游弋于骑射、辞章、兵法、书法、道家、佛家等领域,涉猎广泛,造诣颇深。在吟诗填词作文方面,王阳明才华出众,在京城和家乡余姚都很有名气,他一生留下了很多文章和诗歌作品,《象祠记》《瘗旅文》《尊经阁记》被《古文观止》收录,是明代文学家中被收录文章最多的一位。在书法方面,他刚结婚那年,用近一年的时间潜心研究、练习书法,终成一代大书法家。明代著名书法家、画家徐渭(徐文长)高度赞赏王阳明的书法说:"王羲之'以书掩其人',王守仁则'以人掩其书'。"清代学者朱彝尊说他:"诗笔清婉,书法尤通神,足为临池之模范。"王阳明十四岁就开始学习骑马、射箭和兵法,达到了痴迷的程度,前面已经讲过,十五岁时他就只身闯关外,与少数民族青少年比骑马射箭,毫不逊色。王阳明经常在会见朋友时,用果核在桌子上摆兵布阵,做战争"沙盘推演"。他中进士后到工部任职,第一项重要工作是监造威宁伯王越的坟墓,他按管理军队的方式管理工匠,用兵法思想指挥工程建设,取得很好的效果。成年后的赫赫战功,也证明了王阳明兵法研究的精湛。

对王阳明思想影响较大的是他对道家和佛家的探寻。相关的研究表明,"格竹"失败后,王阳明落下了病根,从他经常咯血的记载看,应该是肺炎一类的疾病,这直接导致他对道家的养生术感兴趣。《年谱》清楚地记载了王阳明与道家、佛家的一些轶事。如前所述,十七岁时到南昌迎娶诸氏,结婚那天,他信步走进铁柱宫,与道士一起打坐交流养生术,彻夜未归。弘治十四年(1501年),从政两年的王阳明利用出差的机会上九华山拜见以养生闻名遐迩的道士蔡蓬头,王阳明再三以隆重的礼节向蔡蓬头求教,但蔡蓬头却说他"礼虽隆,终不忘官相",始终没有答应和他探讨神仙之术。随后,王阳明听说地藏洞有一不食人间烟火的异人,马上攀岩到地藏洞探访,果然在洞里找到酣睡的异人。异人看在他冒险来此的份上,和他讨论禅宗五祖弘忍大师的《最上乘论》,其中还谈到周敦颐和程颢这两位吸收道家和禅宗思想创新儒学的北宋大家。弘治十五年(1502年),王阳明以病辞官归隐,在会稽山阳明洞修炼道家的导引之术,他渐渐沉浸其中,居然练到能预知未来的层级。有一天他在洞中打坐,预测到有四位朋友要来访,请仆人到山下迎接,果然不差。归隐期间,他遍访杭州南屏、虎跑等名刹,与高僧大德谈论佛法。[1]

对于王阳明在追求当圣贤的路上的这些广泛涉猎,以往的学者们大都认为是走了岔路,比较流行的有"五溺""三变""出入佛老二氏"等说法,连王阳明自己也说"吾焉能以有限精神为无用之虚文也(对于辞章之学)""簸弄精神(对于道教)"。但事实上,包括"亭前格竹"实践,包括辞章、兵法、佛教、道教的钻研,对他后来"龙场悟道"以及悟道之后思想的进一步发展、完善都有着极其重要的作用。可以说,没有"格竹"的失败,没有广博的知识积累,没有对佛教道教思想的借鉴,就不会有阳明心学体系的建立。从他最重要的著作《传习录》中,可以明显地看到佛教和道教的影子。

需要特别注意的是,即使处在"泛滥无归"的"五溺"时期,王阳明也从来没有放弃"做圣贤"的远大理想,更加没有放弃儒家经典的学习。十六岁前王阳明一直在北京的塾馆读书,毋庸置疑所读的一定是官方的教科书,也就是朱熹注释的"四书五经";二十八岁前他的主要任务是学习儒学知识参加科举考试,乡试他考了全省第六名,但会试两次落榜,第三次才中了二甲进士第六名。长达十几年的备考,一定使他打下了扎实的儒学基础。当然,知识增长并不必然导致思想升华。"格竹"失败后,王阳明除了广泛涉猎,扩充知识,也时时进行思想的修炼。虽然他暂时搁置"成圣实践",但是只要有机会,他的圣贤理想就会重新萌发。十八岁那年,他带着新婚妻子从南昌返回余姚,途中专程到广信拜访当代大儒娄谅,探讨儒家思想,

①钱德洪:《王阳明年谱》,《全集》,第1000—1030页。

特别是朱熹"格物说"。娄谅一句"圣人可学而至"再次点燃他心中成圣的火种，随后他又投入极大的精力和热情研读儒学经典，研究"格物"理论。二十七岁，也就是第三次会考前一年，读到朱熹的一句"居敬持志，为读书之本，循序致精，为读书之法"，于是又想"循序以致精"地格物，但是终究贯通不了"物理"和"吾心"，"沉郁既久，旧疾复作，益委圣贤有分"，成圣的尝试又一次失败。三十四岁，在朝廷当了五年多低级官员的王阳明，遇到了时任翰林庶吉士的湛甘泉，两人"一见定交"，共同倡导"身心之学"，他像小时候一样，找了个伙伴又开始圣贤之路的实践。

总的来看，从十一岁他立下"做圣贤"的志向后，终其一生从未动摇过。早年虽然有"出入二氏"的为学经历，但从未以二氏之学为"正学"，也从未以"成佛""成仙"作为自己的人生理想。他对道教的迷恋，在很大程度上出于养生考虑，并不直接构成其思想立场。后来谈到道教，他说："区区往年盖尝弊力于此矣。后乃知其不必如是，始复一意于圣贤之学。"[1] 至于佛教，他早年也感兴趣，但是也批评佛教有违人的"爱亲本性"。事实上，王阳明是在基本形成了自己的独立思想体系之后，才真正开始批判和吸收佛、道理论的。[2]

①王守仁：《与陆原静》，《全集》，第159页。
②林乐昌：《从"亭前格竹"到"龙场悟道"：王阳明思想转向新释》，《陕西师大学报（哲学社会科学版）》第23卷第4期，1994年12月。

第四章 "龙场悟道"悟到了什么?

　　"龙场悟道"是阳明心学形成过程中的一个非常重要的环节。那么,在龙场发生了什么? 王阳明在想什么? 怎么想的? 想出了什么? 事件已经过去整整500年了,我们还能不能复盘当时的情景? 钱锺书说:"史家追叙真人实事,每须遥体人情,悬想事势,设身局中,潜心腔内,忖之度之,以揣以摩,庶几入情合理。"[①]按照这个思路,我们也可以根据能查到的资料,设身处地对王阳明当时的心境进行一番揣摩。

一、"龙场悟道"其事: 艰难困苦,玉汝于成

　　第二章我们已经简要介绍了,正德初年,太监刘瑾弄权,残害忠良。正德元年冬(1506年),时任兵部主事的王阳明(35虚岁)上疏为得罪刘瑾而下诏狱的戴铣等人说情,也被逮入锦衣卫大牢。王阳明在狱中备受摧残近两个月后,于正德元年十二月二十一日出狱,被

---

①钱锺书:《管锥编》之《左传正义一》,三联书店,2007年12月版,第272页。

判处廷杖三十(打三十大板,当时许多官员被当场打死),贬为贵州龙场驿驿丞。之后,他历尽千难万险,包括疾病、路途困顿,甚至假托投江避祸,终于在正德三年春(1508年)到达贵州龙场。①

当时贵州龙场环境恶劣,"在贵州西北万山丛棘中,蛇虺魍魉,蛊毒瘴疠,与居夷人鴃舌难语,可通语者,皆中土亡命"。②王阳明初到时,连住的地方也没有,只得搭建高不过肩、既不挡风也不遮雨的简易"草庵"作为藏身之所。后来他找到一个宽敞的山洞,欣喜若狂,遂命名为"阳明小洞天"。食物短缺、天气潮湿、瘴气毒虫、水土不服等都无时无刻不威胁着王阳明的生存,随行的几位仆人相继病倒,他还要反过来照顾随从,甚至唱歌、讲笑话给他们听,以防止他们得抑郁症。一段时间后,王阳明与当地苗族人相处融洽,苗人为他搭建了几间房屋,他也向苗人学习刀耕火种之法,以解决基本生存问题。

谪居期间,地方长官思州知府欺负王阳明是贬官,派人到龙场对他耀武扬威,百般侮辱。王阳明尚能忍辱负重,泰然处之,但是当地苗人看不下去了,把派来的官差殴打了一顿。此事得罪了思州知府,贵州按察司副使毛应奎知道后派人对王阳明"喻以祸福利害",要求他亲自上门向知府行跪拜礼道歉。王阳明回信严词拒绝道,"君子以忠信为利,礼义为福。苟忠信礼义之不存,虽禄之万钟,爵以侯王之贵,君子犹谓之祸与害;如其忠信礼义之所在,虽剖心碎首,君子利而行之,自以为福也,况于流离窜逐之微乎?"③一场貌似危机重重

①钱德洪:《王阳明年谱》,《全集》,第1006页。
②同上。
③王守仁:《答毛宪副》,《全集》,第661页。

的"官场纷争",在王阳明的凛然大义面前烟消云散了。

应当时土司水西宣慰使安贵荣之请,王阳明为当地重修的象祠作记。在儒家看来,舜的弟弟象是一个不孝不悌的大恶人,为恶人建立祠堂并年年祭祀,实属大逆不道,如今却要为这样一个祠堂作记文,对秉承儒家传统的士子来说是不能接受的。但考虑到祭祀象是当地苗人几百年的传统,王阳明欣然接受了这个"挑战",以"就算象这样的恶人也是可以改过的,只要修得舜这样的至善德行,就可以感化任何恶人"立论,写了一篇构思巧妙、见解独特的《象祠记》,成了古文之典范。安贵荣因王阳明作记之故派人送来金帛、鞍马及鸡、鹅、米等礼物,王阳明只收下了米二石及柴炭鸡鹅等属于"人情往来"合理范围内的物品,金帛鞍马等贵重礼物全部退回。[1]后来安贵荣试图撤减辖区内政府设立的驿站,以及暗地支持地方少数民族叛乱,王阳明都去信晓以大义,严词劝阻,并要求他出兵协助平叛。[2]

面对种种艰难困苦、政治风波和人际纷争,王阳明都保持着一种乐观守正的心态,"虽身受颠踬困厄而不殒越其志,虽身处患难贫贱而不怨天尤人,虽威武而不能折其气,虽利益而不能汩其心"。[3]他对于一切得失荣辱皆能超脱,"惟生死一念,尚不能遣于心",只有生死尚未看破。他干脆找到一处"石廓"[4],放出狠话"吾今惟俟

①王守仁:《与安宣慰》,《全集》,第662页。
②王守仁:《与安宣慰(二)》,《全集》,第662页。
③董平:《王阳明的生活世界》,商务印书馆,2018年4月第1版,第48页。以下引用该书均出自这个版本。
④石廓,一直以来都认为是做一个石头棺材,束景南考证认为,石廓是指石穴,即石头山洞,应该是指阳明小洞天或玩易窝。参见束景南《王阳明年谱长编》第482页。

死而已，他复何计"，在里面"日夜端居默坐，澄心精虑"，试图参透生死。① 不知过了多少个日日夜夜，一天深夜，王阳明在半梦半醒之间，忽然大悟，欢呼雀跃，手舞足蹈。《年谱》记载："忽中夜大悟格物致知之旨，寤寐中若有人语之者，不觉呼跃，从者皆惊。始知圣人之道，吾性自足，向之求理于事物者误也"。②

年谱只记载"龙场悟道"发生在正德三年（1508 年），没有记述具体的月份，是年王阳明 37 虚岁。正德五年春（1510 年），王阳明贬谪期满，升任庐陵县知县，离开了龙场。在龙场居住的时间约两年整。

二、"龙场悟道"其思：圣人处此，更有何道

悟道的过程各种史料记载都非常简单，我们试着用中国传统"将心比心"的思维模式"度君子之腹"，揣度一下当时王阳明到底处于一种什么样的心境。这种"将心比心"的思维模式，其实也是王阳明悟道的思维模式，他用这样的思维"度圣人之腹"，追问"圣人处此，更有何道"，最终悟出了圣人之道。

在龙场，除了恶劣的生存环境外，大概还有几件事使王阳明十分揪心，"心在夷居何有陋，身虽吏隐未忘忧"③：一是对国家前途命运的忧虑，主上荒淫昏庸，奸监弄权作乱，忠良被害被逐，国势日见衰微，"游子望乡国，泪下如心摧。浮云塞太空，颓阳不可回"④。二

①黄绾：《阳明先生行状》，《全集》，第1163页。
②钱德洪：《王阳明年谱》，《全集》，第1006页。
③王守仁：《龙冈漫兴五首》，《全集》，第588页。
④王守仁：《采蕨》，《全集》，第583页。

是对自己险恶处境的担忧,刘瑾弄权愈演愈烈,王阳明的父亲王华受其牵连,先被调为南京吏部尚书(闲职),后又被迫致仕(退休)。考虑到不少官员在贬谪期间非正常死亡,他在龙场就职期间的人身安全确实值得担忧,他曾带领童仆亲手埋葬了暴毙的过路小吏及其子其仆3人,童仆开始不愿意管这晦气的闲事,王阳明对童仆说"吾与尔犹彼也",[①]可见当时王阳明感觉死亡离自己很近。三是对故乡亲友的思念,七十多岁的归田在家的父亲和九十多岁的祖母,都让他十分挂念。家乡一起砥砺切磋的友人学生也时时让他牵挂。他用"白发频年伤远别""亲交多难绝音书""欲寄愁心无过雁,披衣坐听野鸡鸣"[②]这样的诗句抒发对故乡的愁思。

忧国忧民、生死荣辱、思乡之情,这些大概是一般士人在类似处境中都有的想法,除此之外王阳明还有别的思考吗?他在思考人生的意义,在思考圣人之道。他思考的方式既独特又合理,面对死亡的威胁,在石廓中"等死"的他想起少年"必为圣人之志",反复问自己,如果圣人处在同样的境地,他会如何应对、以何种方式处置当前的生存状态?"圣人处此,更有何道"的自我质询,实际上是王阳明自觉切入了一种圣人的心态,他用自己的心去揣度圣人之心,在内心里把自己拟化为圣人,要求自己按照这种圣人的心态去观照自己的生活与自己所处的世界。这样一种"将心比心""以君子之心度圣人之腹"的思维模式,使他顿时豁然开朗,参透了生死,实现了对生死

---

①王守仁:《瘗旅文》,《全集》,第785页。
②王守仁:《舟中除夕二首》《夜泊江思湖忆元明》,《全集》,第597-599页。

的超越,从而实现了其个体生命的更新,进而实现了其生存境界及其意义限阈的无限延拓。^①在圣人的高度思考"格物致知"之理,也使他不再拘泥于作为主流意识形态的朱熹学说的观点,而是大胆突破朱学的桎梏,发展出自己的理论。他在生命的苦痛之中实现了其心灵境界的转向与跨越,成为他思想上结出丰硕成果的契机,成为他基于宋代以来主流学术思想的全面反思而创立新学说的开端。

为了印证自己的领悟,王阳明按照他自己的"独特理解"对儒家经典进行重新解读,直抒胸臆,藉以验证他独特心悟的正确性。他用近一年的时间,用自己的观点把《五经》重新解释一遍,写成《五经臆说》,最终确信其观点虽不必尽合于先贤,却无不尽合于圣人之义,这使他感到无限欣悦!他由此而进一步认为,《五经》所记载的圣人话语,实质上仅仅是导向个体心灵的开明以洞达于圣人之道的工具而已。若是心与道契合,则吾心便即是圣人之心,圣人的具体话语反而不重要了。若把圣人的个别话语执为绝对,拘泥于文字训诂之求,以为圣人之道在于圣人的语言文字,则无异于"执筌为鱼"。^②这和现代我们反对教条主义的思想十分相似。

"圣人处此,更有何道""站在伟人的高度思考问题"无疑是一种非常好的思维模式,现代人在工作、学习、生活中,遇到问题和困惑,不妨用这种思维模式问问自己"圣人处此,更有何道",假使某位圣人、伟人处在我的位置,他们又将如何处理这些棘手的问题呢?或许多想几遍就会有好的主意了。

---

① 董平:《王阳明的生活世界》,第52页。
② 同上,第54页。

三、"龙场悟道"其理：圣人之道，吾性自足

《年谱》记载，王阳明在龙场"日夜端居默坐，澄心精虑""惟俟死而已"，然后"大悟格物致知之旨""始知圣人之道，吾性自足，向之求理于事物者误也"。可见经过"龙场悟道"后，他参透了生死，悟得格物致知的要旨，其感悟的实质内容是"圣人之道，吾性自足"。

——参透生死。说一个人"悟道了""得道了"，却仍然贪生怕死，那一定是假悟道；而一个人如果参透了生死，敢于舍生取义、杀身成仁，一定是大彻大悟了。这是判断真假悟道的试金石，古今中外、三教九流概莫能外。孔子、孟子、庄子、释迦牟尼、耶稣、苏格拉底等古圣先哲，以及文天祥、谭嗣同、方志敏、夏明翰等仁人志士，面对死亡都十分坦然，可以说他们都参透了生死、超越了生死。参透了生死一定是看到了比生命更为重要的东西。儒家认为这个东西就是"仁"，是"天地万物一体之仁"。王阳明在百死千难中，亲身体验到"万物同体"，"我"不再是"万物"的对立面，而是完全融入了"万物"而成"无我"。这个"与万物同体"的切身体悟，是儒家千年嫡传的一点真骨血，也是王阳明所有思想、理论、行动的根源、基石和底蕴，他的"心即理""知行合一""致良知"都是从这个根上自然生发出来的。

——格物致知。第二章我们介绍过，格物致知是《大学》为学阶梯的基础，是成为圣贤的初级台阶。王阳明从小立志当圣人，按照为学次第，他理应从"格物"做起，"亭前格竹"失败以后，他一度怀疑

自己"学圣贤"的能力,沉溺于佛家、道家的修行之中,但是他成为儒家圣贤的志向从来没有动摇过,也没有放弃对成圣之路的探索。在龙场这个特定的环境中,他终于顿悟了,从思想上对朱熹的"格物说"进行了彻底否定,正如他后来批评朱熹时说的:"先儒(这里指朱熹)解格物为格天下之物,天下之物如何格得?且谓一草一木亦皆有理,今如何去格?""纵格得草木来,如何反来诚得自家意?"。王阳明确信"求理于事物"是错的,理不在万事万物之中,却在自己心中。他认为"格"不应该解释为"探究、穷尽",而应该解释为"正",而"物"即事,也须从心上说,"心之所发便是意,意之所在便是物",如意在于事亲,即事亲便是一物;意在于事君,即事君便是一物;意在于仁民爱物,即仁民爱物便是一物;意在于视听言动,即视听言动便是一物。于是,"正其心之不正以归于正"使得"事各归于正",便是格物。徐爱在阐述王阳明与朱熹"格物说"之区别时,用了这样一个比喻:"心犹镜也。圣人心如明镜,常人心如昏镜。近世格物之说(指朱熹的格物说),以镜照物,照上用功,不知镜尚昏在,何能照!先生之格物,如磨镜而使之明,磨上用功,明了后亦未尝废照。"①

　　——心即理。否定了朱熹格物说之后,心即理观点的提出就是一个自然的过程。王阳明说:"朱子所谓'格物'云者,在即物而穷其理也。即物穷理,是就事事物物上求其所谓定理者也。是以吾心而求理于事事物物之中,析'心'与'理'而为二矣。"②认为用"心"去外物上求"理"是把"心"与"理"打成两截了。那么"理"是什么呢?又在哪里

①王守仁:《传习录(上)》,《全集》,第18页。
②王守仁:《答顾东桥书》,《全集》,第36页。

呢? 上面提到的"龙场悟道"八字箴言"圣人之道, 吾性自足", "圣人之道"就是"道", 就是"天理", 就是"理"; 这个"道""天理""理"是"吾性自足"的, 而"心之体, 性也", "吾性自足"就是"吾心之体自足", 是在我"心"里本来就有的, 这样"心"和"理"就统一起来了, 理不在外部事物, 而完全地内在于我们的心(性)中。从"心"出发去格物的过程, 就是孟子说的"尽其心者, 知其性也。知其性, 则知天矣"。从学术渊源上看, "心"与"理"之间的关系是整个宋明理学的基本问题之一, 王明阳反对朱熹用格物穷理的途径和方法去外界事物中求"天理", 而是继承和发挥了陆九渊"心即理"思想, 进一步认为"理也者, 心之条理也", 把"理"解释为"心之条理", 直接推导出"心即理"的另一个表达形式"心外无理"。当然这里的"理"指的是"天理"或其在人伦中的转化形式——道德法则。[①]王阳明提倡用简易直截、直指人心的办法进行身心修炼, "故我说个心即理, 要使知心理是一个, 故来心上做工夫, 不去袭义于外, 便是王道之真, 此我立言宗旨"。[②]

　　——知行合一。"知行合一"是"心即理"这个理论基础的具体实践。"心"既然同一于"理", 那么如何在实践中使每个人"心体"中的"天理"自然呈现而又澄明莹彻, 从而使思想境界进入圣域, 使个体成为圣人, 便成为问题的核心。也就是说, 如何把这一内在之"知"转变为现实之"行", 把同一于天理的心体自身的真实状态体现于现实的生活实践? 王阳明将他对这一问题的终极思考提炼为"知行合

①陈来:《有无之境》, 第23页, 第36页。
②王守仁:《传习录(下)》,《全集》, 第106页。

一"（在他晚年他进一步提出了"致良知"的思想，只是在龙场悟道时他还没能"点出良知二字"），强调"知""行"不可分离，是一个相互统一的协同系统，呈现为"同一"的实践过程。[①]在王阳明看来知行合一实质上是"知行同一"，"知""行"如同一枚硬币的两面，是不能截然相分的。他举例，譬如"孝"，只背得出书上关于"孝"的言论，而没有在实际中去孝顺父母，则不能称之为"知孝道"。悟道之后第二年（正德四年，1509年）王阳明便开始在贵州讲论知行合一，表明"知行合一"乃是他"龙场悟道"以后的理论结晶。

格物致知、心即理和知行合一，是王阳明在龙场参透生死的悟道中体认出来的，是从万物同体的天道中派生出来的。可以说，"万物同体"是思想根源，"格物致知"是思维方法，"心即理"是理论基础，"知行合一"是实践路径。悟得天地万物一体之仁，"宇宙即是吾心，吾心即是宇宙"，天地万物之理与我心是同一的，自然不用到万事万物中去求至理，心即是理，落实到实践中自然能做到"知"和"行"同一。

"龙场悟道"是王阳明居夷处困，动心忍性，最终完成的一次哲学思想的升华和精神境界的飞跃。这是一个"量变"到"质变"的过程，没有"亭前格竹"以来对圣学之道的苦苦追寻和艰辛探索，没有"因言获罪"以来千辛万苦、百死千难的生存危机和生活磨难，就没有龙场的一朝破茧。所以，龙场悟道是王阳明长期思考人生价值、人生意义等终极问题的自然结果，也是他面对特殊曲折人生经历的生命感悟，从此以后，王阳明的生活世界豁然开朗，不论顺境逆境，不

①董平：《王阳明的生活世界》，第55页。

管奖赏毁谤,始终心地光明,乐观积极。在学术上,"龙场悟道"既是王阳明和朱熹学说正式分道扬镳的开端,也是他心学体系创立的起点。他此后的全部思想与观点,都是以此为基础的。

第五章　怎么理解"心即理"?

王阳明在龙场感悟到"天地万物同体"之道,彻底否定了朱熹即物穷理的格物路线,得出了"心即理"的基本结论。可以说,"心即理"是阳明心学的第一原理,是整个阳明心学的理论基础。要理解王阳明"心即理"的思想,首先必须弄清楚他说的"心""理"到底指什么。

一、什么是"心"?

在汉语中,"心"是一个多义词。《现代汉语词典》[①]"心"主要有心脏,思维的器官,思想、感情,中央部分、中心等多个意思。用现代汉语的解释,很难准确理解古代思想体系中的"心"的概念。

《康熙字典》[②]罗列了历史上对"心"的不同解释,主要有以下五个意思——

(一)《说文》:人心,土藏,在身之中。象形。博士说以为火藏。

---

① 《现代汉语词典》,商务印书馆1978年12月第1版,第1268页。
② 清张玉书、陈廷敬等编纂《康熙字典》清康熙五十五年内府刻本影印本,书海出版社,2003年11月第1版。

徐曰：心为大火，然则心属火也。《玉篇》《广韵》并训火藏。[①] 又《礼·明堂位》：夏后氏祭心。又《月令》季夏祭先心。——指人或动物身体中的脏器，即心脏。

（二）又《荀子·解蔽篇》：心者，形之君也，而神明之主也。《礼·大学疏》：总包万虑谓之心。——指人身体、精神的主宰及思虑的统称。

（三）又《释名》：心，纤也。所识纤微无不贯也。——指感知、识别功能，即能辨别细小的事物，感知、识别各种细小的变动。

（四）又本也。《易·复卦》：复其见天地之心乎。注：天地以本为心者也。正义曰：言天地寂然不动，是以本为心者也。《礼·礼器》：如松柏之有心也。注：得气之本也。孔疏：得气之本，故巡四时，柯叶无凋改也，心谓本也。——指寂然不动的根本、本源。

（五）又中也。心在身之中。《诗序》：情动于中。正义曰：中谓中心。凡言中央曰心。《礼·少仪》：牛羊之肺，离而不提心。注：不提心，谓不绝中央也。古歌：日出当心，谓日中也。邵雍《清夜吟》：月到天心处，言月当天中也。——指中央部分、中心位置。

对比古今两本字典，我们发现除了心脏、思想、中心等共同解释之外，古代"心"有身体、精神的主宰，根本、本源，感知、知觉等不同于现代的含义。有这个字义基础，我们将比较容易理解宋明理学及阳明心学中"心"的含义，以及王阳明"心即理"的思想。

---

①古（文）《尚书》说：脾，木也；肺，火也；心，土也；肝，金也；肾，水也。大概是按照五脏所在的部位来说的，五行土位于中，所以心属土。但是汉代"今文"《尚书》博士学官认为，肝，木也；心，火也；脾，土也；肺，金也；肾，水也。大概是按照五脏的运用来说的，五行火空则明，所以说心属火。

我们进一步从中国思想史的视角，看看王阳明"心"的概念的演化和传承的过程。

第一章讲到，在上古时代尧舜禹在禅让部落首领之位时，还口口相传了一个治理天下的最高心法。这个心法由儒家记载、提炼、传承，形成了"人心惟危，道心惟微；惟精惟一，允执厥中"十六字心法，成为儒学乃至中华文明的火种和基因。直到今天，故宫中和殿还高悬着清代乾隆皇帝御笔"允执厥中"牌匾。可见，从上古以来谆谆嘱咐代代相传的以"心"为主题的这十六个汉字，寓意深刻，意义非凡。几千年来，儒家对这个"心"字做了许多诠释。

孟子是最早对"心"进行研究的思想家，他认为人与动物的区别在于上天给了人一个能思考，并天生具有恻隐、羞恶、辞让、是非"四端"的本心，这是仁、义、礼、智的根源，道德修养关键不在于寻求外界"礼"的约束，而在于存养、扩充本心，"存心、养心、求放心"。

宋代理学家用"天理""人欲"创造性地解释"人心惟危，道心惟微，惟精惟一，允执厥中"十六字心法。程颢认为"道心惟微"体现"天理"，而"人心惟危"反映"人欲"。唯有存理去欲，以道心主宰人心，才能完善自我、成圣成贤。"惟精惟一、允执厥中"正是存理去欲、自我完善的方法。[1] 程颐也认为"人心，私欲，故危殆；道心，天理，故精微。灭私欲则天理明矣"。[2] 在程颐看来，心是道之所在，微是道之体，所谓道心，即是"心与道浑然一也"。道心即良心，"放

---

[1]王新营：《本心与自由——陆九渊的哲学思想》，华东师范大学博士学位论文。

[2]程颢、程颐：《河南程氏遗书》卷第二十四，《二程集》，第312页。

其良心则危矣",故谓人心。他以天理、人欲解释道心、人心,并把二者对立起来,由此提出灭人欲、明天理的主张。

朱熹继承并发展了程颐的理论,但认为"道心""人心"不是两个"心","只是这一个心,知觉从耳目之欲上去,便是人心;知觉从义理上去,便是道心"①,道心是天理,是"天命之性";人心是天理与人欲相杂的"气质之性"有善有恶,故要"革尽人欲,复尽天理"②。在朱熹看来,"人心"是"知觉""感性"的,"道心"是"义理""理性"的。他认为,"人心不全是不好",人心能无过无不及,能得其正而不偏者即为道心,两者没有不可逾越的鸿沟。道心只有在与物相接的人心中才能显现出来。所以,虽"上智"之人亦不能无人心,虽"下愚"之人亦不能无道心,但道心微妙难见,人心易流于人欲,故人人当精察于二者之间。以"守其本心之正",使人心"听命"于道心。这也就是"惟精惟一,允执厥中"的修养功夫。

陆九渊认为人心道心只是从不同方面描述心的性质状态,反对"天理、人欲"及"道心、人心"的区别,他说:"天理人欲之言,亦自不是至论。若天是理,人是欲,则是天人不同矣。……云:人心惟危,道心惟微。解者多指人心为人欲,道心为天理,此说非是。心一也,人安有二心?"③陆九渊思想中"心"的含义主要包括:(1)经验意识之心,即有所蒙蔽,有所移夺,有所陷溺,则此心为之不灵之心。(2)思虑知觉之心,即思则得之,不思则不得之心。(3)伦理道德之心,

①朱熹:《朱子语类》卷七十八,尚书一,第2450页。
②朱熹:《朱子语类》卷第十三,学七,第277页。
③陆九渊:《语录上》,《陆九渊集》卷三十四,第395—396页。

即仁义之心。(4)道德本体之心,即心即理之心。前三个层面之心在象山之前已有论述,而前两个层面是对于心的内涵的一般认识和理解。象山在孟子基础上创造性地将作为一般伦理道德之心的"本心"提升为具有本体意义的道德本体之心。①

王阳明继承了孟子、陆象山,甚至朱熹关于"心"的定义和思想,并在自己的心学体系中构建了"心"的定义。从《传习录》和《王阳明全集》看,王阳明在不同的语境中使用"心"这个概念,其含义也不尽相同,主要有以下几种用法:

(一)不是指心脏这个生物学上的器官。"所谓汝心亦不专是那一团血肉,若是那一团血肉,如今已死的人那一团血肉还在,缘何不能视听言动?"②

(二)知觉、意识、意志、精神。"凡知觉处便是心,如耳目之知视听,手足之知痛痒,此知觉便是心也""心只是一个灵明""充天塞地中间,只有这个灵明,人只为形体自间隔了。……天地鬼神万物离却我的灵明,便没有天地鬼神万物了"。③

(三)身体(包括精神)的主宰。"身之主宰便是心""心者身之主宰,目虽视而所以视者心也,耳虽听而所以听者心也,口与四肢虽言动而所以言动者心也,故欲修身在于体当自家心体,当令廓然大公,无有些子不正处"。④

①范根生、文碧方:《陆象山心学的三个面向》,《荆楚学刊》第19卷第1期,2018年2月。
②王守仁:《传习录(上)》,《全集》,第32页。
③王守仁:《传习录(下)》,《全集》,第106页,第109页。
④同上,第104页。

（四）王阳明创造了"心体""心之本体"的概念，从本体上说"心"，即心的本来面目、原初的样子，心寂然不动时的状态。心本来的面目，或其没有受到任何干扰时候的样子是什么样的呢？在王阳明看来就是，心的"良知态""喜怒哀乐之未发态"，就是孟子"心之四端"没有受到遮蔽时的状态。"至善是心之本体""知是心之本体，心自然会知""定者心之本体，天理也。动静所遇之时也""人心本体原是明莹无滞的，原是个未发之中""心之本体原自不动。心之本体即是性，性即是理，性元不动，理元不动""盖《四书》《五经》不过说这心体，这心体即所谓道。心体明即是道明，更无二。此是为学头脑处"。①

综上，从孟子到王阳明，"心"字的用法主要有两大类，一类是"心"字的日常使用，根据不同场合，其意义包括想法、态度、观念、意识、看法、主意、心理等等，属于"心"的普遍性指称范围，当时老百姓或一般读书人也是这么用的，并没有赋予"心"概念额外的特殊含义。王阳明经常在这个意义上使用心的概念，如："初学时心猿意马，拴缚不定，其所思虑多是人欲一边，故且教之静坐、息思虑。""孔子既肯与辄为政，必已是他能倾心委国而听。""澄在鸿胪寺仓居，忽家信至，言儿病危。澄心甚忧闷不能堪。""佛以出离生死诱人入道，仙以长生久视诱人入道，其心亦不是要人做不好。""洪初闻时，心若未服，听说到此，不觉悚汗。""钱子早夜去穷格竹子的道理，竭其心思，至于三日，便致劳神成疾。"等等。②

---

①王守仁：《传习录（上）》，《全集》，第6页，第13页，第15页。
②这些说法散见于《传习录》及书信等。

另一类是"心"字的独特用法,带有比较明显的道德伦理,甚至哲学意味的内涵,我们将之称为"心"概念的特殊性指称。例如:不忍人之心、恻隐之心、羞恶之心、辞让(恭敬)之心、是非之心、仁心等,用明确的带有道德含义的名词限定"心",赋予"心"价值规定。又如:恒心、良心、本心、心体、心之本体,用恒、良、本等虽然不是非常明显带有道德判断或价值规定意味的词限制"心",或把"心"与"体""本体"连用,但是通过上下文的语义也可以发现"心"的伦理学含义,以及其带有的哲学本体论的某些属性。后面这类用法是理解"心即理"的关键。[1]

二、什么是"理"?

《现代汉语词典》"理"除了指道理、事理外,还有条纹、纹理,管理、办理,理会,以及现代自然科学中的理科等意思。

"理"字从甲骨文发展到简体汉字,字形几乎没有变化,从"玉"从"里","里"指"里边""内部",本义表示"玉石内部的纹路",即纹理;引申为治玉也,顺玉之文而剖析之,即顺着玉石内部的纹路切割玉石;再引申为处理事务,乃至治理天下,即取顺着事物的内部道理做事、顺事而为之义。除了以上字义外,《康熙字典》还收录了以下几个重要的字义:

(一)道、义理。例:又《玉篇》道也。《广韵》义理。《易·系辞》

---

[1]戴兆国:《〈孟子〉"心"概念辨析》,《华东师范大学学报(哲学社会科学版)》2015年第1期。

易茔而天下之理得矣。《史记·平原君传》谓公孙龙曰：公无复与孔子高辨事也。其人理胜於辞，公辞胜於理，辞胜於理，终必受诎。《皇极经世》天下之数出於理，违理则入於术，世人以数而入於术，故失於理也。

（二）性。例：又性也。《礼·乐记》天理灭矣。《注》理，犹性也。这里"理"作"性"解，"天理"即"天性"。

（三）条理。例：又条理也。《易·系辞》俯以察於地理。《疏》地有山川原隰，各有条理，故称理也。又《说卦》和顺于道德而理于义。《礼·中庸》文理密察。《朱注》理，条理也。

从中国思想史上看[1]，战国时期已经出现"理"这个范畴。孟子说："心之所同然者，何也？谓理也，义也。"（《孟子·告子上》）以理为当然的准则，属于道德伦理范畴。《庄子》《荀子》《韩非子》中"理"字屡有出现，其含义或谓物之形式，"物成生理谓之形"（《庄子·天地》），"短长大小方圆坚脆轻重白黑之谓理"（《韩非子·解老》），或谓物之法则和规律，"判天地之美，析万物之理"（《庄子·天下》），"可以知，物之理也"（《荀子·解蔽》）。先秦所谓理，乃指一物之理，"万物各异理"（《韩非子·解老》）。

三国魏国王弼认为"理"是宇宙万物的"所以"，即万物赖以产生和存在的根据，"物无妄然，必由其理"（《周易略例·明象》），"夫识物之动，则其所以然之理，皆可知也"（《周易注·乾文言》）。"理"从一物之理，上升为具有普遍性的万物之理。

---

[1]引自张岱年主编：《中国哲学大辞典》，第26—27页，上海辞书出版社，2010年12月第1版。

唐华严宗将世界分为"事法界"（形形色色的现象世界）和"理法界"（指清静的本体世界），并提出"理事无碍"的命题。认为"理不碍事，纯恒杂也；事恒全理，杂恒纯也。由理事自在，纯杂无碍也"。（《华严义海百门》）。

北宋张载视理为物质运动的规律，说"天地之气，虽聚散攻取百涂，然其为理也，顺而不妄"。（《正蒙·太和》）。二程则以理为总一之理，视为宇宙之本源。程颢提出"天理"说，"天者理也"（《遗书》卷十一），"吾学虽有所授受，天理二字，却是自家体贴出来"（《外书》卷十二）。认为宇宙是生生不已的变化大流，人生之最高境界就是要与万物一体。程颐也以理为宇宙之本源，认为一切事物皆有其所以然，"天下物皆可以理照，有物必有则，一物须有一理"（《遗书》卷十八），但"一物之理即万物之理"（《遗书》卷二上）。还注重分别形上形下，"离了阴阳便无道，所以阴阳者是道也。阴阳气也，气是形而下者，道是形而上者"（《遗书》卷十五）。认为形而上之道即最根本之理，支配形而下之气。人生之道在于居敬穷理，与理为一。

朱熹发挥程颐的观点，对理做了更加系统、更加具体的论述，认为理不仅说事物存在的本质、运行的规律，而且是人类行为的规范。他说："至于天下之物，则必各有其所以然之故与所当然之则，所谓理也。""所以然之故"指某物之所以为某物的内在本质和规律，多用来指物理；"所当然之则"指规范个人活动的各种准则，多用来指伦理。物理与伦理的统一，赋予理以普遍性。[1] 朱熹认为终极的理就是"太极"（天地万物之理的总体）就是"道"，"天地之间，有理有

①王新营：《本心与自由——陆九渊的哲学思想》。

气，理也者，形而上之道也，生物之本也；气也者，形而下之器也，生物之具也"（《答黄道夫》）。认为理是根本，即道。"有是理，便有是气，但理是本"（《朱子语类》卷一）。朱熹还根据程颐所说"性即理也"，认为人的本然之性为理，内容是仁义礼智。"性是实理，仁义礼智皆具"（《朱子语类》卷五）。"道是在物之理，性是在己之理。然物之理，都在我此理之中"（《朱子语类》卷一）。

陆九渊说："吾所明之理，乃天下之正理、实理、常理、公理，所谓'本诸身，证诸庶民，考诸三王而不谬，建诸天地而不悖，质诸鬼神而无疑，百世以俟圣人而不惑者也。'学者正要穷此理，明此理""天下正理不容有二，若明此理，天地不能异此，鬼神不能异此，千古圣贤不能异此。"[1] 在象山看来，"理"主要是指价值层面的意义，此理是纯一而绝对普遍的，具有形上性。它充塞宇宙，范围天地，贯彻古今、天地、鬼神，千古圣贤不能与它相违背，它也不因人之明不明、行不行而有所加或者损。同时，此理也不可以通过具体的求知活动来认识和把握，因为其不属于"闻见之知"的范围而是"德性之知"。[2]这里"理"和"道"已经没有什么区别了。

王阳明直接继承了张载、二程、朱熹、陆九渊对"理"的诠释，在他的《传习录》中，"理"既是万事万物之最高本原和终极根据，即"天理""至善"；也指具体事物之本质和规律，即"物理""事理"；更多地指孝亲、忠君等道德性和伦理性的道理，即"伦理"。[3]

①陆九渊：《陆九渊集》，第194页。
②范根生、文碧方：《陆象山心学的三个面向》，《荆楚学刊》第19卷第1期，2018年2月。
③王广杰：《由"心即理"探入王阳明心学的客观性问题》，《新疆社

综上，古代思想史里"理"主要指法则或规律，特别是指伦理道德领域里的法则或规律。从发展脉络看，"理"的内涵从一物之理，到万物之理，再到宇宙终极之理，宋代之后，"理"已经具有和"道"几乎一样的内涵和地位，有的儒家学者甚至把它作为"道"的代名词。只是"道可道，非常道"道不可以谈论，而"理"却是可以探究的，可以通过探究"理"来接近"道"。

三、心与理的关系

"心"与"理"的关系问题是整个宋明理学最基本的问题之一。朱熹说："人之所以为学者，心与理而已。"陆九渊也说："所贵乎学者，为其穷此理，尽此心也。""塞宇宙一理耳，学者之所以学，欲明此理耳。"[1] 当时的学者，可以不讨论道器、性命，甚至理气的问题，但不可能回避心与理的问题，这是当时知识分子精神生活的基本进路。[2]

前面在探讨中国古代思想史上"心"的概念时，我们介绍了孟子"本心"的概念，孟子认为人心本来就有恻隐、羞恶、辞让、是非"四端"，即仁、义、礼、智在心里的发端。而仁、义、礼、智在儒家看来，就是天道在人道中的显现，是人伦中的"理"，因此"心"即是"理"的发源地。孟子说："仁义礼智，非由外铄我也，我固有之也，弗思耳

会科学》，2019年第1期。
①陆九渊：《陆九渊集》，第161页。
②陈来：《有无之境》，第22页。

矣。"这是"理"在"心"中的思想发端。

程颢把"天理"作为最高范畴，自称"天理"是他"自家体贴出"的，程颐也说"我之道盖与明道同"，其"同"即在于"天理"本体，他们都认为"万物皆只是一个天理"，也都以"与理为一"为圣人境界，但对这一境界的理解以及达至这一境界的进路不同：程颢以"与物同体"界定"与理为一"的最高境界，"与物同体"不是将个体溶于万物或"理"之中，而是万物皆由吾心而发——"莫非己也"，由此，"尽己心""不外求"为功夫修养之方；程颐则认为"与理为一"的圣人境界是将个体溶化于"理"之中，是"无己"——"大而化，则己与理一，一则无己"，相应的修养方法就是穷理尽性，由对万物之理的认识积累贯通体悟普遍之天理。①

朱熹也认为"理"是一个至高无上又亘古不变的东西，"未有天地之先，毕竟也只是理，有此理便有此天地，若无此理便亦无此天地，无人无物，都无该载了""万一山河大地都陷了，毕竟理却在这里"。理是形而上的、是普遍、是本源，理与气共同作用，万物乃得以成形，有形的万物是器，是形而下的、是特殊、是现象。而心是万物之一，是"低于"理的一个范畴②，不能与理等同，只能发挥自身固有的认知能力，用"即物穷理""格物致知"的方法去认识理，以理化心，合心于理，即通过道德实践，使低于"理"的"心""人心"被改造成为"纯然天理"的"心""道心""圣人之心"，最终实现"心与理

①王新营：《本心与自由——陆九渊的哲学思想》。
②赵士林：《心本体与天本体——论儒家内圣之学的基本矛盾》，《中国社会科学》，1988年第6期。

一"的理想境界,这样就尽了内圣之学的使命①。虽然心低于理,但道理都具在心里,说一个心,便教人知得个道理存着处。②朱熹也认为心包含众理,但理在心中是作为"性"存在的,主张"性即理",以性为心之本体。

陆九渊以"发明本心"为宗旨,发展了孟子"本心"的思想,进而提出了"心即理"的命题。与朱熹不同,陆九渊认为"心"是等于"理"的范畴,"四端者即此心也。天之所以予我者即此心也。人皆有是心,心皆具是理,心即理也",③本心是人心未受物欲浸染时的本然状态,人心的本真状态纯然至善。人人都有一颗天之所予、本质相同、万古不变的心,这就是普遍的道德原则——至善之理。陆九渊"心即理"的另外一个表达方式,更具圣人气象:

四方上下曰宇,往古来今曰宙。宇宙便是吾心,吾心便是宇宙。千万世之前,有圣人出焉,同此心同此理也;千万世之后,有圣人出焉,同此心同此理也。东南西北海有圣人出焉,同此心同此理也。近世尚同之说甚非。理之所在,安得不同? 古之圣贤,道同志合,咸有一德,乃可共事。然所不同者,以理之所在,有不能尽见。④

他认为,人与万物都生活在无边际的宇宙之中,宇宙之理和吾心之理有高度的一致性。古往今来,天下四方圣人同此心同此理,这是

①王新营:《本心与自由——陆九渊的哲学思想》。
②朱熹:《朱子语类》卷第五,性理二,第112-113页。
③陆九渊:《陆九渊集》,第149页。
④陆九渊:《陆九渊集》,第273页。

当今圣人可以与古圣先贤"心心相印""理理相通"的理论基础，因此，修养功夫在于求诸内，存心养心，"发明本心"以求上达"圣人之心"。具体方法是切己体察，求其放心，明义利之辨。自称这种方法为"简易功夫"，是"立乎其大者"，是"知本"，反对习注疏章句之学，场屋之文，以谋求利禄。

陆九渊"心即理"有三层含义。首先，理在心中，心具众理，"此理甚明，具在人心""道义之在天下，在人心，岂能泯灭"。其次，心与理等同，"心即理，理即心"。最后，心显发为理、理为心的作用与外化，"万物森然于方寸之间，满心而发，充塞宇宙，无非此理"。心可显发为理，但并不意味理为心所创造。心具众理，但在未与外物接触前，心处于寂然不动状态，只有在处事接物的过程中，理才获得现实性，并逐渐获得具体的内容，成为某事某物的具体之理。[①]

中国思想史对心和理的探索，特别是北宋以来儒家对心和理关系的探究，为王阳明的思想提供了丰富的素材，而孟子与陆九渊的心、理思想，直接构成了王阳明"心即理"思想的渊源。

四、王阳明的"心即理"

——王阳明"心即理"的提出。

上一章我们已经谈到，"心即理"是王阳明"龙场悟道"的一个直接成果。《年谱》记载："因念圣人处此更有何道，忽中夜大悟格物致知之旨，……，始知圣人之道，吾性自足，向之求理于事物者误

[①] 王新营：《本心与自由——陆九渊的哲学思想》。

也。"①王阳明真切认识到，以往到事物中去求理的方法和途径是错的，理不在外面。那么理在哪里呢？"圣人之道，吾性自足"，"圣人之道"就是"道"、就是"天理"、就是"理"；这个"道""天理""理"是"吾性自足"的，而"心之体，性也"，"吾性自足"就是"吾心之体自足"，理本来就具足于我"心"，简而言之就是"心即理"。

大家可能会不解，从上面对"心即理"思想渊源的梳理看，王阳明龙场悟道悟出的这些道理，千百年来许多儒者似乎有类似的说法，特别是陆九渊不但进行深入阐发，而且已经直接点出"心即理"三字，博学如王阳明者，不可能不知道这些经典论述，他直接读圣贤书，照单采纳不就得了，为什么要经过"百死千难"之后才"悟"出来？因为，这些圣贤的思想不是一门以知识为内容的理论学科，不能仅仅通过阅读、背诵、推理等学习知识的手段获得。马一浮说："学问却要自心体验而后得，不专恃闻见。"②不是知道些名词、概念、道理就能成为圣贤的，如同现代人调侃的"听过很多道理，依然过不好这一生"。听说过"心即理"三个字，甚至知晓这三个字的全部内涵，和切切实实在自己的心中体验、体悟、体证到天理的存在，确证"心之本体就是天理"，进而把此理扩充到全部生活实践，完全不是一回事。后者是王阳明几十年圣学之路苦苦探寻的一朝破茧，是他看破得失、超脱荣辱、参透生死后的豁然贯通，不仅在理论上实现了对朱子"性即理"的扬弃、对陆子"心即理"的突破，更重要的是在精

①钱德洪：《王阳明年谱》，《全集》，第1007页。
②刘梦溪：《马一浮与国学》，第70页，生活读书新知三联书店，2015年6月第一版。

神上达到了与天地同流、与万物同体的境界,在功夫上练就了物来顺应、处变不惊的"不动心"本领,打开了"心与理一"、知行合一的无限宏大的人生格局,从此展开了他波澜壮阔而又光明磊落的一生。

——王阳明"心即理"的内涵。

王阳明"心即理"思想虽然诞生于龙场悟道,但这一思想的具体表达和展开最早见于《传习录》上卷徐爱所记录的正德七年(1512年)与王阳明在南下舟中的对话。[1]

爱问:"知止而后有定",朱子以为"事事物物皆有定理",似与先生之说相戾。

先生曰:于事事物物上求至善,却是义外也,至善是心之本体,只是"明明德"到"至精至一"处便是,然亦未尝离却事物,本注所谓"尽夫天理之极,而无一毫人欲之私"者得之。

爱问:至善只求诸心,恐于天下事理有不能尽。

先生曰:心即理也。天下又有心外之事,心外之理乎?

爱曰:如事父之孝,事君之忠,交友之信,治民之仁,其间有许多理在,恐亦不可不察。

先生叹曰:此说之蔽久矣,岂一语所能悟?今姑就所问者言之:且如事父,不成去父上求个孝的理?事君,不成去君上求个忠的理?交友治民,不成去友上、民上求个信与仁的理?都只在此心,心即理也。此心无私欲之蔽,即是天理,不须外面添一分。以此纯乎天理之心,发之事父便是孝,发之事君便是忠,发之交友治民便是信与仁。只在此心去人

①陈来:《有无之境》,第27页。

欲、存天理上用功便是。①

　　如前所述，"心"与"理"都有多重含义，而先贤们在使用时又从不告诉我们他用的是哪层意思，这是导致历来对"心即理"的多种解释，及诸多误解的根源。从王阳明和徐爱的这段对话可以清楚地看出，王阳明"心即理"中的"理"指的是《大学》中"止于至善"的"至善"，在宋明理学话语体系中就是"天理"；而"心"是指心之本体，这个概念来源于孟子的"本心"，指心的本然性质、面貌、状态，用现代哲学语言描述即为"纯粹主体"，指完全独立于感性欲念，没有任何感性欲望染乎其间的先验的主体。②

　　对这段话及王阳明在其他地方的论述进行分析，可以得出王阳明的"心即理"主要有以下含义：

　　（一）作为万事万物之最高本源和终极根据的"至理""至善""天理"本然地存在于人的心中，反之，心之本体（人心的本然性质、面貌、状态）是"至善"的，人心的本然状态等同于世界的本然状态，包含着、体现着宇宙的终极真理。也就是在终极的和根本的层面上"心"和"理"是相通的，甚至是等同的。

　　（二）具体人情事变中的"理"，"如事父之孝，事君之忠，交友之信，治民之仁，其间有许多理"，只是心中本有的天理"发用""流行""体现"到具体的事物中，"发之事父便是孝（之理），发之事君

---

①王守仁：《传习录（上）》，《全集》，第2页。
②陈来：《有无之境》，第38页，第83—84页。陈来认为，这个本心观念，近似于康德伦理学中的"道德主体"的观念。

便是忠（之理），发之交友治民便是信与仁（之理）"。

（三）心外无理，"天下又有心外之事，心外之理乎？"王阳明把"理"完全安置于人心中，杜绝了任何离"心"言"理"的可能，确立了心作为独一无二的道德本体的存在。在另一些地方，王阳明更进一步强调心外无物、心外无事、心外无义、心外无善、心外无学，把宇宙尽纳入一心之中。

（四）心与理是一个不是两个。朱熹曾说："人之所以为学者，心与理而已。"王阳明认为，此处用一个"与"字，已经"析心与理为二"，这会误入"外心以求物理"的歧途，产生割裂知和行的错误。

（五）根据以上四点，不论追求最高的"至善""天理"，还是追求具体的事父、事君、交友、治民等"事理"，都只能从心上去探寻，而不能到外物上去寻求。"于事事物物上求至善，却是义外也""以吾心而求理于事事物物之中，析心与理而为二矣""且如事父，不成去父上求个孝的理？……都只在此心"。王阳明举了一个形象的例子：如果孝敬父母没有"孝心"，只是讲究一些奉养的仪式就可称作"至善"，那么只要请"戏子扮得许多温清奉养的仪节"就够了。

（六）从心上求理的过程，就是"格物致知"的过程。"至善是心之本体，只是'明明德'到'至精至一'处便是，然亦未尝离却事物，本注所谓'尽夫天理之极，而无一毫人欲之私'者得之""此心无私欲之蔽，即是天理"，这些在王阳明看来正是格物致知的功夫。

王阳明和陆九渊都说"心即理"，两者有什么区别与联系吗？从上面的分析不难发现，陆九渊"心即理"的三层含义——理在心中、心与理同、心显发为理，王阳明都是同意和采纳的，这是王阳明对陆九渊"心即理"思想的继承。两者的区别主要有两个方面，一是王阳明强调"心外无理"，陆九渊承认"理"的客观外在性，"此理在宇宙间，未尝有所隐遁，天地之所以为天地者。顺此理而无私焉耳""此理充塞宇宙，天地鬼神，且不能违异，况于人乎？"① 二是王阳明重新定义了"格物致知"说，陆九渊沿袭了程朱向外求理的格物路线。王阳明曾经评价陆九渊："濂溪、明道之后，还是象山，只是粗些。……然他心上用过功夫，与揣摹依仿，求之文义，自不同。但细看有粗处，用功久当见之。"② 此处王阳明并未说明陆九渊学问粗在什么地方，从以上对陆九渊和王阳明"心即理"思想的分析，我们还是能看出"毫厘之别"的。王阳明的"心即理"是从"大悟格物致知之旨"中得来的，是彻底否定了朱熹"事事物物上求理"的"即物穷理"路线后，悟出的一个全新的通向圣域的思想进路。也就是说"心即理"并非一个悬空的、华丽的理论体系，而是在对"格物致知"这个圣学阶梯进行革命性重塑之后，提出的一套切实可行的思想理路，其最终目的仍然是使学者修炼成为圣人。陆九渊虽然从宏观上提出了"心即理"的大体框架，但他还是延续了程朱的"格物致知"说，这就使得他的"心即理"思想不够彻底，修养成圣的功夫也不够"精一"。王阳明尝直言："致知格物，自来儒者皆相沿如此说，故象山亦遂相沿得来，不复致疑耳。然此毕竟亦是象山见得未精一处，不可掩也。"从王阳明的另外两处论述中，我们也可以很清楚地看出，他对陆九渊

---

①陆九渊：《陆九渊集》，第142页，第147页。
②王守仁：《传习录（下）》，《全集》，第81页。

思想大体框架的赞同和对其功夫不够切实的批评:"其(象山)学问思辩、致知格物之说,虽亦未免沿袭之累,然其大本大原断非余子所及也""非实加切近之功,则所谓大者,亦虚见而已耳。"①

——王阳明"心即理"的宗旨

王阳明为什么要说个"心即理",这个思想或观点到底有什么用?王阳明在回答弟子关于"心即理"的疑问时说:"诸君要识得我立言宗旨,我如今说个心即理是如何,只为世人分心与理为二,故便有许多病痛。"②他举了"五伯攘夷狄尊周室"的例子,认为当时春秋五霸打着"尊周王室""攘夷狄"的旗号,只不过是为了争取诸侯领导权,这是私心而非天理,而人们往往认为他们做得在理,这就是"要来外面做得好看,却与心全不相干,分心与理为二"。所以,王阳明提出"心即理"根本目的在于,使人"知心理是一个,故来心上做功夫,不去袭义于外,便是王道之真",要人着实修炼自己的心,而不是整天闲说几个心啊、性啊、理啊的辞藻。"袭义于外"出自《孟子·公孙丑上》,孟子说其浩然之气"是集义所生者,非义袭而取之也"。是从内心形成的,不是外加的。王阳明说:"自孟子道性善,心性之原,世儒往往能言,然其学卒入于支离外索而不自觉者,正以其功之未切耳。"③感叹大道理人人都会说,就是不切实从心上用功。

①王守仁:《与席元山》《答方叔贤(己卯)》,《全集》,第154页,第150页。
②王守仁:《传习录(下)》,《全集》,第106页。
③王守仁:《答方叔贤(己卯)》,《全集》,第150页。

第六章　"心外无物"是唯心主义吗?

王阳明在阐述"心即理"观点时,有时也用"心外无理""心外无物""心外无事""心外无善""心外无义""心外无学"等表达形式,这些表达形式是对"心即理"的强调,相当于加强版的"心即理"。说"理、义、善、学"等不在"心"外还可以接受,说"心"外无"物",就是王阳明当时的学生也对他提出了许多质疑。也正是因为"心外无物"的提法,近代以来,王阳明一直被认为是主观唯心主义者。

一、"唯物""唯心"——一张桌子引发的争论

让我们从大家熟悉的一张最普通的桌子开始,观察周围的世界。[1]

房间里的一张桌子——

眼睛看到的:长方形的、褐色的、明亮的。

手触摸到的:光滑的、凉的、坚硬的。

_____

[1]例子参考:〔英〕罗素《哲学问题》,第1—9页。

耳朵听到的：用手指敲桌面的时候，听到木器特有的"咚、咚"响声。

通常我们不会认为这张桌子有什么问题，司空见惯，不值一提，但是在画家眼里，这张桌子可能是这个样子的：

画家眼中的桌子——

颜色：桌子并非清一色的"褐色"，反光的部分看起来比其他部分更明亮，"高光"的地方甚至呈白色。随着观察位置的不同，以及光线强弱和照射角度的变化，桌子的颜色的深浅程度也会发生相应的变化。

形状：桌面看起来并不是严格的长方形，而是靠近的一边长，远处的一边短，如果按照严格的长方形比例画进画布反而不像个桌子了。

而在工程师眼中的桌子可能是这个样子的：

工程师眼中的桌子——

尺寸：长2.15m，宽1.65m，高1.50m。

重量：64.76kg。

质地：显微镜下可见植物细胞壁结构。

那么问题来了，画家眼中的桌子更真实，还是工程师眼中的桌子更真实？许多人可能会觉得工程师眼中的桌子更真实因为他们是用仪器精准测量的。但是，我们有什么理由相信通过间接手段得到的一堆"数据"比通过亲眼所见得到的"感觉"更加真实呢？难道真实的桌子是一堆"数据"？显然，如果"感觉"代替不了或者证明不了实实在在的桌子的存在，"数据"同样也代替不了或者证明不了实实在在的桌子的存在。那么，究竟有没有一个实实在在的桌子？如果有，它是什么样的一个存在？

一些人相信，不管同一个人在不同情况下看到的有多么不一样，也不管不同人比如普通人、画家或工程师的描述有多大的差距，这些长方形、褐色、光滑、坚硬的"现象"背后一定有一张"实在的桌子"在那里摆着，你看见也好，看不见也罢，它就在那里。

另一些人认为，桌子就是人看到的、摸到的、听到的、感觉到的、测量到的所有这些形状、颜色、声音、气味、硬度等我直接察觉到的这些"感觉"或"现象"的总和，除此之外，并没有什么"实在的桌子"，当我没有感知它的时候，它就不存在。当然，这些人也承认，当闭上眼睛或走出房间时，这个桌子还在那里，那是因为有别的心灵在感知着它，比如上帝的心灵。

桌子只是我们每天打交道的最普通的事物之一，人们生活在世界上，每时每刻都要跟周围的各种事物打交道，当我们的观察范围从桌子扩大到一般事物，桌子的问题就转变成下面这两个问题：

（一）究竟有没有物质这种东西？

（二）如果有，它是什么样的一个存在？

和对桌子的看法一样，有些人认为一定有不依赖于我们"感觉"的"物质"存在着，世界就是由这样一些客观实在的物质组成的。另一些人认为所谓的"物质"或"存在"就是"被感知"，没有"感知"

就没有物质世界。不同的人对这个世界，包括自然界、人类社会和人的思维会形成自己的看法，这样，人们就有了一定的世界观。这种认识发展过程，在任何人的头脑里都会这样或那样地发生，所以世界观是人人都会有的，不过一般人不是自觉地、系统地掌握着某种世界观罢了。各派哲学，包括具有哲学意义的思想体系，就是各种世界观的系统化和理论化的学说。[①]

不同人对同一事物的看法经常会不一致，这样就容易引起争论。不同思想家对世界的根本看法也经常不一致，彼此之间也经常引起争论。恩格斯认为，思想家们争论的焦点归根结底是思维对存在的关系问题，他把这个焦点问题叫作哲学基本问题，"全部哲学，特别是近代哲学的重大的基本问题，是思维和存在的关系问题"。[②]根据不同哲学流派对这个基本问题的回答或论述，恩格斯把哲学大致分为唯物主义（materialism）和唯心主义（idealism）两大类别。凡是认为世界的实质是物质的而不是精神（意识、思维）的，物质是第一性的，精神是第二性的，物质决定精神，物质是不依赖于主观意识的，这样的思想体系就是唯物主义的，如上面认为有"实在的桌子"的观点。唯心主义正好相反，认为世界本质上是精神的，精神是第一性，物质是第二性的，精神决定物质，物质是由精神产生出来的，或依赖于精神存在着的，如认为桌子不过是"感觉"而已。唯心主义又有两种基本形式：主观唯心主义和客观唯心主义。主观唯心主义认为，世

---

①艾思奇：《辩证唯物主义和历史唯物主义》，第1页。
②〔德〕恩格斯：《路德维希·费尔巴哈和德国古典哲学的终结》，《马克思恩格斯选集》（第4卷），第220页，人民出版社，1972年版。

界是人的主观意识的产物；客观唯心主义认为，在人的主观意识之外，独立存在着一种客观精神，世界上的一切事物都是由它产生（派生）出来的。[①] 简而言之，唯物主义认为世界是物质的，是独立于意识之外的客观存在；而唯心主义认为世界不是绝对客观的，物质世界依附于意识而存在。

　　除了谁是第一性、谁是第二性外，物质和意识的关系问题，还有另一个方面：我们的思维能否认识现实世界？我们的感觉、表象和概念能否正确地反映客观现实？[②] 绝大多数思想家，不仅所有的唯物主义者，还有彻底的唯心主义者，都认为思维能够认识现实世界。然而，唯物主义和唯心主义对这个问题的看法还是有根本不同的。唯物主义把知识、概念、思想看作是大脑对客观世界的反映。主观唯心主义者比如贝克莱认为，存在就是被感知，认识只同感觉、知觉打交道，不超出主体范围，否认认识是客观世界的反映。客观唯心主义者比如黑格尔认为，现实世界是绝对理念的外化、对象化或异化，认识现实世界就是认识现实世界的思想内容即概念，概念的运动、推演就是绝对理念的逐步实现。[③]

　　绝大多数思想家还承认，思维不仅能够认识世界，还能够改造世界。唯心主义者认为，世界本来就是精神创造出来的；而唯物主义

---

① 〔英〕罗素：《哲学问题》，第2—3页。
② 〔英〕罗素：《哲学问题》，第2页。表象（representation）指基于知觉在头脑内形成的感性形象，包括记忆表象和想象表象，前者指感知过的事物不在面前而在脑中再现出来的该事物的形象，后者指对知觉形象或记忆表象进行一定的加工改造而形成的新形象。
③ 毛华兵、杨丽珍：《恩格斯对哲学基本问题的概括及其当代价值》，《学习时报》，2019年12月18日第5版。

者认为,虽然物质产生意识、物质决定意识,但是主观意识在客观物质世界面前并不是完全消极的、被动的,而是反过来对物质世界具有能动作用,表现在意识能正确认识客观世界,把握事物发展变化的规律,并能通过实践把意识中的东西变成现实的东西,创造出没有人的参与永远也不可能出现的东西。更为重要的是,绝大多数的唯物主义者和唯心主义者都认为,意识能够认识意识本身,而且能够通过一定的方法改造、提升自身。这在中国古代叫"自省""省察""吾日三省吾身"等,现代叫"反思""自我认识""改造主观世界"等。

尽管人们在远古时代就开始思考灵魂和肉体、灵魂和外部世界的关系问题,但是"唯物主义"和"唯心主义"概念的形成却是18世纪以后的事。[①]而直到恩格斯明确提出哲学基本问题,并把哲学分为唯物主义和唯心主义两大阵营后,哲学家们才开始用"唯物主义"和"唯心主义"的视角来梳理和评价历史上的哲学流派。应该说近代以前,哲学家们在构建自己哲学体系的时候,并不知道"唯物主义"和"唯心主义"为何物,他们只是用自己的视角在观察世界,解释世界。

二、意之所在——"物"通常指"事"或"理"

王阳明经常和弟子们讨论"心"和"物"的关系,并提出"心外无物"的观点,这自然让人联想起"意识"和"物质"的关系这个哲学基本问题。如果仅仅从字面上理解"心"(意识)外没有"物"(物

---

①周嘉昕:《唯物主义概念的思想史考察》,《南京大学学报(哲学·人文科学·社会科学)》2016年第1期。

质），那就和贝克莱的"存在就是被感知"如出一辙，根据上述的标准把王阳明思想归入主观唯心主义似乎并无不妥。然而，用现代人的概念去解读古人的思想，往往达不到古人的本意，对王阳明"心外无物"思想的误解，一个重要原因就是拿中国传统思想与西方本体论哲学作比较，从"意识"与"物质"，或"思维"与"存在"的关系角度去探究王阳明所说的"心""物"关系，甚至把王阳明和贝克莱相提并论，结果离王阳明思想的真谛越来越远。

理解王阳明话语体系中的"心外无物"，关键在于对"物"的理解。王阳明所说的"物"不是西方哲学话语体系中与"意识"相对立的"物质""存在"的概念，而是他从小苦苦探索的圣贤书中"格物致知"的"物"的概念。我们知道，王阳明小时候把"格物"中的"物"，理解为"一草一木""天地万物"，于是有"格竹子"的趣事。按照他对朱熹"格物致知"论的理解，天理就在事物之中，只要今日格一物，明日格一物，积累多了就会上升到对天理的认识。"格竹"失败后，王阳明开始怀疑朱熹"从万事万物中探究至理"的"格物"路线，转而从"内心"寻找接近"至善"的捷径。及至"龙场悟道"，王阳明终于"大悟格物致知之旨""始知圣人之道，吾性自足，向之求理于事物者误也"。此时的王阳明对"格物致知"已经有了与朱熹及其后学不同的理解，"乃知天下之物，本无可格者。其格物之功，只在身心上做"。[1] 明确反对把"格物"解释为"在外界事物中寻求道理"。

悟道后，王阳明把"物"解释为"事"。在《大学问》中，王阳明这样定义"物"和"格"："物者，事也，凡意之所发必有其事，意所在之

---
[1] 王守仁：《传习录（下）》，《全集》，第105页。

事谓之物。格者,正也,正其不正以归于正之谓也。正其不正者,去恶之谓也。归于正者,为善之谓也。夫是之谓格。"① 在《传习录》中,徐爱记录了一段与王阳明的对话:

> 爱曰:"昨闻先生之教,亦影影见得功夫须是如此。今闻此说,益无可疑。爱昨晓思'格物'的'物'字即是'事'字,皆从心上说。"先生曰:"然。身之主宰便是心;心之所发便是意;意之本体便是知;意之所在便是物。如意在于事亲,即事亲便是一物;意在于事君,即事君便是一物;意在于仁民爱物,即仁民爱物便是一物;意在于视听言动,即视听言动便是一物。所以某说无心外之理,无心外之物。"②

在《大学问》和与徐爱的对话中,王阳明提出"意所在之事谓之物""意之所在便是物",这相当于对"物"下了一个定义。意是意识、意向、意图、意念,"意之所在"则指由"意"及其所指向或所涉及的对象相互构成的统一体,也就是"事"。举例说明,"意在于事亲,即事亲便是一物;意在于事君,即事君便是一物",我的意向是要侍奉父母,那么侍奉父母这件事情就是"一物"。这里要特别注意"亲""君"和"事亲""事君"的毫厘之差,王阳明说"事亲""事君"便是一物,而不是说"亲""君"便是一物。单纯的"亲""君"只是外在的客观存在,没有"我""意"的参与,因此不是我"意之所在"之物;而"事亲""事君"必定有我之意在其中,蕴含着"我"这个主体

---

① 王守仁:《大学问》,《全集》,第798页。
② 王守仁:《传习录(上)》,《全集》,第5页。

之"意"，这样"事亲""事君"才构成了王阳明定义的物（事）。"孝亲"这件事（这一物）主体是"我"，是"我"要孝亲，"我"具有完全的主动权、自主性，也负完全的责任。王阳明说："事父，不成去父上求个孝的理？"[①] 我侍奉父母思想上是否真心实意，行动上是否恰当合"礼"，其中的"理"全在我心中，而不能到父母身上去找他们有哪些值得我孝顺的理由。现在有的人对父母不孝顺，理由一大堆，什么"父母对我太苛刻"，什么"父母偏心啦，对弟弟好，对我不好"，都是到父母身上去求个孝的理。

这里我们看到，王阳明把"物"转换为"事"或"理"，这样一来，"心外无物"等同于"心外无事""心外无理"，因此，"心外无物"就是"心即理"的另一种表达形式。对于伦理道德领域的"事"与"理"，如"忠君""孝亲"的伦理行为，离开"人心"的确无从谈起，"孝之理"或"忠之理"等伦理规范，并非外在行为对象的属性，而是行为者内心的自觉意图或意愿。反过来说，心中没有孝之理或忠之理，就很难做出合规矩的事亲事君行为。所以"心外无物"在道德领域，甚至政治活动、教育活动及日常生活等领域的表达都有它的合理性。

综上，王阳明所说的"物"不是单纯地独立于主体之外的纯粹的物，而是有主体的实践参与其中的"事"，主体"我"的立场、观点、态度、意见在"物（事）"中起到重要的甚至是决定性的作用，"心外无物"强调的是心外无人的主体行为，特别是无道德行为。这与贝克莱的"存在就是被感知"不是一回事，贝克莱强调的是在上帝的心外

---

① 王守仁：《传习录（上）》，《全集》，第2页。

不可能有物的存在，是基督教的上帝创世说的翻版。[①]

三、南镇看花——当"物"指"物体"

先看一则几百年来争论不断的著名公案：

先生游南镇，一友指岩中花树问曰："天下无心外之物，如此花树，在深山中自开自落，于我心亦何相关？"先生曰："你未看此花时，此花与汝心同归于寂。你来看此花时，则此花颜色一时明白起来。便知此花不在你的心外。"[②]

上面提到，在王阳明的话语体系中，"物"通常被解释为"事"，所以一般情况下，"心外无物"指的是"心外无事"或"心外无理"。但是，在"南镇看花"这段公案中，友人直接把"物"指向"岩中花树"，即自然界中实实在在存在着的物体本身，使王阳明不得不直接面对作为"意识"的"心"与作为"物质"的"物"之间的关系这一"哲学基本问题"，这对通常只在伦理道德领域立论的王阳明来说，确实是一个挑战。

这段公案是一直以来王阳明思想被划入"主观唯心主义"的重要证据。冯友兰认为王阳明"所说的心是个体的心……不承认有公共

---

① 张桂权：《心外无物：王阳明与贝克莱》，《四川师范大学学报(社会科学版)》，第44卷第6期，2017年11月。
② 王守仁：《传习录（下）》，《全集》，第94页。

世界，就是主观唯心主义"。张岱年把"寂"界说为"不存在"或"无物"，把"明白起来"界说为"存在"或"有物"，从"南镇看花"推导出"所知之物，不被知之时，便不存在"的结论。因为这结论和英国主教贝克莱"存在即被感知"的思想高度一致，因此说王阳明是"主观唯心主义"哲学家。[①]许多哲学专业教科书和中学思想政治教科书，也大都引用"南镇看花"来证明王阳明的主观唯心论。如北京大学哲学系编的《中国哲学史》认为，王阳明"不但断言'心外无理'，而且硬说'心外无物''心外无事'，荒谬地否认客观世界的存在""他企图从人们认识事物的存在必须通过感觉来论证事物的存在依靠于感觉，这完全是诡辩。他的这个回答和英国主教贝克莱的'存在即被感知'的主观唯心主义命题相类似"。[②]任继愈主编的《中国哲学史》认为，"王守仁则从感觉证明花树不能存在于人的心外"。[③]

也有许多学者反对把王阳明思想简单地归入"主观唯心主义"，并试图从生命哲学、现象学、价值论、意义论等多个进路诠释"南镇看花"。熊十力参照佛学"寂照不二"说试图把"心"和"物"融为一体，认为"寂"乃"生之几""即空寂即生化、即生化即空寂""寂"虽静而涵"生生之健"，于是，"心起即物与俱起，心寂即物亦俱寂"。牟宗三主张从康德"智的直觉"的意谓上把"心"理解为"一个超越而普遍的灵明"，从良知（明觉）感应的万物一体诠释"南镇看花"，由此断定"南镇看花"不是认识论上的"存在即被感知"的独断观念

①杜运辉、吕伟：《中国传统哲学现代诠释示例——以王阳明"南镇看花"心物关系为中心》，《哲学研究》2018年第4期。
②大学哲学系编：《中国哲学史》下册，人民出版社，1980年。
③任继愈：《中国哲学史》，第3册，人民出版社，2003年。

论。陈来借助现象学的意向理论认为，"王守仁回避了花是否不依我们的意识所在而自开自落的问题，只是用'你未看此花时，此花与汝心同归于寂'说明意向作用与意向对象的不可分离性"。杨国荣也主张以意向理论解读"南镇看花"，但把诠释方向转为客体对主体的意义问题，他把"寂"与"明白"诠释为主客体之间"互为体用"的意义关系，认为"心外无物"乃限定于意义世界："花的颜色鲜亮（明白）与否，已涉及花的审美形式，这种形式并不是一种本然的存在，它只有对具有审美能力的主体来说才有意义"。许多学者主张从价值或意义关系解读"南镇看花"，认为"阳明不讨论事物是否客观存在的问题，凡遇此问题，都把它转化为客体存在对主体的意义"。[1]

怎样正确理解"南镇看花"？它到底是不是主观唯心主义的观点呢？

从原文字面上可以看出，不能把"寂"与"明白起来"解读为"不存在"与"存在"。因为如果"寂"为"不存在"，那么"此花与汝心同归于寂"就意味着"花"和"心"都不存在了，这和原文的意思是不符的。《说文解字》对"寂"字的直接解释为"无人声也"，表达听觉与视觉两重感官的"安静"的意境。王阳明在《传习录》中对"寂"的用法，也大多取"静"之意，例如："寂然不动""寂然为静""寂然感通""沉空守寂""无事而寂然，固可以言静""万物寝息，景象寂寥"等等。另外，在原文中"寂"与"明白起来"是相对的，可见此处，"寂"可以由其本义"无人声""安静""寂静"，引申为"不明白""不活泼""无意义"等意味。

---

[1] 张桂权：《心无外物：王阳明与贝克莱》。

很显然，王阳明并没有否认，岩中的花树在人来观赏前"自开自落"地存在着，只是人看花之前，人心和花树没有任何联系，人不知道也不关心岩中是否有花，以及花的状态如何，此时人的心和花"同归于寂"，即处于一种"你中无我，我中无你"的互不相关的状态。当人看花之后，花的颜色在人心中明白起来、鲜活起来，这时候，"花"已经"存在于"看花人的心中了。"心"与"花"共同建构起一体交融的意义境界。所以，当"物"指"物质"时，理解王阳明"心外无物"思想的关键字从"物"，转到了"无"，"心外无物"命题也从存在论转化到意义论。在他的语境中这个"无"不是不存在，而是缺乏有意义的存在。换句话说，未被心所关照的物，其意义没有在意识中呈现出来，意义得不到确认，与人的价值关系无法确立。心虽然不是万物存在的前提，却是万物意义呈现的条件，甚至根源。①

这是王阳明的思维方式，也是王阳明看待世界的独特视角，如果一定要把这种独特的思维方式和视角称为"唯心主义""唯我论"，未尝不可；如果要说它是马克思主义的"人对自然的能动关系"的实践观，也未尝不可。马克思说，"因为任何一个对象对我的意义（它只是对那个与它相适应的感觉来说才有意义）恰好都以我的感觉所及的程度为限……人的感觉、感觉的人性，都是由于它的对象的存在，由于人化的自然界，才产生出来的"。② 根据马克思的观点，与人类毫无联系的没有人化的自然界，如几亿光年以外的一颗恒星边上

①陈少明：《"心外无物"：从存在论到意义建构》，《中国社会科学》2014年第1期。
②《马克思恩格斯文集》（第一卷），第191页，人民出版社，2009年版。

的行星,对当下的人来说可能是毫无意义的,只有和人发生了某种关系的"人化"的自然界,对人才是有意义的。这个观点和王阳明的"南镇看花"高度相似。

王阳明"南镇看花"的场景,在现实生活中随处可见。最典型的是,两个素昧平生的男女一见钟情。"一见"之前,两颗心"同归于寂","钟情"之后,两颗心何止是"明白起来"?简直是你中有我,我中有你了,说不完的卿卿我我,道不尽的缠缠绵绵,如若要他们分开,则"执手相看泪眼,竟无语凝噎"。这难道不是恋爱中的"南镇看花"吗?

四、天地境界——"心外无物"的意义

王阳明的"心外无物"有时候也表达为"无心外之物",为了更好地理解"心外无物"思想的意义,我们先看看和它相对的"心外有物"或"有心外之物"是什么样的一种心境。

中国几千年的农耕文明造就了数以亿计的自给自足的自耕农。旧时大多数农民的理想,就是俗话说的"几亩薄田,一头牛,老婆孩子热炕头"。这句俗语除了体现农民兄弟淳朴敦厚的特性外,也反映了旧时农民的思想局限性:田、牛、老婆、孩子和炕(屋子)占据了农民的"心",成了农民全部的"心内之物",执着于这个观念的农民兄弟的心里再也没有或装不下别的什么东西了,什么国家啊、民族啊、道义啊……都不在他心里。也就是说,这些农民兄弟"心外有物",有很多"心外之物",除了"小家"里的那点事,其它都是他的"心外之

物", 他完全不关心, 也不在乎。这种 "心外有物" 的状态就是毛泽东同志严肃批评的 "小农意识", 一切为了满足个人温饱, 无纪律约束, 无协作精神, 无集体意识, 心里只有小家, 没有国家。普通民众 "心外有物" 的思想状态在和平时代可能看不出有什么危害, 一旦发生外敌入侵的战争, 问题就来了。金一南将军曾举过这样的例子: 鸦片战争时, 英军登陆后许多民众主动向其出售蔬菜、牲畜和粮食; 1900 年八国联军攻打北京时, 很多人帮着联军推小车, 帮着联军供应后勤, 联军攻到北京, 北京城高池厚, 一万多联军攻不进去, 附近居民向联军提供消息: 广渠门下水道未曾设防, 于是联军从广渠门下水道鱼贯而入, 许多民众帮着联军填平壕沟、绑梯子、扶梯子, 还有民众坐在墙头上帮着联军往里瞭望。① 总之, 给钱就可以, 能满足 "几亩薄田, 一头牛, 老婆孩子热炕头" 的 "心内之物" 就可以, 什么国家观念、民族观念, 统统都是心外之物。

"心外有物" 的思想状态并不是旧时代农民的专利, 绝大多数人都有心外之物。一段时间来, 网络流行一个词叫 "精致利己主义者", 指拥有较高收入, 追求自己或小家庭的生活品味, 不关心政治、社会, 甚至不关心他人的所谓 "社会精英"。其实, 这样一些人, 不管 "精致" 还是 "粗糙", 本质上都是利己主义者, 他们的思想境界和旧时的农民兄弟没有任何差别, 只不过是他们把 "薄田、牛、老婆、孩子、炕" 换成了别墅、豪车、金钱、学历、沙滩度假等。一旦国家有难, 这些利己主义者要么当汉奸, 要么开溜, 别指望他们能为国家为

---

① 例子参见: 金一南 2016 年 11 月 18 日在团结香港基金中华学社举办的中华大讲堂上的讲座《从百年沧桑到大国崛起》。

民族抛头颅洒热血。

以上是"心外有物"的境界，那么，什么是"心外无物"，或"无心外之物"呢？王阳明的三传弟子顾宪成[①]为东林书院撰写的一副对联"风声雨声读书声声声入耳，家事国事天下事事事关心"可以很好地说明"心外无物"的状态，不管是自然界的风雨声，还是国家、社会的大事小事，都和我有关，都是我责无旁贷的事。清代学者黄兆梅为长沙天心阁撰写的对联"四面云山皆入眼，万家烟火总关心"也表达了同样的意思，展示了一种以国家兴亡为己责，以苍生冷暖为己任的宏大开阔的气象与格局。

"心外无物"是对孟子思想的继承和发展，孟子说："万物皆备于我。"[②]万物与我为一体，天下之物都是我分内事。北宋张载说："大其心则能体天下之物，物有未体，则心为有外。世人之心，止于闻见之狭。圣人尽性，不以见闻梏其心，其视天下无一物非我，孟子谓尽心则知性知天以此。"[③]"大其心"就是要使"心量""心胸"扩大，大到能体察、关心天下之物，只要有物没有被体察到，就是"心为有外"。张载已经具有了"心外无物"的思想和境界。青年时期的张载心怀天下，听闻西夏犯边，即赴边境向范仲淹献上《边议九条》并要求率兵上战场，后在范仲淹的劝说下回家继续他的学业。[④]

①顾宪成（1550年—1612年），字叔时，号泾阳，江苏无锡人，明代思想家，创办东林书院。顾宪成师从欧阳德的弟子薛方山，算是王阳明的三传弟子。顾宪成倡导"实学"，对王学末流宣扬的种种虚、空、玄的主张和说教进行过猛烈的抨击和批判。
②《孟子·尽心上》。
③张载：《正蒙·大心篇》，《张载集》，第24页。
④李满星：《范仲淹引导张载成新大儒》，《文史天地》2018年02期。

"心外无物"境界也充分体现在陆九渊和王阳明两位心学大师身上。陆九渊说："宇宙内事乃己分内事，己分内事乃宇宙内事。"① 这就是典型的"心外无物"的境界。陆九渊少年时曾留着修长的指甲，当他读到三国六朝史时，有感于当时"夷狄乱华"，后又听长辈讲"靖康之耻"，于是剪断指甲，学习弓马，慨然要赴边疆为国征战。王阳明说："天地万物，本吾一体者也，生民之困苦荼毒，孰非疾痛之切于吾身者乎？"他48岁时在出差途中遭遇宁王叛乱，在没有得到任何指令的情况下，他毅然组织义军平定叛乱，挽大厦之将倾；平乱后，为了老百姓免受兵患，他多次上疏劝阻正德皇帝亲征，险些招来杀身之祸。只顾个人安危，只追求个人生活品质，心里没有装着江山社稷、天下苍生的利己主义者，是做不出这样的抉择的。这就是古代读书人"心外无物"的精神境界，他们是几千年来中华民族真正的脊梁。

　　我们大多数人都生活在自己的小圈圈里，所见所思如同庄子笔下的井底之蛙看到的井口大的一块天，如同鲁迅《故乡》中描述的"只看到院子里高墙上的四角的天空"。这是"心外有物"给我们带来的自我世界的局限。要突破这个局限，仅仅向外寻求扩大知识面是不够的，还需要向内寻求，从体悟自己的本心入手，努力实现从"心外有物"向"心外无物"的思想转变，最终进入冯友兰先生说的"为宇宙的利益而做各种事"的最高的人生境界，也就是天地境界。

---

①陆九渊：《陆九渊集》，第273页。

第七章　知行合一究竟是什么意思?

知行合一是阳明心学的核心概念之一, 现在许多人都在谈论知行合一。那么, 王阳明的知行合一究竟是什么意思? 500 年前的王阳明为什么要说个知行合一? 知行合一到底有没有道理?

一、知行合一的提出

宋明理学家们所谈论的"知"与"行", 其直接源头是《大学》《中庸》等儒家经典的论述。"知"主要是"格物致知"的"知", 有时也泛指包括"格物""致知""诚意""正心"在内的道德修养, 即"内圣"过程;"行"主要是指修身、齐家、治国、平天下等外在的行为, 属于"外王"的范畴。用现在的话说, "知"大致指人的主观活动, 包括知觉、认识、判断, 涉及知识、观念、世界观、人生观、价值观等内容, 是主观对客观的反映;"行"则指人的外在行为, 是主观对客观的改造。当然, 儒家学者们日常讨论最多的知行关系是人对道德准则、道德规范的认知和事父、事君等伦理道德实践活动之间的关系。

一直以来，儒家都是把"知"和"行"当作"两件事"来谈论，讨论"知"和"行"的难与易、先与后，或者哪个更重要。《尚书》"非知之艰，行之惟艰"，《左传》"非知之实难，将在行之"，荀子"知之不若行之"，[①]都认为"知"并不难，"行"才是真的难，强调力行的重要性。《中庸》的"博学之，审问之，慎思之，明辨之"一般被认为是与"笃行之"相对的"知"的过程。《中庸》还把"知"和"行"分为"生而知之、学而知之、困而知之，安而行之、利而行之、勉强而行之"三个不同的层次，"知"与"行"的内容主要是君臣、父子、夫妇、兄弟、朋友之道，提出"力行近乎仁"，同样强调力行的重要性。

程颐有许多关于知行关系的经典论述，如："须是识在所行之先，譬如行路，须得光照""不致知怎生行得？勉强行者，安能持久？""故人力行，先须要知。非特行难，知亦难矣。""譬如人欲往京师，必知是出那门，行那路，然后可往。如不知，虽有欲往之心，其将何之？"[②]从这些论述中，学者们把程颐的观点归纳为"知先行后，知难行难"。

朱熹继承和发展了程颐的思想，提出"知先行后，知轻行重"的观点。他说："如程子云：'涵养须用敬，进学则在致知'，分明自作两脚说，但只要分先后轻重。论先后，当以致知为先，论轻重，当以力行为重。""知、行常相须，如目无足不行，足无目不见。论先后，知为先；论轻重，行为重。"[③]须在这里是依赖的意思，朱熹用目比喻知，

①引言分别见《尚书·说命中》《左传·昭公十年》《荀子·儒效》。
②程颢、程颐：《河南程氏遗书》卷第二、卷第十八，《二程集》，第67页、第187页。
③朱熹：《朱子语类》卷九，第183页。

用足比喻行,两者互相依赖;先后是一个时间次序的问题,朱熹认为只有先知道了道理或方法,才能到实际生活中去实践,他说:"义理不明,如何践履?……如人行路,不见,便如何行。"[1] 第二章我们已对朱熹格物致知理论作了简要介绍,总的说来他认为理在心的外面,需要到外面去"即物穷理",所以,不管他如何强调知行两者的相互依赖性,也不管他如何强调行的重要性,他的核心立场是"知先行后",即人在行为之前,必须先向自己的外面探索正确的理而作为先导。[2]

王阳明从小也是朱熹格物致知学说的忠实信徒,正德三年(1508年)"龙场悟道"后,他彻底否定了朱熹的格物说,提出"心即理",认为到外面去探求事物之理是错误的修炼方法,天理在每个人的内心中都是"具足"的,"致知"就是向自己心里寻求"理",从而"存天理去人欲",这样"知"得的这个"理"就可以直接展现为人的行为,由此提出了知行合一之说。王阳明说:"外心以求理,此知行之所以二也。求理于吾心,此圣门知行合一之教。"[3] 他认为,向外求理,最终必然导致以外在的准则来规范自己的行为,而不是以内心的"知"(晚年提出的"良知")来作为行为的主导,于是导致知行不一;而承认"心即理",向内求理,求理于吾心,必然导致按良知行事,即知行合一。

正德四年(1509年),王阳明开始公开讲授知行合一论。起初是

①朱熹:《朱子语类》卷九,第188页。
②〔日〕马渊昌也:《关于王守仁"知行合一"的解释》,《中国儒学(第九辑)》。
③王守仁:《答顾东桥书》,《全集》,第36页。

贵州提学副使（大约相当于贵州省教育厅副厅长）席书到龙场请教朱熹和陆九渊学术观点的异同，王阳明没有正面回答他的问题，而是讲了自己所悟的东西。席书疑惑不解，第二天再来请教，王阳明引用《五经》的内容来论证知行合一的理论，席书渐渐有所领悟，如此来来往往数日，终于"豁然大悟"。后来，席书在贵阳创办贵阳书院，请王阳明来讲学，知行合一之说随之慢慢传播开来。

王阳明知行合一的观点，是对当时已经被作为"共识"甚至是"常识"的朱熹"知先行后"论的否定与批判，一度遭到学界的广泛质疑，就是王阳明的弟子刚开始都疑惑不解，《年谱》记载："昔在贵阳举知行合一之教，纷纷异同，罔知所入。"[1]此后二十年间，王阳明一方面恪守自己提出的观点，用生命实践知行合一，另一方面通过讲学论道，不断对知行合一做理论上的诠释与完善。晚年提出"致良知"后，他用"致良知"统摄之前各种观点，知行合一与致良知在"知＝良知、行＝致良知"[2]的形式上取得了统一。

二、知行合一的内涵

王阳明知行合一究竟是什么意思呢？我们先看看王阳明自己是怎么说的——

---

[1] 钱德洪：《王阳明年谱》，《全集》，第1009页。
[2]〔日〕马渊昌也：《关于王守仁"知行合一"的解释》，《中国儒学（第九辑）》。

爱曰："如今人尽有知得父当孝、兄当弟者，却不能孝、不能弟，便是知与行分明是两件。"

先生曰："此已被私欲隔断，不是知行的本体了。未有知而不行者。知而不行，只是未知。圣贤教人知行，正是要复那本体，不是着你只恁的便罢。"①

弟子徐爱的问题今天也仍然存在，有些人虽然知道孝顺父母敬重兄长的道理，却没有实际的行动，说一套做一套，大道理很会讲，落实起来却一塌糊涂，可见知和行分明就是两件事。王阳明认为，这已经被私欲隔断了，不是本来意义上的知和行。"知"而不行，只能说是"未知"，比如，某人一定是真正孝敬侍奉父母了，我们才能说他知道孝顺，并不是嘴上说一些孝顺的话，就可以称为孝子的。

这里有一个重要概念："知行本体"。前面说过宋明儒学的"本体"并不是西方本体论中的本体的含义，而是指本来的面目、本来的状态、本来的样子。所以这里的"知行本体"指的是本来意义上的"知行"，或者知和行本来的样子，是和掺杂了私欲的"知行"相对而言的。王阳明认为掺杂了私欲，会使"知"和"行"扭曲、隔断，导致"知"和"行"失去它本来的面目，产生徐爱所说的知孝却不能行孝的"知行不一"现象；而只要恢复到知行的本来状态，知和行一定是合一的。那么，知和行本来的面目是什么样子的呢？他举《大学》中"如好好色，如恶恶臭"的句子论证说：

---

①王守仁:《传习录（上）》,《全集》,第3页。

故《大学》指个真知行与人看，说"如好好色，如恶恶臭"。见好色属知，好好色属行。只见那好色时已自好了，不是见了后又立个心去好。闻恶臭属知，恶恶臭属行。只闻那恶臭时已自恶了，不是闻了后别立个心去恶。如鼻塞人虽见恶臭在前，鼻中不曾闻得，便亦不甚恶，亦只是不曾知臭。[①]

见到漂亮女子（或一切美好的东西）属于"知"，喜爱漂亮女子属于"行"，见到那靓女的同时就喜爱了，并不是见到了之后又另外起个喜爱的心。同样，闻到恶臭属于"知"，厌恶臭味属于"行"，只要一闻到臭味立刻就感到恶心了，不是认真闻了闻狗屎之后，另外发起一个恶心的程序。如果是一个鼻塞的人，虽然周围有臭味，他鼻子没有闻到，他就不会觉得恶心，当然这时候他也不知道有臭味。从这个生动形象的比喻，可以看出王阳明这里的"知"是指眼睛看到美女或鼻子闻到臭味所产生的直觉性的"知觉"，而"行"则指"喜爱""厌恶"这些心理活动或说心理行为，这是理解王阳明知行合一理论的关键。王阳明还举了疼痛、饥饿、寒冷等例子：必定自己痛了才知道疼痛是个什么感觉；必定自己挨饿受冻了，才能真切知道挨饿、受冻是什么感觉。所以，在"直觉知觉"和"心理行为"层面，知、行是分不开的，是同一件事，不是两件事；是同一个过程，不是两个过程；如同一枚硬币的两面。这就是"知"和"行"的本来状态，或说原初意义上的"知行"，这里的"知"已经有"良知"（详见第八章）的意思，孟子的"四端"就是在这个本然意义的层面上说的，人人都有"恻隐、

①王守仁：《传习录（上）》，《全集》，第3页。

羞恶、辞让、是非"之心,这是天生就有的、本然的、"不学而能,不虑而知"的,"乍见孺子将入于井"之"知"必然会产生"怵惕恻隐"之行。所以,王阳明说:"知行本体,即是良知良能。"① 在这个意义上,知行合一就是"知行同一""知行一体"。

但是,"知""行"并不总是指"直觉知觉"和"心理行为",如上述的"知孝"显然是指知道或理解孝的含义及道理,"行孝"则指真实做出孝敬父母的行为,而不仅仅是孝敬的心理活动。又如"路歧之险夷必待身亲履历而后知,岂有不待身亲履历而已先知路歧之险夷者邪?"② 亲身远足探险显然不只是心理行为,而得出道路的平坦或崎岖的结论也不仅仅是感官直觉。王阳明从"好好色,恶恶臭"这个本来意义上的知、行入手,目的是说明知行合一的关键在于"知"必须是真真切切的知(即"真知",也就是王阳明晚年提出的"良知")、"行"必须是实实在在的行(即"笃行"),在这个基础上"知孝""行孝"、"知善""行善",即如"好好色"一样"好善",如"恶恶臭"一样"恶恶",这样一来,这些道德知觉和道德行为就是合一的,就不会分裂为二。王阳明在《答顾东桥书》中有如下论述:

> 知之真切笃实处,即是行;行之明觉精察处,即是知,知行工夫本不可离。只为后世学者分作两截用功,失却知行本体,故有合一并进之说。③

---

①王守仁:《答陆原静书》,《全集》,第53页。
②王守仁:《答顾东桥书》,《全集》,第36页。
③同上。

王阳明说的"知之真切笃实处"是什么状态？程颐有个"谈虎色变"的比喻[1]，说有一个农民曾经被老虎伤过，多年后听到别人谈老虎时，立刻脸色大变、浑身发抖，虽然三岁孩子都"知道"老虎会伤人，但只有这个农民才是"真切笃实"地"知道"老虎伤人是什么样的，这就是"真知"。王阳明说："哑子吃苦瓜，与你说不得。你要知此苦，还须你自吃。"[2]毛泽东也说过，要知道梨子的滋味，就得亲口吃一吃。[3]这些例子中的"真知"已经有"行"在里面了。所以，王阳明说："真知即所以为行，不行不足谓之知。"[4]"真知"就一定能够"行"，不能"行"的"知"就不是"真知"。现实生活中，我们经常看到这样的例子，父母叮嘱孩子"不要贪玩，要好好学习"，小孩总是回答"知道了，知道了"，但根本没有把父母的话当回事，该玩游戏还是玩游戏，这就不是"真知"。

在王阳明的语境中，"知行本体""知行合一"中的"知"，一般可以理解为"真知""良知""纯粹的知（没有掺杂私欲）"，"行"则指"力行""笃行""良知的自然流行"。那么，非"真知""笃行"的"知、行"，即被私欲隔断的"知、行"又是什么样的呢？以孟子"见孺子将入于井"为例，如果心里想着结交孺子的父母，或获得乡里人的称赞，才去救即将掉井里的孩子，这个"知"就是被私欲蒙蔽的"知"

---

①程颢、程颐：《河南程氏遗书》卷第十八，《二程集》，第188页。
②王守仁：《传习录（上）》，《全集》，第33页。
③毛泽东：《实践论》，《毛泽东选集》（第一卷）第282页，人民出版社，1991年6月第2版。
④王守仁：《答顾东桥书》，《全集》，第36页。

而非"真知""良知",这个"行"也是带着不可告人目的的"行"而非"真行""笃行"。同样,"见父自然知孝,见兄自然知弟"是"真知行",如果因为看中父母的遗产才"知孝""行孝",看中兄长的权势才"知悌""行悌",就是被私欲隔断的"知""行",这样的"假孝悌",当父母贫病交加、兄长落魄潦倒时,便会弃之不顾。正因为如此,王阳明反复强调"真切笃实"的真知和"明觉精察"的"笃行",反对脱离知行本来状态的痴心妄想、胡作非为,他说:

> 行之明觉精察处便是知;知之真切笃实处便是行。若行而不能精察明觉,便是冥行,便是'学而不思则罔',所以必须说个知;知而不能真切笃实,便是妄想,便是'思而不学则殆',所以必须说个行。[①]

当然,从更深层次上说,不仅"真知""良知","力行""笃行"是合一的,"妄想""殆思","冥行""罔行"也是合一的。(详见本章第五部分)

三、王阳明为什么要说个知行合一?

王阳明为什么要讨论知、行是一件事还是两件事这个话题?他说,如果不知道我创立这个学说的宗旨,只是凭空地讨论知、行是一个,还是两个,有什么用?明白我的用意,即使知行分开说也无妨,本质上它只是一个;不明白我的用意,就是把知行说成一个,也无济于

---

① 王守仁:《答友人问(丙戌)》,《全集》,第176页。

事，只是空口说闲话。①

　　"时代是思想之母，实践是理论之源"。任何思想都有其产生的时代背景。王阳明所处的时代，皇帝荒淫昏庸，奸监弄权作乱，忠良被害被逐，朝纲日渐废弛，国势日见衰微，社会风气败坏，道德水平下降。在思想领域，朱熹的理学思想体系一统天下，知识界思想逐渐僵化、教条化。大多数读书人沉溺于记诵、辞章、训诂之学，忽视道德品格的修养践行，成为"坐而论道""光说不练"的清谈客，甚至"满嘴仁义道德，满腹男盗女娼"的伪君子。弘治十二年（1499年），二十八岁的王阳明向孝宗皇帝上《陈言边务疏》②，其中写道："今之大患，在于为大臣者外托慎重老成之名，而内为固禄希宠之计；为左右者内挟交蟠蔽壅之资，而外肆招权纳贿之恶。习以成俗，互相为奸。"功利的学说日益盛行，当官的都用华丽的辞藻掩饰狡诈的内心，用虚伪相互约束，因利益互相倾轧，道貌岸然，衣冠禽兽，却自以为从事圣贤之学。可见当时官场已经形成了一种表里不一、言行不一的不良风气。

　　王阳明认为，这些社会问题一定程度上归咎于宋代以来（特别是朱熹以来）"知先行后"的错误学说。他说，现在的人把知、行分作两件事去做，以为一定要先知了，然后才能行，于是先去做学问，等知

①原文：若不知立言宗旨，只管说一个两个，亦有甚用？……今若知得宗旨时，即说两个亦不妨，亦只是一个；若不会宗旨，便说一个，亦济得甚事？只是闲说话。参见《传习录（上）》，《全集》第4页。
②《陈言边务疏》是王阳明中进士后，在工部实习（"观政工部"）期间，奉命到边关考察边戍军屯，给皇帝写的工作报告。是王阳明在第一个工作岗位上写的第一份奏疏。详见《全集》第239页和束景南《王阳明年谱长编》第160-168页。

得真了，才去实践，以至于终身不行，又终身不知。① 人们了解道德准则却不遵照执行的根源在于：把知行分作两件事，虽然头脑中已经滋生出不善的念头了，但因还没有付诸行动，就认为还没有"行"而不去禁止。王阳明提出知行合一，正是要从思想根源上批判"知先行后"学说，以彻底解决当时的社会现实问题。他说，我为此（当时的风气）感到忧虑，所以才揭示知行合一之说，是为了"对症下药""补偏救弊"，使人不至于坠入"知识愈广而人欲愈滋，才力愈多，而天理愈蔽"② 的泥潭。

所以，王阳明提出知行合一的用意在于引导人们正确地进行道德修炼，而不是单纯谈论"知"与"行"之间的关系问题。其目的是解决明代中叶官场和社会上普遍存在的表里不一、知行分离、阳奉阴违、尔虞我诈的不良风气，以恢复古时淳朴、敦厚、致知、笃行的社会风尚。了解了王阳明的用意之后，对他在不同时期、不同场合关于知行关系的论述，就会有比较准确的理解。例如，"知是行之始，行是知之成""知是行的主意，行是知的工夫""真知即所以为行，不行不足谓之知""知之真切笃实处即是行，行之明觉精察处即是知""知行工夫本不可离"等等，不论话怎么说，"只说一个知已自有行在，只说一个行已自有知在"，知行要并进，不能说一套做一套。

---

①原文为：今人却就将知行分作两件去做，以为必先知了然后能行，我如今且去讲习讨论做知的工夫，待知得真了方去做行的工夫，故遂终身不行，亦遂终身不知。参见《传习录（上）》，《全集》，第4页。

②王守仁：《传习录（上）》，《全集》，第25页。

四、知行合一的功夫

本章第二节我们讲了一个重要概念"知行本体",指本来意义上的"知行",本节我们讨论另一个重要概念"知行功夫"。

爱曰:"古人说知行做两个,亦是要人见个分晓,一行做知的功夫,一行做行的功夫,即功夫始有下落。"

先生曰:"此却失了古人宗旨也。某尝说知是行的主意,行是知的功夫;知是行之始,行是知之成。若会得时,只说一个知,已自有行在;只说一个行,已自有知在。古人所以既说一个知又说一个行者,只为世间有一种人,懵懵懂懂的任意去做,全不解思惟省察,也只是个冥行妄作,所以必说个知,方才行得是。又有一种人,茫茫荡荡悬空去思索,全不肯着实躬行,也只是个揣摸影响,所以必说一个行,方才知得真。"①

这里,王阳明和弟子徐爱把"知"和"行"当成"功夫"来讨论,通过第一章介绍,我们知道"功夫"通常指做某件事情所需要的能力、才艺、造诣(也称"功力"),或做某事的方法(也称"功法")。徐爱认为,古人把知、行分开说,是为了方便分别在知与行上用功,功夫才能真正落实下去。王阳明则认为,这不是古人的本意,古人之所以把知和行分开说,是针对不同人的问题因材施教,对于懵懵懂懂、做事不过脑子的人强调一个"知"字,提醒他三思而后行;对于

①王守仁:《传习录(上)》,《全集》,第4页。

茫茫荡荡、整天胡思乱想不干实事的人强调一个"行"字,鞭策他实践出真知。王阳明说,知是行的主意,行是知的功夫。此处,"主意"表示目的、统帅,"功夫"表示途径和手段。知以行为自己的实现手段,没有独立的、先于行或与行割裂的知,要达到知就必须通过行;同时行也不是一匹瞎马狂奔,它有知作为指导。[①]王阳明在这里想说明,虽然古人把知、行分开说,但是知和行不是两个功夫,而是一个功夫。他反复强调"知行原是两个字说一个工夫""圣学只一个功夫,知行不可分作两事""元来只是一个工夫,凡古人说知行,皆是就一个工夫上补偏救弊说,不似今人截然分作两件事做""知行工夫本不可离,只为后世学者分作两截用功,失却知行本体,故有合一并进之说"。[②]

知行功夫、或知行合一功夫是个什么样的功夫呢?从根本上说,它是一个在具体实践中去除私欲,恢复被私欲隔断的知行的本然状态,以实现随时随地表里如一、"诚于中形于外"的修养功夫。对这个修养功夫,王阳明有以下描述:

问"知行合一"。先生曰:"此须识我立言宗旨。今人学问,只因知行分作两件,故有一念发动,虽是不善,然却未曾行,便不去禁止。我今说个知行合一,正要人晓得一念发动处,便即是行了。发动处有不善,就将这不善的念克倒了。须要彻根彻底,不使那一念不善潜伏在胸中。

①陈来:《有无之境》,第114页。
②王守仁:《答友人问(丙戌)》《传习录(上)》《答顾东桥书》,《全集》,第12页,第36页,第176页,第177页。

此是我立言宗旨。"①

　　在王阳明看来，头脑中一闪过不善的念头就已经是"行"了，必须"如恶恶臭"般立刻把这个念头克去，"彻根彻底，不使那一念不善潜伏在胸中"。这也是古人"慎独"的修炼方式，很像20世纪60年代中国大陆提出的"狠斗私字一闪念"。关于如何"克去"这"一念不善"，王阳明也有具体的方法：

　　省察克治之功，则无时而可间，如去盗贼，须有个扫除廓清之意。无事时将好色好货好名等私欲逐一追究搜寻出来，定要拔去病根，永不复起，方始为快。常如猫之捕鼠，一眼看着，一耳听着，才有一念萌动，即与克去，斩钉截铁，不可姑容与他方便，不可窝藏，不可放他出路，方是真实用功，方能扫除廓清。到得无私可克，自有端拱时在。②

　　平时把好色、好货、好名等私欲逐一排查出来，下决心拔去病根，并常常保持高度警惕，就像猫捉老鼠一样，一旦察觉心中有私欲萌发，立刻斩钉截铁去除。这个方法类似现代思想教育、党性修养领域中的自我剖析，先查摆问题，再分析原因，然后力行整改。

　　王阳明从功夫论的角度把"恶念"这类心理活动也归为"行"，这个观点招来很多批评，认为他混淆了知、行之间的界限，有"以知代行"之弊。例如，"一念发动即是行"，如果发了一个善念，便视作

①王守仁：《传习录（下）》，《全集》，第84页。
②王守仁：《传习录（上）》，《全集》，第14页。

善行，那就不用真的去行善了。而这正是王阳明所反对的，他始终认为光在嘴上说善不可以称为知善，必须切实践行了善才能认为知善。由此批评王阳明知行合一之说逻辑不够严密，有相互矛盾之处。这是把阳明心学当成纯理论来做文义和逻辑上的分析了，王阳明以上这些论述主要来自他和弟子对话的《传习录》，而不是像西方哲学家们那样为了构建庞大的哲学体系而撰写的长篇著述。说话、谈论有其特定的语言环境，有其特殊的针对性，同时口语也不像书面语那么严谨规范。如果批评者直接去质问王阳明本人，他一定会说："此只是在文义上穿求，故不明如此。"[1] 从"立言宗旨"来说，王阳明提出知行合一是为了救治当时社会普遍存在的知行分离的弊病，理解了这个用意后，就不应该纠缠于具体的个别词句的表述了。从修养功夫来说，学者"须于心体上用功，凡明不得，行不去，须反在自心上体当即可通"。[2] 可以认为，"一念发动即是行"的"一念"仅仅针对"恶念"不针对"善念"。[3]

从本质上看，知行合一功夫就是"去私欲"，用现在的话讲就是"大公无私""克己奉公"，虽然王阳明指出了功夫要领和修炼方法，但是具体到每一个人每一件事，落实起来却是极为困难的，可以肯定地说古往今来没有几个人能真正做到，门人黄直坦言他的修炼体验：

①王守仁：《传习录（上）》，《全集》，第13页。
②同上。
③陈来：《有无之境》，第120页。

先生尝谓："人但得好善如好好色，恶恶如恶恶臭，便是圣人。"直初时闻之觉甚易，后体验得来，此个功夫着实是难。如一念虽知好善恶恶，然不知不觉，又夹杂去了。才有夹杂，便不是好善如好好色，恶恶如恶恶臭的心。善能实实的好，是无念不善矣；恶能实实的恶，是无念及恶矣：如何不是圣人？故圣人之学，只是一诚而已。①

黄直是实实在在从心体上去用功了，才觉得这个功夫"着实难"，更多的后学只把知行合一功夫视作"口耳之学"，只在知识见闻上用功，或"只把作一种光景玩弄"②，更加不得其门而入。当然，并不是所有人都理解或赞同功夫论，即便是王阳明当时的弟子，对他的知行功夫也存有疑问。

问："圣人生知安行，是自然的，如何有甚功夫？"

先生曰："知行二字即是功夫，但有浅深难易之殊耳。良知原是精精明明的。如欲孝亲，生知安行的，只是依此良知，实落尽孝而已；学知利行者，只是时时省觉，务要依此良知尽孝而已；至于困知勉行者，蔽锢已深，虽要依此良知去孝，又为私欲所阻，是以不能，必须加人一己百、人十己千之功，方能依此良知以尽其孝。圣人虽是生知安行，然其心不敢自是，肯做困知勉行的功夫。困知勉行的，却要思量做生知安行的事，怎生成得！"③

---

①王守仁：《传习录（下）》，《全集》，第85页。
②王守仁：《传习录拾遗五十一条》，《全集》，第963页。
③同注释①，第97-98页。

学生觉得圣人天资聪明生来就明白人伦道德规则并能自觉安适地践履,是自然而然的,哪里需要什么功夫? 王阳明认为,不管是像圣人那样生而知之安而行之者、像贤人那样通过学习才明白道理并因觉得这样做有好处而践行者,还是像学者那样遇到困惑后想通道理并勉强实行者,都需要着实下知行合一功夫、致良知功夫。只是资质不同,下的功夫也不一样,"困知勉行者"需要下比别人更大的苦工,才能克服私欲,依良知行事,做到知行合一。通过王阳明这段论述,我们清楚地看到知行合一功夫就是致良知的功夫。关于致良知我们在第八章专门讨论。

五、知行合一之辩

王阳明知行合一说对当时和后代都产生了深远的影响,也受到了不少批评。王阳明用"致良知"统摄"知行合一",始终把重心放在"行"这一方面,发扬儒家重行的传统,强调"事上磨练",他本人也为国家干出一番事业。但是,王阳明去世后,王门后学不断分化,甚至出现所谓"良知现成派",强调良知当下圆成,率性而为,放弃刻苦的修习功夫,把重心转向"知"这一方面,偏离了重行传统,只会在方寸上做文章。[1]阳明后学对知行合一实践精神的偏离,客观上加剧了后人对王阳明的误解与批判。

明末清初的王夫之目睹大明王朝的覆灭,看到王门后学空谈心

---

①宋志明:《中国传统知行观综论》,《江南大学学报(人文社会科学版)》2015年7月。

性的弊端。当时许多读书人"无事袖手谈心性，临危一死报君王"，在国家危难之际竟成一群无用的废人。出于对时局的痛心和对失败教训的总结，王夫之极力提倡实学，批评王阳明的知行合一说，认为它抹杀了知和行的界限，"以知为行""以不行为行"。王夫之提出"行先知后"说，反对把知行混为一谈，强调"行"的首要性，"行可以兼知而知不可以兼行"。王夫之所说的"知"，仅指"见闻之知"，只有"知识"的意思，没有"知觉"的意思，也没有"良知""德性之知"的意思。他还明确地把"行"界定为实践，"知之尽，则实践之而已。实践之，乃心所素知，行焉皆顺，故乐莫大焉"（《张子正蒙注·至当篇注》）。王夫之是历史上第一个把"行"解释为"实践"的人。[1]

孙中山在总结民主革命屡遭失败的教训时认为，众多革命党人受古人"知之非艰，行之惟艰"思想影响，轻视对三民主义学说的深入理解，因而"信仰不笃，奉行不力"，在革命实践中常常畏难妥协、丧失信心。孙中山有针对性地提出"知难行易"思想，试图推动国民党重视革命理论的能动作用，从而进一步自觉地实践革命理论。他所说的"知"，指的是来自实验证明的科学知识和指导革命的思想学说，所说的"行"，指社会实践尤其是革命斗争。他认为"能知必能行""天下事唯患于不能知耳，倘能由科学之理则，以求得其真知，则行之决无所难，此已十数回翻覆（反复）证明，无可疑义矣"。[2]

毛泽东的《实践论》是马克思主义中国化的标志性著作，它以马

①宋志明：《中国传统知行观综论》，《江南大学学报（人文社会科学版）》2015年7月。
②李丕洋：《中国儒家及传统知行观思想新论》，《江西社会科学》2003年第9期。

克思主义基本原理为指导，继承和发展了中国传统的知行观。《实践论》有个副标题"论认识和实践的关系——知和行的关系"，表明这篇文章是在认识论而不是在伦理学的框架里谈论知行关系的，这里把"知"解释为"认识"，把"行"解释为"实践"，研究的是中国革命理论和革命实践之间的关系，而不是传统儒家知行观关心忠信孝悌等伦理道德问题。《实践论》的主要观点是：认识依赖于实践（知离不开行）；认识开始于实践（行是知之始），人在实践中首先形成感性认识，随着实践的深入，通过思考产生概念、判断、推理等理论系统，感性认识发展到理性认识；理性认识反过来指导实践并在实践中得到检验和发展；最终形成实践、认识、再实践、再认识的循环往复、不断深化上升（行—知—行—知……）的过程。《实践论》是毛泽东在战争与革命时代，为了反对当时党内存在的主观主义特别是教条主义而写的，当时一部分教条主义者长期拒绝中国革命的经验，只生吞活剥马克思主义书籍中的只言片语去指导革命实践，使中国革命遭受极大的损失。[①] 毛泽东的《实践论》等著作深刻揭露教条主义的错误，确立了一切从实际出发、理论联系实际、实事求是、在实践中检验真理和发展真理的思想路线，引领了中国革命的伟大历史进程。

纵观历史上有影响的知行学说，不论把知行说成一个，还是说成两个，也不论知行孰先孰后、孰轻孰重，都不是纯理论分析，而是为了解决现实中存在的问题和弊病开出的药方，都有很强的针对性和指导意义。相反，现在许多专家学者对知行关系的理论研究，尽管

①毛泽东：《实践论》。

逻辑严密、层次分明、详略得当、语言优美，但最多只是发表几篇论文或出版几本专著，并无多少现实意义。研究和实践脱节，本身就是一种知和行的分离。

了解王阳明知行合一说及历史上各种知行观后，我们来讨论一下本章第二节遗留的问题，一般意义上的知行关系问题(包括被私欲隔断的"妄想""冥行"的关系问题)。抛开王阳明关于"知""行"的独特规定，按照一般意义上的"知""行"概念，"知"的字面意思，作动词指知道、晓得、明了，作名词指知识、学问，通常"知"泛指感知、认知、认识，以及知识、理论、意识等纯主观性的内容；"行"的字面意思为行动、行为，一般指主观作用于客观，外在化、客观化的活动。那么在对"知""行"作了主观和客观的区分之后，知行还是合一的吗？

首先，我们看看有没有单纯的"知"(没有"行"的"知")。我们把"知"分为"知识性的"(比如：知道花是红的、中国首都是北京等)和"能力性的"(比如：知道怎么游泳、骑自行车等)。对于能力性的"知"，毫无疑问必须"行而知"，一边实践一边认知，随着实践的深入，认知也跟着深入，最后掌握了游泳或骑车的真正知识和能力，达到了"真知"。这是一个典型的知行合一的过程。对于知识性的"知"，有直接和间接两种获得形式，直接形式无疑是知行合一的，我跑去看看花后知道它是红色的；我亲自坐高铁去北京，到天安门等标志性建筑参观考察一番，知道了中国首都是北京。对于间接形式，通过上网搜索、查阅资料或别人告诉我"花是红的""中国首都是北京"，首先搜索、查阅和与别人交谈也是一种实践行动，其次前人正是通过实践活动积累了的这些丰富的知识，供我们学习、查阅或询问的。所以，间接获得"知"的过程，也是知行合一的。还有，不管间接获得还是直接获得，"知"都有一个随着"行"不断深化的过程。例如，一个幼儿园小朋友和一位长期在北京工作的党和国家领导同志对于"首都北京"的认知，肯定是不一样的。

其次，我们看看有没有单纯的"行"（没有"知"的"行"）。现代生物学告诉我们，人的任何一个动作，哪怕是下意识的，都是大脑皮层的神经元活动的结果。一旦没有"知觉"人就不"行"了，比如植物人，认知能力（包括对自己存在的认知力）已完全丧失，身体就不能做出任何主动行为了。所以，现实生活中称得上"行为"的活动，一定是受某个"知觉""思想"指挥的，不存在无"知"之"行"。当然，如上所述，"知"有个随着"行"不断深化的过程，因此"知"指导下的"行"也有个不断深入的过程，正如毛泽东在《实践论》中所表达的观点，人在社会实践（"行"）中不断积累经验、总结经验，提炼升华为"理论"（"知"），这个理论又反过来指导人们的实践，达到更高层次上的知行合一。

有了上述分析，我们可以得出结论，世界上没有"无知之行"，也没有"无行之知"，知行是合一的，永远割裂不开，不可分作两事。本章第二节介绍，在王阳明看来知行合一主要是"真知""良知"和"力行""笃行"的同一，通过本节讨论可以肯定，掺杂了私欲的知、行，即"妄想""殆思""冥行""罔行"也是合一的。那么，人们通常举例说明的社会不良现象，比如某贪官落马前，在台上讲廉政教育一套一套的，在台下却干着贪污受贿勾当，算不算知、行不一呢？其实，人的一切外在行为都是其内在世界的表现,贪官的这种行为只能说明他言行不一,他的"知"和"行"还是合一的。贪官在台上大谈廉洁从政时,也是受他心中的"知"指挥的,只不过这个"知"是"假知",知道读一些廉洁从政的规定而已(甚至只是嘴上念念别人写好的稿子),他并不真的相信这些规定,也不知道怎么样在实践中真正落实这些规定,不知道如何真正做到廉洁从政;他在"行"贪污受贿之事时,同样也是受他心中的"知"指挥的,只不过这个"知"是"妄知",知道这些物质上的利益可以给他带来生活的享受,并心存侥幸,妄想这些肮脏勾当不会被发现,不会被惩罚。所以,不仅王阳明说的没有被私欲隔断的"真知"和"笃行"是合一的,掺杂了私欲的"假知"和"罔行"也是合一的。

第八章　如何致良知？

"致良知"是阳明心学最核心的概念，一般谈论起阳明心学，都会联想到致良知。什么是致良知？王阳明已经有了"心即理"这个理论基础，并发展出"知行合一"这个思想和实践武器，为什么还要提出个致良知说呢？致良知是在什么时候、什么背景下提出来的？它和心即理、知行合一是什么关系？我们在实际生活中怎么致良知？

一、致良知思想的形成

王阳明曾经说："吾良知二字，自龙场以后，便已不出此意。只是点此二字不出。于学者言，费却多少辞说。今幸见出此意，一语之下，洞见全体，真是痛快，不觉手舞足蹈。学者闻之，亦省却多少寻讨功夫。学问头脑，至此已是说得十分下落。但恐学者不肯直下承当耳。"[①]从王阳明亲口说出的这段话我们可以看出，王阳明致良知思想是他龙场悟道之后逐步形成的，他的基本思想是一贯的也是发展的，在这个过程中他不得不用许多语言向学生解释他体悟到的东西，学生

---

① 王守仁：《传习录拾遗五十一条》，《全集》，第963页。

们却很难领悟他的思想，直到他找到了"良知"这个简易真切、直指本心的表达形式，可见良知说是他思想的一个高度概括和总结。

那么，王阳明是怎样找到这个高度凝练的"关键词"的呢？同样不是翻字典查来的，而是经历了比龙场更加艰辛险恶的磨难后亲身体悟出来的，用他自己的话"某于此良知之说，从百死千难中得来，非是容易见得到此"。①我们在介绍他生平的时候提到，正德十四年（1519 年），刚刚用了一年多的时间，经过了三场艰苦卓绝的剿匪战役的王阳明奉命前往福建处理福州守城官兵哗变事件，路过南昌城外的丰城时，得知宁王朱宸濠起兵叛乱，强烈的家国情怀和责任感促使他放弃福州之行，立即赶往吉安，募集义兵，发出檄文，以一万多乌合之众出兵征讨号称二十万大军的宁王叛军。兵不厌诈、围魏救赵、云梯攻城、短兵相接、水战火攻……冷兵器时代战争的所有战例几乎都浓缩到这几十天的残酷平叛战争中，最终王阳明创造了古今战争史上一次以弱胜强的奇迹，在极短的时间全歼叛军，并生擒宁王朱宸濠。按说，王阳明在国家危难之时挺身而出，以一己之力扶大厦之将倾，立下了不朽的功勋，理应受到皇帝的嘉奖和朝廷同僚们的称赞。但是，恰恰相反，昏庸的正德皇帝在得知叛乱已平、宸濠被俘的情况下，仍然坚持御驾亲征；皇帝身边的佞臣对内屡进谗言，对外散布谣言，诬陷王阳明曾与朱宸濠同党，并有谋反之心。致使王阳明平叛之后的处境比平叛时更加险恶，随时都有杀身灭族的危险。

王阳明正是在狂风恶浪中感受到人心的凶险叵测，在深渊薄冰中体悟到吾心的良知良能。弟子王畿记录下王阳明"献俘"后闭门待

---

① 王守仁：《传习录拾遗五十一条》，《全集》，第963页。

命时说的一段话："致知在于格物，正是对境应感实用力处。平时执持怠缓，无甚查考；及其军旅酬酢，呼吸存亡，宗社安危所系，全体精神只从一念入微处自照自察，一些着不得防检，一毫容不得放纵，勿助勿忘，触机神应，是乃良知妙用，以顺万物之自然，而我无与焉。夫人心本神，本自变动周流，本能开物成务，所以蔽累之者，只是利害毁誉两端。世人利害不过一家得丧尔已，毁誉不过一身荣辱尔已。今之利害毁誉两端，乃是灭三族，助逆谋反，系天下安危。只如人疑我与宁王同谋，机少不密，若有一毫激作之心，此身已成齑粉，何待今日？动少不慎，若有一毫假借之心，万事已成瓦裂，何有今日？此等苦心，只好自知，譬之真金之遇烈焰，愈锻炼愈发光辉。此处致得，方是真知；此处格得，方是真物。非见解意识所能及也。自经此大利害、大毁誉过来，一切得丧荣辱，真如飘风之过耳，奚足以动吾一念？今日虽成此事功，亦不过一时良知之应迹，过眼便为浮云，已忘之矣！"①

王阳明的这段话真实反映出他悟出致良知说的心路历程。在"军旅酬酢，呼吸存亡，宗社安危"之时，"全体精神，只从一念入微处自照自察""是乃良知妙用，以顺万物之自然"。对一般人来说，所谓"利害"不过一家之得失而已，所谓"毁誉"不过一身之荣辱而已，但是对处在极端恶劣环境中的王阳明来说，利害、毁誉却不是简单的得失荣辱的事，而是关系到整个家族存亡，甚至天下安危的大事。当时稍微有一点私心杂念，哪怕是稍微有一点激动愤慨，可能早已粉身碎

①出自王畿《龙溪先生全集》卷十三，见束景南：《王阳明年谱长编》，第1200页。

骨。他把"纯乎天理之心"比作真金,遇到烈火"愈锻炼愈发光辉"。王阳明认为这样的心路历程才是真正的"格物致知",这是经过大是非、大利害、大毁誉洗礼淬炼的生命感悟,不是一般的知识性"见解",不是从书本上解读、注释几句经典话语所能够达到的。

经过宸濠之乱和忠泰之变后,王阳明大彻大悟,"益信良知真足以忘患难,出生死,所谓考三王,建天地,质鬼神,俟后圣,无弗同者",逐步确立起"致良知"思想体系,并用良知说统摄他之前的心即理、知行合一等学说,形成了致良知的话语体系和教学方式。据学者考证,王阳明于正德十五年(1520年)八月,在赣州通天岩讲学时正式提出致良知说。①《传习录》对这次讲学有详细的记载:

(陈九川)庚辰往虔州,再见先生,问:"近来功夫虽若稍知头脑,然难寻个稳当快乐处。"

先生曰:"尔却去心上寻个天理,此正所谓理障。此间有个诀窍。"

曰:"请问如何?"

曰:"只是致知。"

曰:"如何致?"

曰:"尔那一点良知,是尔自家的准则。尔意念着处,他是便知是,非便知非,更瞒他一些不得。尔只不要欺他,实实落落依着他做去,善便存,恶便去。他这里何等稳当快乐。此便是格物的真诀,致知的实

---

① 综合参考陈来《有无之境》第183页,束景南《王阳明年谱长编》第1286至1288页,张宏敏《论王阳明"始揭致良知之教"的时间与地点》,《中共宁波市委党校学报》2018年第6期。

功。若不靠着这些真机,如何去格物?我亦近年体贴出来如此分明,初犹疑只依他恐有不足,精细看无些小欠阙。"①

提出致良知说后,王阳明讲学以此为主要内容,"向在虔时终日论此"。有乡大夫来请王阳明讲学时问:"除却良知,还有什么说得?"王阳明答:"除却良知,还有什么说得!"②

由于当时朱子学说是科举取士的标准教材,是官方主流意识形态,作为对朱子学的纠偏和反叛,王阳明致良知说的提出和传播,引起了官场和学术界的极大震动。王阳明的门人、弟子和深契其学说者把致良知说奉为圭臬,朱子后学和信守程朱理学的官员、学者视致良知说为歪理邪说。嘉靖元年(1522年),世宗朱厚熜下旨把阳明之学列为"学禁"。不管外界理解、赞许,还是质疑、诋毁,王阳明对致良知说深信不疑,说致良知"建诸天地而不悖,质诸鬼神而无疑,考诸三王而不谬,百世以俟圣人而不惑"。③

二、什么是良知与致良知?

"良知"和"致良知"是阳明心学最为基本也是最为重要的基础性问题。因为"致良知"学说的提出实际上是王阳明思想体系建设完成的基本标志,是足以将他的思想与其他思想家区别开来的一个

①王守仁:《传习录(下)》,《全集》,第81页。
②王守仁:《寄邹谦之》,《全集》,第173页。
③王守仁:《与杨仕鸣》,《全集》,第157页。

"标志性"概念。①

　　王阳明思想的直接来源是儒家经典。"致知"是《大学》的一个重要概念，是成为圣人的八个为学阶梯之一，经常与"格物"并称为"格物致知"。王阳明青少年时代致力于实践朱熹的格物致知说，龙场悟道时他"大悟格物致知之旨"，对格物致知有了自己不同于朱熹的解释。前面提过，王阳明训"格"为"正"，训"物"为"事"，正其不正以归于正即是格物。对于致知，王阳明认为"致知"的"知"就是指"良知"，"致吾心之良知者，致知也"②"致知云者，非若后儒所谓充广其知识之谓也，致吾心之良知焉耳"。③致知就是致良知，创造性地结合了《大学》的"致知"与《孟子》的"良知"，把大学的致知说发展为致良知说。

　　"良知"的观念最早出自孟子，《孟子·尽心》中说："人之所不学而能者，其良能也；所不虑而知者，其良知也。孩提之童，无不知爱其亲者，及其长也，无不知敬其兄也。亲亲，仁也，敬长，义也。无他，达之天下也。""不学而能"表示其先验性，即良知是先天的，不是后天习得的，刚出生的婴儿都知道"爱其亲"；"不虑而知"表示其直觉性，即良知是一种直觉反应，不需要经过深思熟虑才做出决定，比如，"今人乍见孺子将入于井，皆有怵惕恻隐之心：非所以内交于孺子之父母也；非所以要誉于乡党朋友也；非恶其声而然也"；所以孟子的良知是一种与生俱来的、不依赖于教育和社会环境的道德意识

────────────────────

①董平：《良知学研究的新视域——读耿宁教授《人生第一等事》，《广西大学学报（哲学社会科学版）》2015年5月。
②王守仁：《答顾东桥书》，《全集》，第36页。
③王守仁：《大学问》，《全集》，第802页。

与道德情感。[①]

王阳明继承了孟子的良知思想，在龙场悟道之后至任职南京鸿胪寺之间，虽然他还没有系统阐述其致良知思想，但已经不时提到"良知"二字。正德十三年（1518年）刊刻的《传习录》（即今本《传习录（上卷）》）提及"良知"的地方有两处。一处是在与徐爱讨论《大学》格物致知时，王阳明说："知是心之本体，心自然会知：见父自然知孝，见兄自然知弟，见孺子入井自然知恻隐，此便是良知，不假外求。若良知之发，更无私意障碍，即所谓充其恻隐之心，而仁不可胜用矣。然在常人不能无私意障碍，所以须用致知格物之功。胜私复理，即心之良知更无障碍，得以充塞流行，便是致其知。知致则意诚。"[②] 这里讲的良知，沿用孟子的"爱亲""敬兄""恻隐"等这些"不学而能"的道德意识与道德情感；"致"取"充""充塞流行"之意，也是继承孟子"扩充四端"的思想。另一处是王阳明在与弟子讨论圣人的"成色"与"分两"时说："后儒不明圣学，不知就自己心地良知良能上体认扩充，却去求知其所不知，求能其所不能，一味只是希高慕大；不知自己是桀、纣心地，动辄要做尧、舜事业，如何做得！终年碌碌，至于老死，竟不知成就了个甚么，可哀也已！"[③] 此处王阳明把"良知""良能"并用，仍然是取孟子"四端"意。王阳明的这两段论述和孟子的"凡有四端于我者，知皆扩而充之矣，若火之始然，

①综合参考：陈来《朱子学与阳明学及其现代意义》，《泉州师范学院学报》2011年5月。潘立勇《阳明心学的当代意义》，《社会科学辑刊》2019年第2期。
②王守仁：《传习录（上）》，《全集》，第6页。
③王守仁：《传习录（下）》，《全集》，第28页。

泉之始达。苟能充之,足以保四海;苟不充之,不足以事父母"(《孟子·公孙丑上》)有异曲同工之妙。

可见,在王阳明那里,"良知"首先是孟子"恻隐之心、羞恶之心、辞让之心、是非之心"这"四端",也就是孟子的"本心"的概念。因此,王阳明说"良知者心之本体"。在本心的这四端中,王阳明特别强调良知的"是非之心"意:"良知者,孟子所谓'是非之心,人皆有之'者也。是非之心,不待虑而知,不待学而能,是故谓之良知。是乃天命之性,吾心之本体,自然灵昭明觉者也。"[1] "良知只是个是非之心,是非只是个好恶,只好恶就尽了是非,只是非就尽了万事万变。"[2] 所以,致良知的最初义和基本义就是,充扩自己的恻隐、羞恶、辞让、是非的本心,去除遮蔽本心的种种"私意",使"四端"得以充塞流行、毫无滞碍。

在孟子"四端"特别是"是非之心"的基础上,王阳明对孟子的良知思想进行了创新性的发展,赋予了良知和致良知更丰富的涵义。

——良知即道,即天理;致良知即行道,即存天理。

如前所述,龙场悟道之后王阳明一直坚持"心即理"这一思想基础,理是宇宙的终极真理,是中国传统文化的"道",是宋明理学话语体系的"天理",天理自然地存在于人的心中。那么天理在人的心中究竟是什么样的一种存在呢?王阳明认为天理在人心中是以"良知"的形式存在的。或者更直接地说:良知就是天理,就是道!王阳明在不同场合阐述过以下观点:"良知是天理之昭明灵觉处,故良知

①王守仁:《大学问》,《全集》,第802页。
②王守仁:《传习录(上)》,《全集》,第97页。

即是天理。思是良知之发用。若是良知发用之思，则所思莫非天理矣。"① "天理在人心，亘古亘今，无有终始；天理即是良知，千思万虑，只是要致良知。"② "夫良知即是道，良知之在人心，不但圣贤，虽常人亦无不如此。若无有物欲牵蔽，但循着良知发用流行将去，即无不是道。"③ "良知即是天植灵根，自生生不息。"④ 良知即是天理、即是道，只要循着良知去做，就是致良知，就是行道，就是存天理。当然，如我们之前不断强调的，不管是"心即理"还是"良知即天理"，在王阳明那里都不仅仅是一种逻辑的推理或理论的推导，而是他生命实践的体悟和总结。他在给福建的弟子马明衡（字子莘）的信中说："明道云：'吾学虽有所受，然天理二字，却是自家体认出来。'良知即是天理。体认者，实有诸己之谓耳。非若世之想象讲说者之为也。近时同志，莫不知以良知为说，然亦未见有能实体认之者，是以尚未免于疑惑。"⑤

——良知即明德，即至善；致良知即明明德，即止于至善。

在前面探讨心即理时，我们提到，在王阳明看来，道、天理就是《大学》中的"至善""明德"，他说："至善是心之本体，只是'明明德'到'至精至一'处便是""天理即是'明德'穷理即是'明明德'。"⑥既然道、天理就是至善、明德，那么良知就是明德、就是至善，致良

---

① 王守仁：《答欧阳崇一》，《全集》，第62页。
② 王守仁：《传习录（下）》，《全集》，第96页。
③ 王守仁：《答陆原静书》，《全集》，第53页。
④ 同注释②，第89页。
⑤ 王守仁：《与马子莘》，《全集》，第184页。
⑥ 王守仁：《传习录（上）》，《全集》，第2页，第6页。

知也就是明明德、就是止于至善。他在《亲民堂记》中说："是故至善也者，明德亲民之极则也。天命之性，粹然至善。其灵昭不昧者，皆其至善之发见，是皆明德之本体，而所谓良知者也。至善之发见，是而是焉，非而非焉，固吾心天然自有之则，而不容有所拟议加损于其间也。有所拟议加损于其间，则是私意小智，而非至善之谓矣。"①良知是至善、明德，本质上是"是而是焉，非而非焉"这个我心中天然自有的准则，也就是孟子的"是非之心，人皆有之""不虑而知，不学而能"。这样，通过"良知"和"致良知"，王阳明就把《孟子》和《大学》贯通起来。

——良知即中、未发之中，致良知即致中和。

开篇时我们介绍，几千年中华文脉传承着"人心惟危，道心惟微，惟精惟一，允执厥中"十六字心法。《中庸》创造性地诠释了"中"的概念："喜怒哀乐之未发，谓之中；发而皆中节，谓之和；中也者，天下之大本也；和也者，天下之达道也。致中和，天地位焉，万物育焉。"把"中"提高到"天下之大本"的地位。王阳明认为"十六字心法"是心学之源，"中"就是"道心"就是"良知"。

尧、舜之相授受曰："人心惟危，道心惟微，惟精惟一，允执厥中"，斯明伦之学矣。道心也者，率性之谓也，人心则伪矣。不杂于人伪，率是道心而发之于用也，以言其情则为喜怒哀乐；以言其事则为中节之和，为三千三百经曲之礼；……是固天下古今圣愚之所同具，其或昧焉者，物欲蔽之。非其中之所有不备，而假求之于外者也。是固所谓不虑

①王守仁：《亲民堂记》，《全集》，第211页。

而知，其良知也；不学而能，其良能也。①

钱德洪在《阳明先生年谱序》中阐述得很清楚："谪居龙场，衡困拂郁，万死一生，乃大悟良知之旨。……盖吾心之灵，彻显微，忘内外，通极四海而无间，即三圣所谓'中'也。……征藩以来，再遭张、许之难，呼吸生死，百炼千摩，而精光焕发，益信此知之良，神变妙应而不流于荡，渊澄静寂而不堕于空，征之千圣莫或纰缪，虽百氏异流，咸于是乎取证焉。……至是而特揭'致良知'三字，一语之下，洞见全体，使人人各得其中。由是以昧入者以明出，以塞入者以通出，以忧愤入者以自得出。四方学者翕然来宗之。"②钱德洪在这个序言中既讲明了王阳明提出致良知的艰辛历程，也清楚地点明了王阳明的良知其实就是"十六字心法"里的"中"，是中华文脉在当时的一个显现。

宋明儒学对《中庸》的"喜怒哀乐之未发，谓之中；发而皆中节，谓之和"进行了深入的讨论。朱熹认为未发就是指思虑未萌时的内心状态，是静；已发则是指思虑已萌的状态，是动。对应于未发的静的状态或阶段，应用主敬的涵养方法；对应于已发的动的状态或阶段，则应用省察致知的方法。朱子所有对动静修养方法的区分都是建立在他对未发已发的这种区分之上的。③王阳明反对朱熹"动静二分"的观点，认为未发已发是体用的关系，而非时间先后的关系或动

---

①王守仁：《万松书院记》，《全集》，第213页。
②钱德洪：《阳明先生年谱序》，《全集》，第1119页。
③陈来：《有无之境》，第76页。

静关系,企图在思虑未发的时候去求"中"是错误的,应当通过思虑的不息流行之用来体认作为性之本体的中。

　　"未发之中"即良知也,无前后内外而浑然一体者也。有事无事,可以言动静,而良知无分于有事无事也。寂然感通,可以言动静,而良知无分于寂然感通也。动静者所遇之时,心之本体固无分于动静也。理无动者也,动即为欲,循理则虽酬酢万变而未尝动也;从欲则虽槁心一念而未尝静也。动中有静,静中有动,又何疑乎?……未发在已发之中,而已发之中未尝别有未发者在;已发在未发之中,而未发之中未尝别有已发者存;是未尝无动静,而不可以动静分者也。①

　　王阳明认为十六字心法"允执厥中"的"中",就是《中庸》"喜怒哀乐之未发"的"中",就是天理,就是良知,而致良知就是"致中""致中和"。学生陆澄不明白"中字之义",王阳明说:"此须自心体认出来,非言语所能喻,中只是天理。"陆澄又问:"天理何以谓之中?"王阳明说:"无所偏倚。如明镜然,全体莹彻,略无纤尘染着。……须是平日好色好利好名等项一应私心扫除荡涤,无复纤毫留滞,而此心全体廓然、纯是天理,方可谓之喜怒哀乐未发之中,方是天下之大本。"②从与陆澄的对话中我们看出,真正致良知就达到"此心全体廓然纯是天理",这也是《中庸》的"未发之中",即天下的大本、达道,没有人的私欲加诸天地万物,自然天地各得其位,万

①王守仁:《答陆原静书》,《全集》,第56页。
②王守仁:《传习录(上)》,《全集》,第21页。

物自由生长。

三、怎样致良知？

以上，王阳明从孟子的良知观念出发，在"心即理"思想的基础上，经过艰难险阻的生命体验，证悟出良知即是心之本体，即是天理、道、至善、明德、未发之中等。这个思想虽然来自他的亲身体认，但是作为一种理论表达形式，它显然是宏观的、形而上的，大多是"天道""天理""至善""明德"一类的"大道理"，对没有经历生活磨难的"两耳不闻窗外事，一心只读圣贤书"的书生、学子来说，是很难真正领悟这些高度概括的理论表达背后的精神实质的。所以，王阳明在教导学生时，不断提醒他们不要空谈，一定要亲身体认。同时，他提出了一些指向人心的功夫修炼方面的指导。

——良知即独知，致良知即慎独。

儒家十分重视"慎独"的修养功夫，《大学》《中庸》都有"慎独"之说。《大学》云："所谓诚其意者，毋自欺也，如恶恶臭，如好好色，此之谓自慊。故君子必慎其独也。"《中庸》云："是故君子戒慎乎其所不睹，恐惧乎其所不闻，莫见乎隐，莫显乎微，故君子慎其独也。"朱熹解释说："独者，人所不知而己所独知之地也。""事之是与非，众人皆未见得，自家自是先见得分明。"[1]王阳明继承和发展了"独知"的观念，认为："所谓人虽不知，而已所独知者，此正是吾

---

[1] 朱熹：《四书章句集注》，第20页；《朱子语类》卷第六十二，第1826页。

心良知处"。① 他有一首非常通俗的良知诗:"良知即是独知时,此知之外更无知。谁人不有良知在,知得良知却是谁? 知得良知却是谁? 自家痛痒自家知。若将痛痒从人问,痛痒何须更问为?"② 在王阳明看来,"慎独"就是"虔诚谨慎地遵从自己的独知",而这个"独知"就是"良知"。第一节我们引用了王阳明正德十五年在赣州通天岩与弟子陈九川的对话,王阳明对这个"独知"的"良知"作了很形象的描述:"尔那一点良知,是尔自家的准则。尔意念着处,他是便知是,非便知非,更瞒他一些不得。尔只不要欺他,实实落落依着他做去,善便存,恶便去。他这里何等稳当快乐。此便是格物的真诀,致知的实功。"③ 王阳明还用"哑子吃苦瓜"比喻良知的独知性:

刘观时问:"未发之中是如何?"(我们上面说过未发之中在王阳明看来就是良知)先生曰:"汝但戒慎不睹,恐惧不闻,养得此心纯是天理,便自然见。"观时请略示气象。先生曰:"哑子吃苦瓜,与你说不得。你要知此苦,还须你自吃。"时曰仁在傍,曰:"如此才是真知,即是行矣。"一时在座诸友皆有省。④

作为独知的良知是每个人独自拥有的、其他人无法了解的内心世界,这个良知天然地具有判断、评价是非的功能,具有对意念的监督、指导作用,"是便知是,非便知非,更瞒他一些不得"。不欺骗自

①王守仁:《传习录(下)》,《全集》,第105页。
②王守仁:《答人问良知二首》,《全集》,第653页。
③同注释①。
④王守仁:《传习录(上)》,《全集》,第33页。

己独知的良知，遵循着良知去做，就是致良知，就是慎独。[1] 比如贼在偷盗时内心也一定非常清楚地知道自己的行为是不对的，所以他要极尽伪装躲藏掩盖之能事，当他被发现时，被人称为"贼"，虽然名副其实，但他仍然不高兴、不情愿。这说明即使是贼，他那点是非之心还是有的，如果他行窃前，真诚地听从内心那点良知，他即可以自己阻止自己的不良行为，而不至于在私欲的诱惑下一步一步走上犯罪深渊。

——良知即自慊，致良知即求自慊。

良知的作用不仅对意念的是非善恶进行判断和评价，而且体现为一定的心理、情感的体验，以强化对人的监督和指导。合乎"良知"的思想和行为引起欣慰，违反"良知"的思想和行为则引起羞愧和不安。[2] 人对自己的想法和行为是否符合内心"良知"的这一心理反应，如同一个珍贵的"火种"，精心呵护，并且扩充加强这一心理反应，可以引导人做出合乎道德准则的行为，引导人生走向高尚；而忽视、抵制、违背这一心理反应，则可使人对恶行趋于麻木，甚至滑入善恶不分、是非颠倒、恬不知耻的境地。这一心理反应就是"自慊"[3]，也就是现代人所说的"心安"。王阳明说："只此自知之明，便是良知。致此良知以求自慊，便是致知矣。"[4] "君子之酬酢万变，当行则行，当止则止，当生则生，当死则死，斟酌调停，无非是致其良知，以求自慊

---

① 陈来：《有无之境》，第189页。
② 同上，第198页。
③ 自慊出自《大学》："所谓诚其意也，毋自欺也。如恶恶臭，如好好色，此之谓自慊。"朱熹注："慊，快也，足也。"表示内心的满足和愉悦。
④ 王守仁：《与王公弼（乙酉）》，《全集》，第168页。

而已。"①

心安与不安是良知作用的表现方式，心安与否在某一程度上可以作为检验良知并判断是非的一个方法。②求自慊或通俗地说"求个心安"是致良知的一种非常通俗的表达方式，普通人甚至王阳明说的"愚夫愚妇"都可以理解和践行。做任何事之前，先问问自己"是否心安"，也许就在这个扪心自问、自求心安的刹那间，许多错误就可以避免了。当然，这个方法并不能确保任何人都自觉循着良知做事，有些人做了坏事也心安理得。《传习录》记载了王阳明和弟子的一段对话：

问：据人心所知，多有误欲作理，认贼作子处。何处乃见良知？
先生曰：尔以为何如？
曰：心所安处，才是良知。
曰：固是，但要省察，恐有非所安而安者。③

"求自慊""求心安"在两种情况下有可能失效，一种是每个人对具体事情的是非判断标准并不完全一致，即使是非标准一致，也不能确保任何时候都作出准确判断，存在把错误的东西当作合理正当的可能性，即有可能"认欲作理"；另一种是有时"求心安"的力量不能战胜"私欲"，从而导致按"私欲"行事而不顾心安与否。王阳

---

①王守仁：《答欧阳崇一》，《全集》，第62页。
②陈来：《有无之境》，第199页。
③王守仁：《传习录拾遗五十一条》，《全集》，第963页。

明清楚地看到这个不足，所以他认为在"求心安"之外，还要加一条补救措施"须精细省察克治，惟恐此心有一毫偏倚"，通过"省察"可以澄明本心，使良知的是非标准更为准确；通过"克治"可以去除私欲，使良知的力量足够指导行为。王阳明对省察克治功夫有非常形象的描述："省察克治之功，则无时而可间，如去盗贼，须有个扫除廓清之意。无事时将好色好货好名等私逐一追究搜寻出来，定要拔去病根，永不复起，方始为快。常如猫之捕鼠，一眼看着，一耳听着，才有一念萌动，即与克去，斩钉截铁，不可姑容与他方便，不可窝藏，不可放他出路，方是真实用功，方能扫除廓清。"①

"求自慊"、省察克治是致良知的重要手段，是"心上修"的修养功夫。"心上修"就是切己体认，目的是扫除好色、好货、好名等私心杂念，使被私欲蒙蔽的本心恢复清澈澄明的本然状态，"使此心纯乎天理，而无一毫人欲之私"。

——良知即真知，致良知即知行合一。

王阳明把《大学》"致知"的"知"定义为"良知"，他在对弟子王畿讲述体悟良知心路历程时说，良知如"真金之遇烈火，愈锻炼，愈发光辉，此处致得，方是真知"。这个真知不是单纯的知识之知、见闻之知，主要是指德性之知。"真知"已含有"行"的意思，"只说一个知，已自有行在""真知即所以为行，不行不足谓之知"。②

良知是知，致是行，致良知的一个基本意义就是依良知而行，也

---

①王守仁：《传习录（上）》，《全集》，第14页。
②王守仁：《传习录（上）》《答顾东桥书》，《全集》，第4页，第36页。

就是知行合一，王阳明所说"我今信得这良知真是真非，信手行去，更不着些覆藏"。[①]王阳明嘉靖三年（1524 年）在《书朱守谐卷》中用致良知的思想详细解释知行合一的含义：

是非之心，知也，人皆有之。子无患其无知，惟患不肯知耳；无患其知之未至，惟患不致其知耳。故曰："知之非艰，行之惟艰。"今执途之人而告之以凡为仁义之事，彼皆能知其为善也；告之以凡为不仁不义之事，彼皆能知其为不善也。途之人皆能知之，而子有弗知乎？如知其为善也，致其知为善之知而必为之，则知至矣；如知其为不善也，致其知为不善之知而必不为之，则知至矣。知犹水也，人心之无不知，犹水之无不就下也，决而行之，无有不就下者。决而行之者，致知之谓也。此吾所谓知行合一者也。[②]

知行合一是致良知思想在实践中的展开，"知行合一之功，正所以致其本心之良知"[③]。王阳明一贯反对空谈，一位朋友向他求教"致良知"的功夫，王阳明说："既知致良知，又何可讲明？良知本是明白，实落用功便是。不肯用功，只在语言上转说转胡涂。"他还说："然欲致其良知，亦岂影响恍惚而悬空无实之谓乎？是必实有其事矣。""区区专说致良知，随时就事上致良知，便是格物"，强调"人须在事上磨，方能立得住。"[④]

①王守仁《传习录（下）》，《全集》，第102页。
②王守仁：《书朱守谐卷》，《全集》，第232页。
③王守仁：《答顾东桥书》，《全集》，第36页。
④王守仁：《传习录（下）》《大学问》《答聂文蔚》《传习录（上）》，

"事上磨"就是亲身实践。有一位地方官员听了王阳明的讲学后说,老师这个格物致知、致良知学说好是好,只是平时薄书讼狱等公务既繁且难,没有时间学。王阳明听说后对他说:"我何尝教尔离了薄书讼狱,悬空去讲学? 尔既有官司之事,便从官司的事上为学,才是真格物。如问一词讼,不可因其应对无状,起个怒心;不可因他言语圆转,生个喜心;不可恶其嘱托,加意治之;不可因其请求,屈意从之;不可因自己事务烦冗,随意苟且断之;不可因旁人谮毁罗织,随人意思处之。这许多意思皆私,只尔自知,须精细省察克治,惟恐此心有一毫偏倚,枉人是非,这便是格物致知。薄书讼狱之间,无非实学;若离了事物为学,却是着空。"[1] 王阳明用一个基层官员审理案件的事例形象地说明怎样在日常事务中致良知。比如,法官在断案过程中,不能因为来打官司的人言语上对你有冲撞而生气,也不能因为他伶牙俐齿、能言善辩而高兴,不能因为有人请托、求情而有所偏向,也不能因为自己事务繁忙而随意断案。道理虽然浅显,但要在每一件具体的日常事务中都做到不意气用事、感情用事,真正还原事情的本来真相,正确地做好每一件事情,却并不那么容易,需要有实实在在的功夫,这个功夫在王阳明那里就叫作致良知,就叫作知行合一。

怎么致良知呢? 每个人心中本来具有能够判断是非、辨认善恶的独知,这就是一个人的"良知",依着这个独知的良知而行就求得"自慊""心安",违背自己独知的良知行事就"不自慊""不心安",

《全集》,第95页,第798页,第69页,第11页。
[1]王守仁:《传习录(下)》,《全集》,第83页。

这就是良知判断是非、指导行动的机制。但这个判断指导机制并不总是有效,它时常受到好色、好利、好名等私欲的影响、遮蔽、阻挠,而使人做出不正确的判断和选择,导致不正确的行为。所以,需要随时随地、随事随物用"省察克治"的功夫,不断去除心中"私欲",使独知的良知得以加强、巩固、扩充,把良知的判断指导机制发挥到极致,使自己在做任何事情的时候都"不着一分一毫私意",完全依照良知而行,知行合一,这样所做的事情就更能符合事物本身的发展规律、更能符合人类社会长期历史发展所形成的共同规则,这就是王阳明所说的"致吾心良知之天理于事事物物,则事事物物皆得其理矣"。[1]

四、真正致良知就是圣人

前面我们介绍,王阳明从小立志当圣人,终其一生矢志不渝。从遵循朱熹学说"格竹子",到龙场悟道"大悟格物致知之旨",从提出自己"心即理"思想,到知行合一实践自己的人生理想,最终总结出"致良知"这一圣门正法眼藏,他终于找到了一条通向圣域的捷径,他说:"致良知是学问大头脑,是圣人教人第一义。"[2]

——什么样的人称得上"圣人"?

《大学》开宗明义提出"明明德、亲民、止于至善"是为学的宗旨和最终目的,是儒家提倡和追求的"内圣外王"的最高境界,达到

---

[1] 王守仁:《答顾东桥书》,《全集》,第36页。
[2] 王守仁:《答欧阳崇一》,《全集》,第62页。

这个境界就做到了古圣人心心相传的"惟精惟一，允执厥中"，就是当之无愧的儒家圣人。在这个总标准统领下，不同时期的儒者从不同角度提出了圣人的具体标准。

"修齐治平"标准：《大学》指明了通向圣域的阶梯，即格物、致知、诚意、正心、修身、齐家、治国、平天下八条目。因为修身、齐家、治国、平天下容易看到外在的效果，所以后世有人把能否做到"修、齐、治、平"作为圣人的标准。

"三不朽"标准：三不朽是指立德、立功、立言。《左传·襄公二十四年》："太上有立德，其次有立功，其次有立言，虽久不废，此之谓不朽。"唐孔颖达疏："立德谓创制垂法、博施济众""立功谓拯厄除难、功济于时""立言谓言得其要、理足可传"。[①]经过演变，儒家把圣人的标准具体化为：树立高尚的道德操守、为国为民建立事功业绩、著书立说把真知灼见传于后世三方面都非常卓越的人。

"三达德"标准：三达德是指"智""仁""勇"的圆满状态。《中庸》云："知、仁、勇三者，天下之达德也""知斯三者，则知所以修身；知所以修身，则知所以治人；知所以治人，则知所以治天下国家矣"。真正做到三达德，就做到了"修齐治平"，也就达到圣人的境界了。孔子说："知者不惑，仁者不忧，勇者不惧。"这个标准虽然最后也指向治国平天下，但主要是从内心修养方面来定义圣人的。

按照这些标准，尧、舜、禹、伯夷、汤、伊尹、文、武、周公、孔子、颜子、曾子、孟子、范仲淹、王阳明等都被认为是儒家的圣人。

——王阳明的圣人观。

①《春秋左传正义》卷三十五。

王阳明继承了儒家圣人观，在"内圣"与"外王"上更强调"内圣"，在"德"与"才"上更强调"德"。他说："圣人之所以为圣，只是其心纯乎天理，而无人欲之杂。犹精金之所以为精，但以其成色足而无铜铅之杂也。人到纯乎天理方是圣，金到足色方是精。然圣人之才力，亦有大小不同，犹金之分两有轻重。"①王阳明以金喻人，用"成色"比喻心的修为，"分两"比喻才力、成就，认为前者比后者更重要，"盖所以为精金，在足色而不在分两；所以为圣者，在纯乎天理而不在才力也"。只要成色足，不管分两轻重都是精金；只要人心纯乎天理，无论才力大小都是圣人。相反，如果成色不足"锡铅铜铁杂然而投"，分两再重也是假金；如果心有不纯，则"知识愈广而人欲愈滋，才力愈多，而天理愈蔽"，非但成不了圣人，还很容易沦为小人、恶人。

——如何成为圣人？

那么，如何做到心像精金一般"纯乎天理"呢？王阳明的方法是用"致良知"之功，"就自己心地良知良能上体认扩充"，不断"存天理，去人欲"，逐步达到"心纯乎天理，而无人欲之杂"的圣人境界。所谓"圣人气象自是圣人的，我从何处识认？若不就自己良知上真切体认，如以无星之称而权轻重，未开之镜而照妍媸，真所谓以小人之腹而度君子之心矣。圣人气象何由认得？自己良知原与圣人一般，若体认得自己良知明白，即圣人气象不在圣人而在我矣"②。自己的良知和圣人的良知是一样的，都是那个"不学而能、不虑而知的是非之

① 王守仁：《传习录（上）》，《全集》，第24页。
② 王守仁：《答周道通书》，《全集》，第51页。

心”，通过在自己心体上体认得良知明白，就能见到圣人气象。

> 心之良知是谓圣，圣人之学，惟是致此良知而已。自然而致之者，圣人也。勉然而致之者，贤人也。自蔽自昧而不肯致之者，愚不肖者也。愚不肖者，虽其蔽昧之极，良知又未尝不存也。苟能致之，即与圣人无异矣。此良知所以为圣愚之同具，而人皆可以为尧舜者，以此也。是故致良知之外无学矣。[1]

王阳明认为“良知”就是“圣”，把“良知”完全融入生命自觉，随时随地、自然而然地依良知行事的人就是圣人；通过自身努力，经过思想斗争克服私欲，勉强依良知行事的人就是贤人；昧着良知做事的人就是愚蠢不肖之人。虽然愚蠢不肖之人经常昧着良知做事，但并不说明这些人没有良知，只不过是他们的良知被他们的私欲蒙蔽了，每每听从私欲召唤而非良知指引，如前面举过的例子，就算盗贼这样的“恶人”被叫作“贼”时，他也还是百般不愿意的，说明他心底的那一点“羞恶”之心还在，那点良知还在。所以，对于愚蠢不肖之人，甚至作奸犯科之人，只要他们自觉涵养、扩充心中的良知，自觉克制、去除心中的私欲，当良知的力量不断增大，超过私欲时，他也能变成“好人”，当良知扩充到极致，心中再无私欲时，他也就成了“圣人”。

王阳明用致良知的思想，把《大学》为学阶梯的格物、致知、诚意贯通起来，造就了通向圣域的一条捷径。

---

[1] 王守仁：《书魏师孟卷》，《全集》，第280页。

然诚意之本，又在于致知也。所谓人虽不知，而已所独知者，此正是吾心良知处。然知得善，却不依这个良知便做去，知得不善，却不依这个良知便不去做，则这个良知便遮蔽了，是不能致知也。吾心良知既不能扩充到底，则善虽知好，不能着实好了；恶虽知恶，不能着实恶了，如何得意诚？故致知者，意诚之本也。然亦不是悬空的致知，致知在实事上格。如意在于为善，便就这件事上去为；意在于去恶，便就这件事上去不为。去恶固是格不正以归于正，为善则不善正了，亦是格不正以归于正也。如此，则吾心良知无私欲蔽了，得以致其极，而意之所发，好善去恶，无有不诚矣。诚意工夫，实下手处在格物也。若如此格物，人人便做得，"人皆可以为尧、舜"，正在此也。①

整个阳明心学是探讨如何修养身心从而成为圣人的圣贤之学，致良知思想贯通"十六字心法"、《大学》《中庸》《孟子》《论语》乃至"六经"，是阳明心学的总概括，是王阳明引导人超凡入圣的总纲领，王阳明说致良知是"千古圣传之秘""圣门正法眼藏"。②

五、事物之来，但尽吾心之良知以应之

关于致良知需要在事上磨炼，门人周道通不是特别理解，写信给王阳明提出两个很现实的问题，一个是虽然尽心尽力办事，但仍

①王守仁：《传习录（下）》，《全集》，第105页。
②钱德洪：《王阳明年谱》，《全集》，第1050页。

然有些事处理得好,有些事处理不好;另一个是同时有很多事要处理,常常因能力不足被这些繁杂的事务所困扰,虽然极力振作,还是每每感到精疲力尽。相信这也是现在许多人遇到的现实问题。

王阳明没有就事论事,讲一些如何成功做人做事的经验之谈,而是教导周道通要从根本上解决问题。他说,如果一个人从少到老,从早到晚,不论有事无事,都只有"致良知"这一件事,心心念念只是"存天理,去人欲",他就抓住了为学做事的根本,就牵住了"牛鼻子",就有了"大头脑"。在抓住根本的前提下,"事物之来,但尽吾心之良知以应之,所谓'忠恕违道不远'矣"。遇到任何事件,只要按照心中良知去应对就可以了,多么简单明了。凡是觉得自己有些事处理得好,有些事处理不好,或者事情一多就手忙脚乱、手足无措,都是因为心里牵挂着自己的毁誉得失,事前、事中、事后总想着"做好了能得到什么好处,没做好又会有什么损失",不能在事情上着实致良知。如果能着实致良知就会发现:平时自己觉得做得好的事未必真的做好了,可能只是这事给你带来好处了;而觉得做不好的事恐怕正是因为牵挂着个人的毁誉得失,这就是昧自己的良知在做事。①

王阳明经常用镜子比喻良知,他认为平时我们所要做的唯一的事情就是对良知之镜"时时勤拂拭,勿使惹尘埃",只要镜子是明亮的,不管来什么事物,也不管事物多少,在镜子面前都无所遁形,都能清清楚楚地被映照出来。而且不管照不照物,也不管照了多少物,镜子本身依然清澈澄明,不会受所照之物的任何影响,所谓"妍媸

①王守仁:《答周道通书》,《全集》,第51页。

之来, 随物见形, 而明镜曾无留染"[1]。明镜照物只是随物见形, 美的丑的都现出原形, 怎么会有的事物照得好一点, 有的事物照得不好一点呢? 又怎么会因为照的事物多而累了镜子呢? 同样, 处理事物如果真正做到致良知, 心就如明镜一般, 也只是物来顺应, 不管遇到什么事, 也不管遇到多少事, 对一切事物的善恶是非, 都能作出恰如其分的判断, 都只是遵从"吾心之良知"来应对, 每件事都会处理得合理妥帖, 而且不管处理多少事, 人可能会累, 但心不累。

　　"事物之来, 但尽吾心之良知以应之"就是遇到一件事就在这件事上"致良知", 就在这件事情上"存天理, 去人欲"。事既然来了, 我就是这件事的一部分, 甚至是一个起决定性作用的部分, 没有我也就没有这件事(所谓"心外无物"), 于是, 我的立场、观点、态度、情感, 就会决定或影响这件事的走向和发展。致良知, 就是在心里面去除我对于这件事的自私立场、自私观点、自私态度、自私情感, 一切从事件本身的是非曲直、黑白善恶出发、从这件事所可能影响到的最大范围的人的共同利益出发, 去考虑问题、发表言论、处理事件, 而不顾个人的得失毁誉, 不去考虑这件事给我个人或我的小团体可能带来利益、名誉等方面的好处或损失。这样一来, 就能保证事事物物各得其理, 所有事情都做到"纯乎天理, 而无人欲之杂", 那么不仅这些事情所涉及的人会心满意足, 就是我自己的心也"可以无憾矣"。

　　下面, 我们看看王阳明自己做到了没有?

　　正德十四年(1519 年)六月十五日, 奉命前往福州的王阳明路

[1]王守仁:《答周道通书》,《全集》, 第53页。

过南昌城外丰城县，县令顾佖告诉他宁王朱宸濠刚刚在南昌起兵谋反，大兵马上就打到丰城了，让他赶快逃命。宁王叛乱有复杂的历史恩怨和政治原因，宁王朱宸濠是朱元璋的五世孙，是第四代宁王。其四世祖第一代宁王朱权曾支持朱棣夺嫡，后被朱棣夺去原有封地安置在江西南昌，于是历代宁王都认为他们这一支受到不公正待遇而对皇室有很深的不满。其祖父第二代宁王朱奠培在明英宗天顺时期（1457—1464年）牵连进一桩谋反案，被褫夺了拥有卫队的权利。正德皇帝朱厚照登基后，重用奸佞，残害忠良，声色犬马，不理朝政，朱宸濠认为复仇的机会来了，遂起兵谋反。难怪他在被生擒时对王阳明说："此我家事，何劳费心如此？"①宁王这话说来也没错，有明一朝，先有"靖难之役"叔叔夺侄儿帝位，后有"夺门之变"哥哥从弟弟手中抢回皇帝宝座，有样学样，在朱厚照荒淫无道的政治背景下，宁王谋反似乎也顺理成章。

面对这样突如其来的事变，王阳明有多种选择：改变路线继续到福州完成公差、返回驻地赣州静观其变、逃回家乡浙江绍兴避难、投靠宁王朱宸濠共同举事、设法平定叛乱等。按当时最快的通信手段"八百里加急"，王阳明向朝廷请示汇报并得到指令也至少需要半个月时间，危急情况下没有任何上级可以给他明确的指示，所有选择都只能听从他内心"独知"的良知。如果考虑自己和家族的安危，他完全可以对这个政治上高度敏感的突发事件视而不见，选择回避。但是，事件既然来了，良知告诉他应该根据事件本身的性质、根据事件本身的是非善恶和可能造成的影响来作出符合"天理"的判断和

①钱德洪：《王阳明年谱》，《全集》，第1040页。

选择。只要秉持"事物之来，但尽吾心之良知以应之"的思维模式，任何人都会选择置生死于度外奋力平息叛乱。

在国家危难之时挺身而出，是王阳明在致良知思想指引下自然而然的选择。这个选择稳固了江山社稷，保全了人主帝位，也使黎民百姓免遭更大规模的兵灾，但是这个选择在当时的背景下，给他个人带来极大的麻烦和凶险。一方面"功高盖主"，昏庸无道且好大喜功的正德皇帝对他不满，平定叛乱这样一个名垂青史的"大好事"怎么能让一介小臣独得呢？于是在得知叛乱已平、宸濠被俘的情况下，正德皇帝仍然坚持御驾亲征，甚至要求释放朱宸濠，让皇帝亲自再生擒一次。另一方面"得罪佞臣"，皇帝身边的许多太监和不少重要朝廷命官都收受过朱宸濠的巨额贿赂，王阳明生擒朱宸濠有可能给他们带来灭顶之灾，所以这些奸邪之人异口同声造谣、诬告王阳明曾与朱宸濠同党，并有谋反之心。皇帝的不满和奸臣的喧嚣对王阳明构成了强大的政治压力，成为宁王叛乱之后又一个重大事件，史称"忠泰之变"。

面对这个直接冲着他来的政治迫害，王阳明根本没有选择回避的机会，只能"事物之来，但尽吾心之良知以应之"。年谱记载，嘉靖二年（1523年）二月，去宸濠之乱、忠泰之变已有三年，王阳明丁父忧赋闲在家讲学，邹守益、薛侃等学生感叹，自从先生征宁藩以来，朝野或嫉妒他事功、或攻击他学术，对他的毁谤越来越严重。这时候王阳明说出他心中"一段自知处"："吾自南京已前，尚有乡愿意思。在今只信良知真是真非处，更无掩（掩）藏回护，才做得狂者。使天下尽说我行不掩（掩）言，吾亦只依良知行。"学生问乡愿与狂者的区别。

王阳明答:"乡愿以忠信廉洁见取于君子,以同流合污无忤于小人,故非之无举,刺之无刺。然究其心,乃知忠信廉洁所以媚君子也,同流合污所以媚小人也,其心已破坏矣,故不可与入尧、舜之道。狂者志存古人,一切纷嚣俗染,举不足以累其心,真有凤凰翔于千仞之意,一克念即圣人矣。惟不克念,故阔略事情,而行常不掩。惟其不掩,故心尚未坏而庶可与裁。"[1]

"乡愿"大约相当于现在的"圆滑""世故""伪君子"。[2]王阳明坦言,在经历南赣剿匪、江西平叛、忠泰之变这些大事件之前,他在官场还有一些世故圆滑,以忠信廉洁的姿态取悦君子,用同流合污的办法不得罪小人。经历大事变之后,他深切意识到世故圆滑者其心中的良知已被破坏,绝不可能行圣人之道。所以,他宁愿做一个摒弃一切纷嚣俗染、只依自己良知行事的"狂者"。依良知行事,为避免沿途百姓受亲征军袭扰,他上疏极力劝阻皇帝御驾亲征;依良知行事,他在未蒙允准的情况下自行其是押解朱宸濠北上献俘;依良知行事,他断然拒绝张忠差人索要囚犯的要求;依良知行事,他与带兵进驻南昌城飞扬跋扈的张忠、许泰巧妙周旋,迫使张、许罢兵班师;依良知行事,他在无比险恶的处境中泰然自若,讲学论道如故……如果考虑进退荣辱,应该顺着皇帝旨意而行,皇帝喜欢亲征就鼓励、支持、服务他亲征;如果考虑毁誉得失,应该不得罪小人,曲意逢迎、投其所好,任其纵军扰民;如果考虑身家性命,被诬告陷害危机四伏

①王守仁:《传习录拾遗五十一条》,《全集》,第961页。
②《论语·阳货》:子曰:"乡原,德之贼也"。乡愿,也称乡原,指乡中貌似谨厚,而实与流俗合污的伪善者、伪君子,看似忠厚实际没有一点道德原则,只知道媚俗趋时。

时,应该是忧心忡忡,惶惶不可终日,如何能怡然自得、应对自如? 王阳明在应对这些危机时,完全摒弃个人任何"私欲",只是依着良知信手行去,"没有一毫激作之心,没有一毫假借之心","全体精神只从一念入微处自照自察,一些着不得防检,一毫容不得放纵,勿助勿忘,触机神应,是乃良知妙用,以顺万物之自然,而我无与焉"。

从"百死千难"的磨难中"体贴出来"的"良知",指导王阳明在极短的时间里以弱胜强、以少胜多一举平定了宸濠之乱,指导他在蒙受冤屈、身处险境时进退自如,胜似闲庭信步。他真切地看到了"良知",真实地体验到"良知妙用",才说"我此良知二字,实千古圣圣相传一点滴骨血也""此乃千古圣学之秘"。同时,王阳明也告诫弟子良知之学不是口耳之学,不是把"良知""致良知"挂在嘴边就能真正做到依良知而行的,"但恐学者得之容易,只把作一种光景玩弄,孤负此知耳"。①

纵观人类历史,致良知不但是中华民族几千年优秀文化的精髓,而且也是整个人类社会繁衍发展的内在动力。古今中外任何族群的繁衍生息,都需要其成员从内心自觉或不自觉地选择有利于整个族群生存发展的行为。他们可能没有"致良知"这个概念,但却受到"良知杠杆"的调节和制约。虽然违背良知的事实在人类历史上时有发生,但致良知的思想和行动总体上还是占据上风和主流,否则人类将走向自我毁灭。所以,致良知无论对个人还是对整个人类都是走向光明大道的灯塔,违背良知无论对个人还是对整个人类都是自取灭亡。

①王守仁:《传习录拾遗五十一条》,《全集》,第963-964页。

第九章　四句教泄露了什么天机?

　　王阳明平定辰濠之乱后,大约有六年时间赋闲在家,与弟子们讲学论道。弟子王畿说:"阳明夫子之学,以良知为宗,每与门人论学,提四句为教法"[①] 在与弟子讨论四句教法时, 王阳明说:"此是传心密藏,颜子、明道所不敢言者。今既已说破,亦是天机该发泄时,岂容复秘? "[②] 这神秘的四句教法是什么? 它到底泄露了什么天机?

一、从天泉证道到严滩问答——四句教的提出

　　四句教法指的是王阳明晚年在绍兴讲学时提出的"无善无恶心之体, 有善有恶意之动, 知善知恶是良知, 为善去恶是格物"。这四句教法有点类似于宗教教谕,也像现代的教学口诀,一般简称"四句教"。在宋明理学史乃至中国思想史上, 王阳明的四句教是一个非常著名的命题, 也是争议比较大的一个命题。

---

①《天泉证道记》,《王畿集卷一》。引自束景南《王阳明年谱长编》第1879-1880页。
②同上。

有学者考证①，四句教最早提出于嘉靖五年(1526年)春，弟子杨文澄问："意有善恶，诚之将何稽？"王阳明答："无善无恶者心也，有善有恶者意也，知善知恶者良知也，为善去恶者格物也。"杨文澄问："意固有善恶乎？"王阳明说："意者心之发，本自有善而无恶，惟动于私欲而后有恶也。惟良知自知之，固学问之要曰致良知。"这可以说是阳明四句教的雏形。

嘉靖六年(1527年)九月初八日，王阳明启程赴广西平定思恩、田州少数民族暴乱前夕，在越城(绍兴)天泉桥上和弟子钱德洪、王畿论学时，集中阐述了四句教的思想，即所谓"天泉证道"。《年谱》②记载：

是月初八日，德洪与畿访张元冲舟中，因论为学宗旨。畿曰："先生说知善知恶是良知，为善去恶是格物，此恐未是究竟话头。"德洪曰："何如？"畿曰："心体既是无善无恶，意亦是无善无恶，知亦是无善无恶，物亦是无善无恶。若说意有善有恶，毕竟心亦未是无善无恶。"德洪曰："心体原来无善无恶，今习染既久，觉心体上见有善恶在，为善去恶，正是复那本体功夫。若见得本体如此，只说无功夫可用，恐只是见耳。""畿曰："明日先生启行，晚可同进请问。"

是日夜分，客始散，先生将入内，闻洪与畿候立庭下，先生复出，使移席天泉桥上。德洪举与畿论辩请问。先生喜曰："正要二君有此一问！

①束景南认为王阳明于嘉靖五年丙戌(1526年)一二月间首次提出四句教，见束景南《王阳明年谱长编》第1745页。陈来认为四句教提出在丙戌丁亥间，即1526年至1527年间，见陈来《有无之境》第219页。
②钱德洪：《王阳明年谱》，《全集》，第1074—1075页。

我今将行，朋友中更无有论证及此者，二君之见正好相取，不可相病。汝中须用德洪功夫，德洪须透汝中本体。二君相取为益，吾学更无遗念矣。"德洪请问。先生曰："有只是你自有，良知本体原来无有，本体只是太虚。太虚之中，日月星辰，风雨露雷，阴霾饐气，何物不有？而又何一物得为太虚之障？人心本体亦复如是。太虚无形，一过而化，亦何费纤毫气力？德洪功夫须要如此，便是合得本体功夫。"畿请问。先生曰："汝中见得此意，只好默默自修，不可执以接人。上根之人，世亦难遇。一悟本体，即见功夫，物我内外，一齐尽透，此颜子、明道不敢承当，岂可轻易望人？二君已后与学者言，务要依我四句宗旨：无善无恶是心之体，有善有恶是意之动，知善知恶是良知，为善去恶是格物。以此自修，直跻圣位；以此接人，更无差失。"畿曰："本体透后，于此四句宗旨何如？"先生曰："此是彻上彻下语，自初学以至圣人，只此功夫。初学用此，循循有入，虽至圣人，穷究无尽。尧、舜精一功夫，亦只如此。"

先生又重嘱付曰："二君以后再不可更此四句宗旨。此四句中人上下无不接着。我年来立教亦更几番，今始立此四句。人心自有知识以来，已为习俗所染，今不教他在良知上实用为善去恶功夫，只去悬空想个本体，一切事为，俱不着实。此病痛不是小小，不可不早说破。"是日洪、畿俱有省。

从以上记载看，天泉证道起因是钱德洪和王畿对王阳明教法的争论。王畿认为，既然心体是无善无恶的，那么意、知、物也都是无善无恶的；如果说意有善有恶，那么心也是有善恶的。德洪认为，心体原来无善无恶，"习染"久了就有善恶在，用为善去恶的功夫就是要恢复心无善无恶的本体;如果说心、意、知、物都是无善无恶的,那么就没有必要去做为善去恶的格物工夫了。两人各执己见,到老师那里去裁决。王阳明当起"和事老",调和了两位高徒的意见,说"汝中(王畿)须用德洪功夫,德洪须透汝中本体。二君相取为益,吾学更无遗念矣"。他认为王畿"四无"的看法是用来接引"上根之人"的,但是上根之人世间罕有,要通过"四无"的方法悟道,连颜回、程颢这些先贤都做不到。所以王阳明强调,"与学者言,务要依我四句宗旨""以后再不可更此四句宗旨""此是彻上彻下语,自初学以至圣人,只此功夫"。

天泉证道第二天,王阳明即启程前往广西赴任。钱德洪、王畿一路护送,从绍兴经杭州,溯钱塘江、富春江而上,在桐庐知县沈元材的陪同下抵达严滩,建德知县杨思臣也专程顺流而下到严滩迎接王阳明。严滩,也称严陵濑、严陵卧,是浙江省桐庐县境内富春江上游旧时的一段急流险滩,相传为东汉严光(字子陵)隐居垂钓处,故在严滩之畔,富春山麓,有一处闻名遐迩的千古名胜——严子陵钓台。王阳明感叹当年押送朱宸濠北上献俘匆匆而过不及登临钓台,写下"忆昔过钓台,驱驰正军旅。十年今始来,复以兵戈起。空山烟雾深,往迹如梦里"。[1] 的诗句,这首著名的《复过钓台》表达对严子陵"高尚当如此""至人匪为己"的敬仰与追慕,也表达了自己"忧劳岂得已""果哉末难矣"的坚持到底追求至道的决心。

王阳明的两位得意门生之所以一路护送至此,除了对恩师的敬重之外,还希望领受更多教诲。尽管临行前王阳明已向他们着重阐

---

[1] 王守仁:《复过钓台》,《全集》,第656页。

释了四句教，可他们并未完全释然，在严滩王畿以佛家"实相""幻相"之说向先生请教，王阳明模仿佛家禅宗机锋说了四句偈子："有心俱是实，无心俱是幻；无心俱是实，有心俱是幻。"王畿聪慧机敏，立即理解了先生的意思，回答说："有心俱是实，无心俱是幻，是本体上说工夫。无心俱是实，有心俱是幻，是工夫上说本体。"王阳明对他的回答表示赞同。钱德洪敦厚笃实，当时并没有马上理解老师的意思，经过多年用功才领悟本体与功夫合一之旨。[①]这一番严滩畔的师徒对话，让两位弟子视若珍宝，事后均撰文记述。后人将其命名为"严滩问答"。严滩问答是天泉证道的继续和深化[②]，问答中王阳明进一步阐发了四句教的深层含义，重申了本体与功夫合一的"究极之说"。我们后面还要展开讨论。

王阳明在严滩与弟子钱德洪、王畿分别后，继续驱舟前往广西，钱德洪、王畿则回到绍兴协助打理阳明书院与教授诸弟子。王阳明和他的两位得意门生万万没有想到，严滩一别竟成永别。王阳明再也没有能回到他魂牵梦绕的会稽山阳明洞，一年多的奔波征战耗尽了他的全部精力，终于油尽灯枯客死他乡。严滩成了王阳明和两位大弟子最后一次面对面讲学论道，因此，天泉证道与严滩问答，被认为是王阳明学问的总结性概述。

[①] 王守仁：《传习录（下）》，《全集》，第109页。
[②] 陈来：《有无之境》，第260页。

二、从"无善无恶"到"为善去恶"——四句教的基本内涵

"四句教"到底想说什么呢？在展开进一步讨论前，我们先看看王阳明四句教的基本内容。

——无善无恶心之体。

心之体，就是心之本体，是指心的本来状态、本然面目。王阳明在不同时候、不同场合对心之本体有不同的描述，如："至善者心之本体""心之本体原只是个天理""诚是心之本体""良知是心之本体""乐是心之本体"等等，在提出四句教谕时，又说"无善无恶是心之体"。心体只有一个，这些不同的说法，是他从不同的角度对这个唯一的心体的不同描述，也可以简单地理解为这是心体具有的不同属性。

那么心体的无善无恶是什么意思呢？就是心的本来状态、本来面目无所谓善恶，既不是善的也不是恶的。钱德洪不理解这种"无"的状态，向王阳明请教。王阳明说："有只是你自有，良知本体原来无有，本体只是太虚。太虚之中，日月星辰、风雨露雷、阴霾饐气，何物不有？而又何一物得为太虚之障？人心本体亦复如是太虚无形，一过而化，亦何费纤毫气力？德洪功夫须要如此，便是合得本体功夫。"虚即空，王阳明在这里借用佛教的"空"来诠释心体的本然状态，"无善无恶"一方面表明心体全体莹彻，廓然大公，没有任何善恶预设；另一方面强调心体一过而化，毫不染滞，没有任何善恶滞留。王阳明在答蔡守衡问时也表达了同样的意思，认为心体只是个未发

之中，"心之本体原无一物，一向着意去好善恶恶，便又多了这分意思，便不是那廓然大公。《书》所谓'无有作好作恶'，方是本体"。[1]

王阳明经常用明镜比喻心体："其良知之体，皦如明镜，略无纤翳，妍媸之来，随物见形，而明镜曾无留染。所谓'情顺万事而无情'也。'无所住而生其心'，佛氏曾有是言，未为非也；明镜之应物，妍者妍，媸者媸，一照而皆真，即是生其心处。妍者妍，媸者媸，一过而不留，即是无所住处。""人之心如明镜。只是一个明，则随感而应，未有已往之形尚在，未照之形先具者。"[2] 明镜照物客观、真实且公正，美的就照出美来，丑的就照出丑来，但明镜本身"只是一个明"并没有美丑可言；而完成了"照物"这个过程后，不管美的还是丑的，在明镜中都不会有丝毫留存。明镜不可能存有以前照过的物体的形象，也不可能物体还没有来到镜前，镜子就已经先有了事物的形象。王阳明认为人心也要修炼到明镜这个境界，才算恢复了心的本然状态。对任何事物都没有出于私心杂念的善恶预设，没有一个先入为主的价值判断。事物来了，它善就是善，恶就是恶，内心要根据事物本身的善恶做出准确的评判，然后根据这个评判给予正确的处理。事物去了，内心即恢复到本来的"全体莹彻，廓然大公"的状态，事物的善恶一点也没有在心中滞留，连个影子也没有，时时保持心体的光明纯净，绝不让处理过的事物影响到个人的心境。

除了用明镜做比喻外，王阳明还曾经用"眼睛"比喻心体的这种

①王守仁：《传习录（上）》，《全集》，第30页。
②王守仁：《答陆元静书》《传习录（上）》，《全集》，第54页，第11页。

无滞性:"心体上着不得一念留滞,就如眼着不得些子尘沙。些子能得几多?满眼便昏天黑地了。""这一念不但是私念,便好的念头,亦着不得些子。如眼中放些金玉屑,眼亦开不得了。"① 心体恶念、善念都不要留,须保持无善无恶的本然状态方是。

王阳明早期有一首诗《泛海》② 也生动表达了心体的这种"无滞性":

险夷原不滞胸中,
何异浮云过太空。
夜静海涛三万里,
月明飞锡下天风。

——有善有恶意之动。

意是意念,这个意念是从心中发出来的,用王阳明的话就是"心之所发便是意"。但是,心体发出来的这个意念不可能是悬空的,一定是具体的、有对象的、有内容的。如前所述,明镜一般的无善无恶的心体对遇到的事物"物来顺应",善来则判断为善,恶来则判断为恶,这时候,心体因所遇事物而生发出来的意念就有善有恶了。这是意有善有恶的第一层意思,即意念因对象有善恶,意念的内容也随之有善恶。这层意思还在"物来顺应"的范畴里,即便是圣人之意念在这个层面上也是有善有恶的。

---

①王守仁:《传习录(下)》,《全集》,第108-109页。
②王守仁:《泛海》,《全集》,第574页。

意有善恶还有另一层意思。钱德洪在反驳王畿"意亦是无善无恶的意"时说:"心体是天命之性,原是无善无恶的。但人有习心,意念上见有善恶在。"习心[①]与本性相对,是后天形成的习性,所谓"性相近,习相远"。习心是私欲浸染的结果,人在社会上生存,为人处世或多或少都带着私心私意,这些私意如同乌云遮住太阳一样,遮蔽了本来纯净光明的本心,使之本体和所要应对的事物之间隔了一层,这样本心应物而发的意念就浸染着私欲而不可能做到完全大中至正,这就是"有善有恶意之动"。正是在这个意义上,钱德洪才认为应该修炼为善去恶的功夫以复那无善无恶的心体,"若(意)原无善恶,功夫亦不消说矣"。

王阳明部分肯定了钱德洪的观点,他认为王畿的"意无善恶"是"一悟本体,即见功夫",需要有极高悟性的"上根之人"才能做到,这种人世间难得一见,就算颜回、程颢也难以企及。而"中根以下之人""不免有习心在,本体受蔽,故且教在意念上实落为善去恶,功夫熟后,渣滓去得尽时,本体亦明尽了"。可见,王阳明认为对世间绝大多数人来说,钱德洪的观点是对的,意是有善有恶的。

——知善知恶是良知。

知善知恶是良知的一个重要功能,良知是独知,如人饮水,冷暖自知,良知天然具有判断意念善恶的能力。王阳明说:"尔那一点良知,是尔自家的准则。尔意念着处,他是便知是,非便知非,更瞒他一

①程颢、程颐《河南程氏遗书》卷第二上:"盖良知良能元不丧失,以昔日习心未除,却须存习此心,久则可夺旧习。"《二程集》,第17页。张载《正蒙·动物》:"寤所以知新於耳目,梦所以缘旧於习心。"《张载集》,第20页。

些不得。"[1] 四句教第二句"有善有恶意之动",这个起心动念的意无论善恶,都逃不过良知的火眼金睛。"凡意念之发,吾心之良知无有不自知者。其善欤惟吾心之良知自知之,不善欤亦惟吾心之良知自知之"。关于良知我们在第八章已经作了详细探讨,这里不再赘述。

——为善去恶是格物。

既然意念有善有恶,而良知又知善知恶,那么接下来自然要着实去做"为善去恶"的功夫,否则就是知而不行了。王阳明说:"尔只不要欺他(良知),实实落落依着他做去,善便存,恶便去。他这里何等稳当快乐。此便是格物的真诀,致知的实功。若不靠着这些真机,如何去格物?"[2] 如前所述,王阳明少时笃信朱熹"即物穷理"的格物说,并有著名的"亭前格竹"实践,龙场悟道以后,他"大悟格物致知之旨",才发现原来向外求理的格物路线是错的,格物应该在身心上用功。于是,王阳明对格物有自己的不同于先儒的定义:物者,事也;格者,正也;正其不正以归于正谓之格物。他进一步解释道:"正其不正者,去恶之谓也。归于正者,为善之谓也。"[3] 所以,格物也可以定义为"为善去恶"。

王阳明提出格物"新说"后,不但遭到同时代朱子学者的反对,而且遭到志同道合挚友的质疑,甚至他的门生弟子刚开始也感到疑惑。朱子学者罗钦顺认为王阳明向内寻求的格物思路"局于内而遗其外",必将导致排斥研究外部事物的学问。"一见定交"的好友湛甘

①王守仁:《传习录(下)》,《全集》,第81页。
②同上。
③王守仁:《大学问》,《全集》,第798页。

泉认为王阳明从心上用为善去恶功夫"正其心之不正以归于正"的格物定义,实际上是"正念头",归于"正心"或"诚意"则可,归于"格物"则不可。实际上,在王阳明看来格物、致知、诚意、正心本质上是一回事,只是各有侧重而已。就四句教中的意和物来说,心之发动为意,意有善有不善,在意上用功,"如一念发在好善上,便实实落落去好善。一念发在恶恶上,便实实落落去恶恶"就是诚意了。而格物则"在实事上格",指具体的实践,使意通过实践实现知行合一。因而,诚意主要是指意念本身的"存天理、去人欲",格物主要是指在实际活动中为善去恶。

三、从"四无""四有"到"一无三有"——四句教的争议

上面讲到,天泉证道起因是钱德洪和王畿对王阳明四句教法的争论。王龙溪认为心、意、知、物都是无善无恶的,后人称之为"四无"论;钱绪山虽然严格遵循老师的教诲,形式上坚持心无善恶,意、知、物有善恶的"一无三有",但是正如王阳明批评的那样,当时他并没有真正悟透这个"无善无恶"的"心体",实质上还是认为心、意、知、物皆有善恶,所以也被称为"四有"论。

应该说,不管是王畿的"四无"还是钱德洪的"四有"都能从王阳明那里找到理论根据。就"四无"而言,王阳明一贯强调"体用一源",认为身、心、意、知、物只是一事,"盖身心意知物者,是其工夫所用之条理,虽亦各有其所,而其实只是一物"。^① 既然都是一回事,那

①王守仁:《大学问》,《全集》,第798页。

么心无善恶，意、知、物必定也无善恶可言。有一次弟子薛侃在除草，问王阳明："天地间何善难培，恶难去？"王阳明说："此等看善恶，皆从躯壳起念，便会错。……天地生意，花草一般，何曾有善恶之分？子欲观花，则以花为善，以草为恶；如欲用草时，复以草为善矣。"①可见，在这里王阳明认为天地万物并没有什么善恶之分。就"四有"而言，如同钱德洪所说，如果心、意、知、物都无善恶可言了，那么王阳明一贯强调的"为善去恶"就是一句空话，而王阳明在不同场合也说过，"至善者心之本体""良知是心之本体"，《传习录》记载的天泉证道中，王阳明同意钱德洪"习心"的说法，"其次不免有习心在，本体受蔽，故且教在意念上实落为善去恶"。

许多研究者认为，王阳明调和了两位大弟子的"四无"和"四有"，最终确定了"无善无恶心之体，有善有恶意之动，知善知恶是良知，为善去恶是格物"。这个"一无三有"的四句教谕，并且嘱咐今后不可更改他这个为学宗旨。如上面引用《年谱》的记载，王阳明说："二君以后再不可更此四句宗旨。此四句中人上下无不接着。我年来立教亦更几番，今始立此四句。人心自有知识以来，已为习俗所染，今不教他在良知上实用为善去恶功夫，只去悬空想个本体，一切事为，俱不着实。此病痛不是小小，不可不早说破。"一般认为，在王阳明去世后，王畿没有恪守王阳明的嘱咐，固执己见，坚持自己的"四无论"，并用于教导他的弟子，为王门的分化起到推波助澜的作用。

现代学者束景南认为，是钱德洪的"私意"和"误记"导致了后世对四句教的争论，其实天泉证道是王阳明模仿佛教"判教"的做法，

①王守仁：《传习录（上）》，《全集》，第25-26页。

根据人的根器把自己的"心学"判分为"四无教"与"四有教"。"四无教"是对上根之人说的,是"顿教";"四有教"是对中根以下人说的,是"渐教"。因此,王阳明实际上是提出"王门八句教"(包括"四有教"和"四无教",分别适用资质不同的学生,并不交叉),"只因钱德洪与王畿两人记叙有异,后人不察,皆据钱德洪之说,以为阳明在天泉证道上提出'四句教'……可谓大误,后人以讹传讹,遂成阳明学研究一大错案"。①束景南的考证主要是根据《年谱》《传习录》和王畿弟子所写的《天泉证道记》中关于接引"上根之人""中根以下之人""利根之人""其次"的记载推断出来的,虽有一定的道理,但笔者认为并不符合史实,理由如下:

(一)不管是王阳明本人及其弟子,还是与他们有交往的人士,都没有关于"王门八句教"的提法,也没有任何历史文献资料中有"王门八句教"的记载。就是束景南作为推论依据的所有文献资料中,也都明确地记载着以"一无三有"为内容的四句教,并没有"八句教""判教"等明确的说法。作为王学中一个极为重要的事件,如果真是明确提出"八句教",不可能所有人都没有只言片语的记述。

(二)王阳明"一无三有"的提法自始至终从未改变过,并不存在如束景南《王阳明年谱长编》中所说的先提出一个"有矛盾的"以"一无三有"为内容的"四句教",后来又用"四无"来修正诠释"四句教",最后在天泉证道上正式确立以"四无"和"四有"并立的"王门八句教"的情况。②

①束景南:《王阳明年谱长编》,第1883页。
②同上,第1745页,第1824页,第1876页。

（三）《年谱》《传习录》都有关于王阳明嘱咐不可更改四句教的记载。《传习录》记载更加明确："已后与朋友讲学，切不可失了我的宗旨：无善无恶是心之体，有善有恶是意之动，知善知恶是良知，为善去恶是格物，只依我这话头随人指点，自没病痛。"[①] 束景南认为这是钱德洪为了回护掩饰阳明之判教新说而私自加上的[②]。根据历来的考证资料，钱德洪以严谨笃实著称，如果说钱德洪记述有误或许有可能，说他故意篡改师意却不可信。况且，《年谱》为钱德洪、王畿等共同编撰，王畿也写了序，说明王畿并不认为《年谱》所录有失实之处[③]，钱德洪怎么可能私自加入如此重要的内容？

（四）《年谱》《传习录》中有"二君之见正好相资为用，不可各执一边""二君相取为用，则中人上下皆可引入于道""二君之见，正好相取，不可相病。汝中须用德洪功夫，德洪须透汝中本体。二君相取为益，吾学更无遗念矣"的记载。另一位弟子邹守益记述更为明确："洪甫（德洪）须识汝中本体，汝中须识洪甫工夫，二子打并为一，不失吾传矣。"[④] 如果是如佛教判教一样判为"四无教"与"四有教"，则两教楚河汉界，泾渭分明，何来相资为用、相取为益、打并为一？

所以，从现有文献看基本可以确认，王阳明在征思田前夕的天泉桥上，对钱德洪的"四有论"和王畿的"四无论"各打五十大板，重申自己一贯坚持"一无三有"论，即"无善无恶心之体，有善有恶意之

①王守仁：《传习录（下）》，《全集》，第103页。
②束景南：《王阳明年谱长编》，第1886页。
③陈来：《有无之境》，第222页。
④邹守益：《青原赠处》，《邹东廓文集》卷三。转引自陈来《有无之境》第227页，束景南：《王阳明年谱长编》第1892页。

动,知善知恶是良知,为善去恶是格物"。也可以认为,王阳明融合了"四无"与"四有",取无善无恶之本体,统摄有善有恶之功夫,综合成一个修炼身心的有无合一的有机整体。

从王阳明思想来源看,也可以推断王阳明的四句教实际上是对禅宗顿渐两教思想的融合。我们知道,王阳明的思想深受佛老思想特别是禅宗思想的影响。禅宗有一段著名的公案,五祖弘忍欲寻衣钵传人,命众弟子各作偈颂,以考验弟子们的智慧。大弟子神秀作偈书于廊壁上:"身是菩提树,心如明镜台;时时勤拂拭,勿使惹尘埃。"砍柴僧慧能不识字,亦口颂请人代书一偈:"菩提本无树,明镜亦非台;本来无一物,何处惹尘埃。"弘忍认为神秀"未见本性,只到门外,未入门内",而慧能明心见性,遂传衣钵于慧能。[①]后来禅宗分为南北两大派,南宗是六祖慧能的顿教,北宗是神秀的渐教,人称"南能北秀"。容易看出,钱德洪的"四有论"犹如神秀偈颂的翻版,而王畿的"四无论"与慧能的偈颂如出一辙。王阳明取慧能的"无"为本体,取神秀的"有"为功夫,"打并为一"形成儒家即本体即功夫、体用一源的为学宗旨。

四、从"有心""无心"到"无中生有"——四句教的辨析

融合了"有""无"的四句教需要解决两个问题,一个是"无善无恶"和"有善有恶"的矛盾和转化问题,也就是无善无恶的"心"如何

---

① 《坛经》,第7-44页,中华书局,2015年3月北京第1版。以下引用《坛经》均出自这个版本。

生出有善有恶的"意"来？修有善有恶的意、知、物又如何能见到无善无恶的心。另一个是"无善无恶心之体"是否违背孟子性善论，质疑者认为心体无善无恶的观点和告子性无善恶及禅宗性空论相似，而与孟子的性善论相违背。

第二个问题我们留到下一章专门讨论，现在先看看第一个问题，这也是后世学者争论不休的问题。上面提到，对这个问题，王畿从逻辑上进行推论，意是心之所发，既然心是无善无恶的，那么意也是无善无恶的，如果说意有善有恶，那么心也是有善有恶的，推理不可谓不严密。王阳明本人并没有直接对这个"无中生有"问题进行详细解答和专门论述。在天泉证道时，他只是默认了钱德洪的观点，即心是无善无恶的，但因"习染既久"本心受到了"遮蔽"，所以发出的"意"也就有了善恶，并没有解释为什么"遮蔽"了就会产生善念或恶念；在《大学问》中，他说"盖心之本体本无不正，自其意念发动，而后有不正"。也没有说明"无不正"的心之本体如何发动"不正的"意念。

天泉证道王阳明虽然把"有"和"无"捏到同一个偈子中，对于王畿和钱德洪来说，"有"和"无"还是截然对立的。所以在严滩，两位弟子再次向老师求教四句教的问题。为了讨论方便，我们先看看严滩问答的原文：

先生起行征思、田，德洪与汝中追送严滩，汝中举佛家实相幻相之说。先生曰："有心俱是实，无心俱是幻；无心俱是实，有心俱是幻。"汝中曰："有心俱是实，无心俱是幻，是本体上说工夫。无心俱是实，有心俱是幻，是工夫上说本体。"先生然其言。洪于是时尚未了达，数年用功，始信本体工夫合一。[1]

王畿直接引用佛教的概念"实相""幻相"来提问，王阳明的回答也充满禅宗的机锋："有心俱是实，无心俱是幻；无心俱是实，有心俱是幻。"实相也称法性、真如，真实常住为万法实相，即一切万法真实不虚之体相。[2] 幻相，通俗讲是虚幻的形象或现象。佛教认为现象世界中的一切都只是种种因缘和合而成的幻相，如《金刚经》所说"一切有为法，如梦幻泡影，如露亦如电，应作如是观"。世俗人一般将我们眼睛所看到的真实世界，如山川湖泊、花草树木、亭台楼阁、才子佳人、荣华富贵等等当成实相；而佛家认为这些恰恰是幻相，认为我们在因缘和合而生的世界所看到的、所听到的、所触摸到的、所感知到的一切都不是真实的存在，是虚幻的。"色即是空，空即是色""诸法空相"，真正的实相是"无相之相"，所以在佛家看来，真正的实相是"空"是"无"；而幻相则指大千世界，是"色"是"有"。

按照佛教实相、幻相的观念，严滩问答的第一句"有心俱是实，无心俱是幻"就转化成"有即是无，无即是有"的本体体悟。只有真正见到了、体悟到了那个无善无恶的心之本体才是真正见到实相；一切有善有恶的心、意、知、物都是"无"，都是虚幻的。没有体悟到"真心"，没有见到这个本心（用儒家的话语就是"本心放逸"或"心不在腔子里"），一切功夫都是虚幻的。王阳明认为这种修行方法是

①王守仁：《传习录（下）》，《全集》，第109页。
②见《佛学大辞典》，中国书店出版社，2011年。

"直从本源上悟入,人心本体原是明莹无滞的,原是个未发之中。利根之人一悟本体,即是功夫,人己内外一齐俱透了"。①这是直接从心之本体入手,体悟本源,但这种方法也不是一劳永逸的,体悟本源之后还是要继续下功夫修行。"但吾人凡心未了,虽已得悟,仍当随时用渐修功夫,不如此不足以超凡入圣,所谓上乘兼修中下也"。②这是王阳明接引上根之人的教法,所以王畿接着老师的话说"是本体上说工夫"。

第二句"无心俱是实,有心俱是幻"的"无心"指的是"心无染着",即王阳明在天泉桥对钱德洪说的,人心本体犹如"太虚无形,一过而化"。要做到"不着意思""心无挂碍",不思善不思恶,不能有善的预设,也不能有恶的预设。如果对事物有偏执或执着之心,就是"心有染着",本心就被遮蔽,这就有妄心,有妄心看到的都是虚妄的。所以,王阳明强调"在意念上实落为善去恶功夫,熟后渣滓去得尽时,本体亦明尽了"。教弟子要从日常实事中省察克治,不断去除心中的私欲,让自己纯净澄明的心之本然状态最终呈现出来。这是王阳明教导中根以下人的法门,从四句教后三句"有"的功夫入手渐渐悟得"无"的本体,就是王畿说的"是工夫上说本体"。综合王阳明天泉证道和严滩问答的观点归纳成表9-1,或许王阳明所"泄露"的"天机"就在表中。

---

① 王守仁:《传习录(下)》,《全集》,第103页。
② 《天泉证道记》,《王畿集卷一》。转引自束景南《王阳明年谱长编》第1880页。

表 9-1: 四句教和严滩问答关系表

本体上说功夫 (从四句教首句入手)		功夫上说本体 (从四句教后三句入手)
有心 有心之本体(本心显现)	实相	无心 心无染着(心无挂碍)
无心 无心之本体(本心放逸)	幻相	有心 心有染着(心有执着)
致良知: 本体与功夫合一		

通过严滩问答, 王阳明从更深层次上"究极"他的四句教谕, 从本体和功夫两个层面坚持和深化了他的致良知思想。融合"四无"与"四有"的四句教是一个即本体即功夫、彻上彻下的有机整体, 适用于任何人。可以"从本体说功夫", 从本体上立根基, 先"悟"得无善无恶的心体, 从这个虚灵明觉的心体出发, 产生无善无恶的意念, 良知亦是心之本体, 致这个大中至正的良知于事事物物, 则事事物物具得其理, 其实是一个从内而外的致良知的过程。可以"从功夫说本体", 从功夫上立根基, 时时处处着实用为善去恶的格物功夫, 不断克去心中私欲, 令此心无一毫人欲之杂, 纯然全是天理, 那么到得这等纯善无恶的境界, 实际上也就无所谓善恶了。好比世界只有一个红色, 没有其他颜色来对比, 就等于世界没有颜色一样。① 这种由外及内的格物致知的功夫, 在王阳明看来也是致良知的功夫。可见, 王阳明吸收了禅宗的思想, 结合他一贯坚持的致良知说, 使"有心"与"无心", "有"与"无"在良知思想上统一起来, 这种统一既表现为功夫

---

①马俊:《"无善无恶心之体"义解》,《中国哲学史》2019年第四期。

的有无合一，也同时是心体(本体)的有无合一。在这个意义上，心、意、知、物浑然一体，也是有无合一的，不但可以"无中生有"也可以"有中见无"。

六祖慧能说："佛性非常非无常，是故不断，名为不二；一者善，二者不善，佛性非善非不善，是名不二。蕴之与界，凡夫见二，智者了达其性无二，无二之性即是佛性。"[①] 在禅宗的语境中，"有"和"无"、"善"与"不善"不是截然对立的，而是你中有我、我中有你，相互依存、相互转化，融合为一、浑然一体的。推而广之，一切宗教、哲学、甚至科学，"有"与"无"都是有机统一，而非绝对割裂的，因为这反映的是宇宙的真相。宇宙中的一切，人、动物、植物、微生物、无机物，甚至宇宙本身，都是"无中生有"，最终又"有归于无"的。现代宇宙学的主流观点认为宇宙起源于近200亿年前的一次大爆炸，爆炸的起点是一个单独的无维度的奇点。大爆炸之前是什么？是"无"，真正的无，不可言说，因为连时间和空间都不存在。大爆炸之后产生了所有所有的一切，产生了时间和空间，产生了所有星系、恒星、行星乃至生命，有了生命，我们才能在这里谈有和无、善和恶。宇宙都能无中生有还有什么不能无中生有？无善无恶的心生出有善有恶的意对于宇宙来说只是微不足道的一瞬而已。

五、从"四句理"到"四句教"——格致诚正的功夫

王阳明为什么在提出"致良知"这个高度凝练的思想总结之后

①《坛经》，第37页。

又提出"四句教"作为为学宗旨？四句教和致良知思想以及心即理、知行合一等学说又是什么关系？

前面讲过，王阳明思想的主要来源是儒家传统思想，特别是《大学》《中庸》等重要经典。王阳明的整个思想体系，正是围绕《大学》"格致诚正"（格物、致知、诚意、正心）等功夫展开的，目的是提升个人思想道德境界，成为儒家圣贤。不论心即理、知行合一、致良知还是四句教，都是在"格致诚正"框架内的思想体悟、学术概括、实践探索和功夫把握，是对儒家传统思想的诠释、深化、创新和运用。

在深入探讨格物、致知、诚意、正心前，首先要回答什么是心、意、知、物。王阳明早年提出"身之主宰便是心，心之所发便是意，意之本体便是知，意之所在便是物"。[①]后来在《大学古本旁释》中表述为"心者身之主，意者心之发，知者意之体，物者意之用"[②]。这是王阳明对《大学》"欲修其身者，先正其心；欲正其心者，先诚其意；欲诚其意者，先致其知；致知在格物"功夫次第中"心""意""知""物"四个基本范畴所下的定义，学界也称为"四句理"。

四句理中"身之主宰便是心，心之所发便是意"是宋明理学普遍的共识，朱熹也曾有"心主宰之谓也""意是心之所发"等类似的论述。后两句"意之本体便是知，意之所在便是物"是王阳明不同于程朱理学的思想独创。[③]

意之本体便是知，意是意识、意念，知这里指知觉、独知或良知。需

①王守仁：《传习录（上）》，《全集》，第5页。
②王守仁：《大学古本旁释》，《全集》，第981页。
③陈来：《有无之境》，第53—57页。

要说明的是王阳明提出四句理的时候，还没有系统地阐述他的良知学说，但是已经有了良知的思想。[1]本体是指本来面目、本然状态，意念的本来状态是知觉，"意"和"知"是一回事，是同一的或者说是同种意识活动的不同侧面。意是心的发动，意之本体首先是心，而"知是心之本体，心自然会知"，所以追根溯源"意之本体便是知"。王阳明晚年在《答顾东桥书》中说："心者身之主也，而心之虚灵明觉即所谓本然之良知也，其虚灵明觉之良知应感而动者谓之意，有知而后有意，无知则无意矣，知非意之体乎？"[2]

意之所在便是物，我们在第六章介绍心外无物思想时已经讨论过。王阳明在其他场合也表达为"意之所用必有其物""物者意之用""意之所着为物""意之涉着处谓之物"等不同形式。这是龙场悟道之后，王阳明对"物"的独创定义，物指的是"事"，是意之所在、所着或所用。用意来定义物，"有是意即有是物，无是意即无是物"，从心上说物，是典型的心外无物的思想。

在王阳明看来，心、意、知、物，乃至正心、诚意、致知、格物虽然各有定义，但是它们是贯通的，也是统一的。他说："盖身、心、意、知、物者，是其工夫所用之条理，虽亦各有其所，而其实只是一物。格、致、诚、正、修者，是其条理所用之工夫，虽亦皆有其名，而其实只是一事。""指其主宰处言之谓之心，指心之发动处谓之意，指意之灵明处谓之知，指意之涉着处谓之物，只是一件。"学生陈九川不

①王守仁：《传习录拾遗五十一条》记载，先生尝曰："吾'良知'二字，自龙场已后，便已不出此意，只是点此二字不出，于学者言，费却多少辞说。"《全集》，第963页。
②王守仁：《答顾东桥书》，《全集》，第36页。

解，问："物在外，如何与身心意知是一件？"王阳明说："耳目口鼻四肢，身也，非心安能视听言动？心欲视听言动，无耳目口鼻四肢亦不能，故无心则无身，无身则无心。但指其充塞处言之谓之身，指其主宰处言之谓之心，指心之发动处谓之意，指意之灵明处谓之知，指意之涉着处谓之物：只是一件。意未有悬空的，必着事物，故欲诚意则随意所在某事而格之，去其人欲而归于天理，则良知之在此事者无蔽而得致矣。此便是诚意的工夫。"[①]

　　四句理是四句教的基础。从基本概念层面阐明了心、意、知、物的定义及相互之间的联系后，王阳明把这四个概念同善恶问题结合起来讨论，从本体和功夫层面对心、意、知、物做进一步的探讨，认为心的本然状态是无善无恶的，意则有善恶，良知能知善恶，而格物就是着实去为善去恶，这就有了四句教。所以，无论四句理还是四句教都是王阳明在不同时期对格物、致知、诚意、正心、修身这些儒学功夫的探究。他晚年在《大学问》中对"格致诚正"功夫进行了系统阐述，这是阳明心学中的一段极为重要的经典论述，可以说是他成圣路径探索的一个经验总结，值得读者反复研读，用心体悟，躬身践行。现整段抄录如下：

　　何谓修身？为善而去恶之谓也。吾身自能为善而去恶乎？必其灵明主宰者欲为善而去恶，然后其形体运用者始能为善而去恶也。故欲修其身者，必在于先正其心也。然心之本体则性也。性无不善，则心之本体本无不正也。何从而用其正之之功乎？盖心之本体本无不正，自其意

①王守仁：《传习录（下）》，《全集》，第79-80页。

念发动而后有不正。故欲正其心者，必就其意念之所发而正之，凡其发一念而善也，好之真如好好色；发一念而恶也，恶之真如恶恶臭；则意无不诚，而心可正矣。然意之所发有善有恶，不有以明其善恶之分，亦将真妄错杂，虽欲诚之，不可得而诚矣。故欲诚其意者，必在于致知焉。致者，至也，如云"丧致乎哀"之"致"。《易》言"知至至之"，"知至"者，知也；"至之"者，致也。"致知"云者，非若后儒所谓充广其知识之谓也，致吾心之良知焉耳。良知者，孟子所谓"是非之心，人皆有之"者也。是非之心，不待虑而知，不待学而能，是故谓之良知。是乃天命之性，吾心之本体，自然灵昭明觉者也。凡意念之发，吾心之良知无有不自知者。其善欤，惟吾心之良知自知之；其不善欤，亦惟吾心之良知自知之；是皆无所与于他人者也。故虽小人之为不善，既已无所不至，然其见君子，则必厌然掩其不善，而着其善者，是亦可以见其良知之有不容于自昧者也。今欲别善恶以诚其意，惟在致其良知之所知焉尔。何则？意念之发，吾心之良知既知其为善矣，使其不能诚有以好之，而复背而去之，则是以善为恶，而自昧其知善之良知矣。意念之所发，吾之良知既知其为不善矣，使其不能诚有以恶之，而覆蹈而为之，则是以恶为善，而自昧其知恶之良知矣。若是，则虽曰知之，犹不知也，意其可得而诚乎！今于良知所知之善恶者，无不诚好而诚恶之，则不自欺其良知而意可诚也已。然欲致其良知，亦岂影响恍惚而悬空无实之谓乎？是必实有其事矣。故致知必在于格物。物者，事也，凡意之所发必有其事，意所在之事谓之物。格者，正也，正其不正以归于正之谓也。正其不正者，去恶之谓也。归于正者，为善之谓也。夫是之谓格。《书》言"格于上下""格于文祖""格其非心"，格物之格实兼其义也。良知所知之善，虽诚欲好之矣，苟不即其意之所在之物而实有以为之，则是物有未格，而好之之意犹为未诚也。良知所知之恶，虽诚欲恶之矣，苟不即其意之所在之物而实有以去之，则是物有未格，而恶之之意犹为未诚也。今焉于其良知所知之善者，即其意之所在之物而实为之，无有乎不尽。于其良知所知之恶者，即其意之所在之物而实去之，无有乎不尽。然后物无不格，而吾良知之所知者无有亏缺障蔽，而得以极其至矣。夫然后吾心快然无复余憾而自谦矣，夫然后意之所发者，始无自欺而可以谓之诚矣。故曰："物格而后知至，知至而后意诚，意诚而后心正，心正而后身修。"盖其功夫条理虽有先后次序之可言，而其体之惟一，实无先后次序之可分。其条理功夫虽无先后次序之可分，而其用之惟精，固有纤毫不可得而缺焉者。此格致诚正之说，所以阐尧舜之正传而为孔氏之心印也。[1]

王阳明的这段著名论述，事实上是用他自己的四句理、四句教来系统诠释儒家经典中的"格致诚正"功夫，从修身、正心、诚意到致知、格物，围绕"为善去恶"这个中心，一层层抽丝剥茧，详解如何在意、知、物上实实在在用功夫，从而达到心正、身修的目的，其中贯穿了王阳明心外无物、知行合一、致良知，以及孟子性善论、《中庸》慎独的思想。王阳明对这段论述极为重视，认为这是尧、舜、孔子代代相传、心心相印的正宗心法。为了使读者有更直观的印象，把以上思想整理成简明示意图（见图9-1）。

---

①王守仁:《大学问》,《全集》, 第798页。

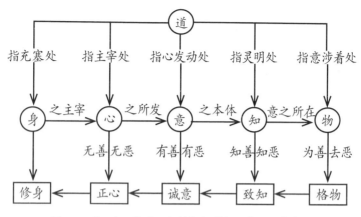

图9-1："四句理""四句教"和"格致诚正"关系图

　　应该说，无论天泉证道还是严滩问答，无论"四句理"还是"四句教"，王阳明和弟子们讲的都是他自己的亲身体悟，是宦海沉浮、千难万险、出生入死后的人生感悟，是几十年如一日百折不挠苦苦探索终极真理的思想升华，是贯通古圣先贤融合儒释道的智慧结晶，说的是"心里话"不是书本的知识，不是逻辑推理，更不是绕口令式的文字禅。王畿、钱德洪等弟子、阳明后学、近现代学者等，没有王阳明那样跌宕起伏的生活磨砺，仅仅从字句文义、逻辑推理对阳明的思想进行探讨、阐释、解读、分析、议论，从而得出各种各样的结论，甚至争吵不休。如明末学者钱启忠所说："天泉证悟，直指人生未发以前本旨，随揭四语作宗门口诀，先生因言此最上一路。到此天机漏泄，千百年即颜、思未曾道及，固知先生非从万死一生中不能到，我辈非从万死一生中亦不能悟也，而议者浸生异同。"①如果请王阳

①钱启忠：《重刻传习录后叙》，《全集》，第1339页。

明本人来做评判,他一定会说:"学问功夫,我已曾一句道尽,如何今日转说转远,都不着根?……既知致良知,又何可讲明?良知本是明白,实落用功便是。不肯用功,只在语言上转说转胡涂。"[①] 这如同现代伟人说的:"不干,半点马克思主义也没有。"

①王守仁:《传习录(下)》,《全集》,第95页。

第十章 人生第一等事是什么?

以上各章介绍了阳明心学的基本内容,这是一个包括"心即理""知行合一""致良知"在内的,本体和功夫相结合的,紧密联系的有机整体。那么,这个心学体系的思想根基是什么? 传承自孟子的阳明心学违背孟子性善论了吗? 人生第一等事到底是什么? 一生追求做圣贤的王阳明教给我们什么?

一、中华文化的思想根基

人类创造的文化很多,但是从总体上来看,可以分为东西两大文化体系。人类的思维模式,尽管名目繁多,但是从总体上来看也只能分为两大体系: 综合的思维模式与分析的思维模式,这与东西两大文化体系相对应。当然,世界上没有绝对纯的东西,东西方都是既有综合思维,也有分析思维。但是,从宏观上来看,从总体上来看,东方以综合思维模式为主导,西方则是分析思维模式为主导。这个区别表现在各个方面,独具东方思想特点的"天人合一""万物一体"

思想，就是以综合思维为基础的。[1]

东方文化的代表中华文化特别注重"天"（"天地"）和"人"的关系，可以说"天"和"人"是两个最基本、最重要的概念，"天人关系"问题则是中国思想史上讨论的最重要的问题。成书于公元前300年前的《郭店楚简》记载："易，所以会天道、人道也"意思是《易》这部书是讲会通天道（天）和人道（人）关系的书。司马迁说他的《史记》是一部"究天人之际，通古今之变"的书。董仲舒把自己的学问看作"天人相与之际"的学问。北宋邵雍认为"学不际天人，不足以谓之学"。学问如果没有讨论天人的关系，不能叫作学问。在古代哲人对"天""人"关系的探讨中，居主流地位的是"天人合一""万物一体"的思想。[2]

综合思维模式体现在中国很早就形成了综合性、整体性、统一性的思想。《易·系辞》说，易道"范围天地之化而不过，曲成万物而不遗"，"易与天地准，故能弥纶天地之道"，易之道可以囊括天地万物之所以存在的所有道理，可以成为实际存在的天地万物的准则。"易有太极，是生两仪，两仪生四象，四象生八卦，……"表现了宇宙生生不息之理，宇宙是从混沌未分之"太极"生发出来的，而后有"阴"（－－）"阳"（－），再由阴阳分化出太阴（☷），太阳（☰），少阴（☵）、少阳（☳）四象，四象分化而为八卦（乾☰、坤☷、震☳、艮☶、离☲、坎☵、兑☱、巽☴），八卦这八种符号代表天、地、风、

①季羡林：《关于"天人合一"思想的再思考》，《中国文化》1994年第九期。
②汤一介：《论"天人合一"》，《汤一介哲学精华编》，第414页，北京联合出版公司，2016年6月第1版。

山、水、火、雷、泽,也代表天地万物的不同性质,"乾,健也;坤,顺也;震,动也;巽,入也;坎,陷也;离,丽也;艮,止也;兑,说也"。由八卦又可以组成六十四卦,但并非说至六十四卦这宇宙生化系统就完结了,实际上仍可展开,所以六十四卦最后两卦为"既济"和"未济",这就是说事物发展到最后必然有一个终结,但此一终结又是另一新的开始,故《说卦》说:"物不可穷也,故受之以未济终焉。"《系辞》中还说:"天地氤氲(絪缊),万物化醇,男女构精,万物化生。"《序卦》中说:"有天地,然后有万物;有万物,然后有男女;有男女,然后有夫妇;有夫妇,然后有父子;有父子,然后有君臣;有君臣,然后有上下;有上下,然后礼义有所错。"至此,我们看了一个从混沌太极到天地化生,到万物生发,到人类繁衍的从无到有、从简到繁的宇宙生化过程。《老子》也有类似的论述:"道生一,一生二,二生三,三生万物,万物负阴而抱阳,冲气以为和。"一可以代表太极,"二"可以代表"阴阳","三"可以指"天、地、人",也可以解释为有了相对应性质的两事物就可以产生第三种事物,而任何具体事物都是由两种相对应性质的事物产生的,是由两种相对应事物的交荡作用而生的合物。[1] 有心人可能会发现,《易经》与《老子》所展现的宇宙生成观点和现代宇宙学"大爆炸"理论描述的宇宙发生过程有惊人的相似,宇宙原来是一个"奇点"(太极),大爆炸之后最初形成的是正(阳)、负(阴)两种基本粒子,基本粒子的不同组合,从简单到复杂,逐步产生了宇宙中的各种物质,经百亿年的演变,最终形成了现

---

[1]汤一介:《论创建中国解释学问题》,《汤一介哲学精华编》,第563–565页。

在这个大千世界。这个伟大"巧合"说明我们的先人很早就善于从整体上把握事物的性质和规律。

以上是从宇宙生成论的角度阐述天地万物一体的思想，宇宙形成之后的状况又是怎样一个场景？西汉董仲舒提出"天人之际，合而为一"（《春秋繁露·深察名号》）的说法："天亦有喜怒之气、哀乐之心，与人相副。以类合之，天人一也。""人之形体化天数而成，人之血气化天志而仁，人之德行化天理而义，人之好恶化天之暖清，人之喜怒化天之寒暑，人之受命化天之四时，人生有喜怒哀乐之情，春秋冬夏之类也。"把"天"人格化了，天和人一样都有喜怒哀乐，进一步说人之形体、血气、德行乃至喜怒哀乐来自于天，天人之间能够感应。北宋张载《正蒙·大易篇》："易一物而合三才，阴阳气也，而谓之天；刚柔质也，而谓之地；仁义德也，而谓之人。……三才两之，莫不有乾坤之道。"《易》把天、地、人统一起来看都是乾(—)、坤(--)两两相对相即的道理，所以天人是一体的。他在《西铭》中进一步说："乾称父，坤称母；予兹藐焉，乃混然中处。故天地之塞，吾其体；天地之帅，吾其性。民，吾同胞；物，吾与也。"万物都是天地所生，天下人民都是我同胞的兄弟姊妹，而万物皆与我为同类。程颢说："仁者以天地万物为一体，莫非己也。认得为己，何所不至？若不有诸己，自不与己相干。如手足不仁，气已不贯，皆不属己。"（《二程集》）把天地万物都视作自己的一部分，感受不到苍生疾苦即是麻木不仁。南宋朱熹说："天即人，人即天。人之始生，得之于天；既生此人，则天又在人矣。"天离不开人，人也离不开天，人最初产生虽然是得之于天，但是既生此"人"，则"天"全由人来彰现。除儒家外道家、佛家都有类似的思想,《庄子·齐物论》提出"天地与我并生,万物与我为一";东晋僧肇大师认为"天地与我同根,万物与我一体"。① 宇宙天地万物和人是一个统一的整体,"天"和"人"之间存在着一种"内在关系",两者是相即不离的。

明白了"天人合一""万物一体"之道后,身处其中的人应该怎么做? 或者能有什么作为呢?《周易·乾卦·文言》说:"大人者与天地合其德,与日月合其明,与四时合其序,与鬼神合其吉凶。先天而天弗违,后天而奉天时。"② 人要遵循天地法则,符合自然规律,不能违背天道。老子说:"人法地,地法天,天法道,道法自然。"③ 人取法天地,天地之道纯任自然。孔子说:"大哉! 尧之为君也,巍巍乎! 唯天为大,唯尧则之。"(论语·泰伯)孔子的"以天为则"强调以天地为榜样,向天地学习。(在孔庙可以看到"德配天地""德侔天地"牌匾,赞扬圣人的品德能够与天地相配,与天地一样高明博厚。古人在"天人合一"思想的基础上还发展出一套法则天地、和于阴阳、调于四时、饮食有节、起居有常的中医养生理论。④ 现代生物学和医学的研究证明了中医按时间节奏有规律生活的养生理论的科学性。⑤

---

①参见: 汤一介《论"天人合一"》; 季羡林《"天人合一"新解》,《传统文化与现代化》1993年第1期。
②《周易今注今译》(陈鼓应、赵建伟注译),第14页。
③《老子今注今译》(陈鼓应注译),第169页,商务印书馆,2003年12月第1版。
④参见《黄帝内经·上古天真论》。
⑤美国遗传学家杰弗里·霍尔、迈克尔·罗斯巴什和迈克尔·扬由于在"生物节律的分子机制方面的发现"获得2017年度诺贝尔生理学或医学奖,他们从分子生物学的层面阐明了,人和动物为适应地球的自转和公转而产生特定的24小时的生物节律。法国学者库德隆也有类似的观

当然，人在天地中也不完全都是被动的，《孟子·尽心上》说："万物皆备于我。反身而诚，乐莫大焉。强恕而行，求仁莫近焉。""尽其心者，知其性也；知其性则知天矣。"万物本性和人的本性是相通的，人只要能尽心养性，就能够认识天。《中庸》说："能尽人之性，则能尽物之性；能尽物之性，则可以赞天地之化育；可以赞天地之化育，则可以与天地参矣。"人自身的天性完全发挥出来，能使万物各尽其性，进而顺应和帮助天地的生生不息，与天地并立。张载气魄更为宏大："为天地立心，为生民立命，为往圣继绝学，为万世开太平。"[①]"人者，天地之心也。"人是万物之灵，自觉承担起参赞天地万物的责任，扩人心之善端，立天地之正理，仁民爱物，便是为天地立心。程颢认为，"博施济众，乃圣人之功用"，要用"己欲立而立人，己欲达而达人"的仁者之心，去解除他人乃至万物的苦痛，体现关爱天地万物的强烈责任感。

天地万物一体思想是儒家，乃至整个中华文化的底色，中国古代"天人合一""万物同体"的思想和论述极为丰富，这里作为阳明心学的思想背景，只做简要的介绍，未免挂一漏万，有兴趣的读者可以自己做拓展阅读。现引用钱穆《中国思想史》序言做一个小结："人生本从宇宙界来，本在天地万物中，故人生真理中必处处涵有宇宙真理，亦必处处被限制于宇宙真理中而不能违反与逃避。……中国思想乃主就人生内在之普遍共同部分之真理而推广融通及于宇宙

点："人不是要以我为中心，把自己孤立起来，而是要与环境融合在一起。""自由的人首先是与生物节奏同步的人。"参见〔法〕奥利维埃库德隆《身体节奏》，海天出版社，2001年1月第1版。
① 张载：《张载集》，第320页。

界自然界。……中国思想，则认为天地中有万物，万物中有人类，人类中有我。由我而言，我不啻为人类之中心，人类不啻为天地万物之中心。而我之与人群与物与天，则寻本而言，浑然一体，既非相对，亦非绝对。"[①]

二、王阳明的天地万物一体思想

阳明心学根植于中华民族几千年文明史所孕育的优秀文化沃土之中。以儒家思想乃至整个中华文化的宏大背景为视角，"心即理""知行合一""致良知""四句教"就像是一朵朵炫丽的小浪花跳跃在中华文化的浩瀚海洋中，浪花之下是温暖而厚重的海水，天地万物一体思想正是这海水的底色。

王阳明龙场悟道时喊出"圣人之道，吾性自足"，切身感受到与天地万物为一体的圣人之心，他所感受到的这个天地万物为一体的心是什么样的？在龙场悟道之后几十年间，他只是知行合一践行圣人之道，只是教人"致良知""存天理、去人欲"，极少直接谈及"圣人之心"为何物，直到晚年赋闲在绍兴老家，王阳明才比较集中、比较系统地阐述了圣人之心就是以天地万物为一体的仁心。

夫圣人之心，以天地万物为一体，其视天下之人，无外内远近，凡有血气，皆其昆弟赤子之亲，莫不欲安全而教养之，以遂其万物一体之念。天下之人心，其始亦非有异于圣人也，特其间于有我之私，隔于物欲

①钱穆：《中国思想史》，第1—5页，九州出版社，2012年4月第1版。

之蔽，大者以小，通者以塞，人各有心，至有视其父子兄弟如仇仇者。圣人有忧之，是以推其天地万物一体之仁以教天下，使之皆有以克其私、去其蔽，以复其心体之同然。[①]

　　这是王阳明在嘉靖三年（1524年）答朱子学者顾东桥质疑时的一部分，后人也称《拔本塞源论》。在这段论述中，王阳明表达了三层意思，首先，圣人之心以天地万物为一体，圣人看天下苍生，无论内外远近，都像自己的兄弟骨肉一般，都要呵护和教养他们，这是圣人万物一体的本心自然产生的意念。其次，天下所有人的心起初和圣人并没有区别，只是因为受到私心、物欲的遮蔽，本来和圣人一样可以包容宇宙万物的本心变小了，本来很通达的本心被私欲堵塞了，于是各有各的心思，以至于为了各自的私心把父子兄弟都视为仇人，更不要说天下百姓。第三，圣人对天下人因私隔阂的状况感到忧虑，于是推行他的天地万物一体之仁来教化天下百姓，要使他们都克去私心，解除隔蔽，回到与天地万物为一体的本心。这三层意思是一个紧密联系的整体，体现了阳明心学的核心思想，为圣人之心确定了一个内涵，指出常人之心和圣人之心开始是"同质"的，这是常人是可以"学而至"圣人境界的基础，而常人异于圣人的原因是"私欲遮蔽了本心"，所以成圣的路径很简单，就是去私欲以恢复本心。

　　前面讲了心即理，这个理是什么？我们说是"圣人之理""圣人之道"，也就是圣人悟到的"天理""天道"，用现代的语言就是整个宇宙包括人类社会的终极真理，它的具体内容是什么呢？王阳明在

---

① 王守仁：《答顾东桥书》，《全集》，第36页。

这里告诉大家,圣人之心即圣人之理,这个理就是"以天地万物为一体",就是儒家关于宇宙发生形成和万物生生不息的天地万物一体之理。所以说,天地万物一体是心即理的思想根基。

嘉靖五年(1526年)王阳明在给学生聂文蔚的书信中进一步阐述了天地万物一体的思想。

夫人者,天地之心。天地万物,本吾一体者也,生民之困苦荼毒,孰非疾痛之切于吾身者乎?不知吾身之疾痛,无是非之心者也。是非之心,不虑而知,不学而能,所谓良知也。良知之在人心,无间于圣愚,天下古今之所同也。世之君子惟务致其良知,则自能公是非,同好恶,视人犹己,视国犹家,而以天地万物为一体,求天下无治,不可得矣。古之人所以能见善不啻若己出,见恶不啻若己入,视民之饥溺犹己之饥溺,而一夫不获,若己推而纳诸沟中者,非故为是而以蕲天下之信己也,务致其良知,求自慊而已矣。尧、舜、三王之圣,言而民莫不信者,致其良知而言之也;行而民莫不说者,致其良知而行之也。是以其民熙熙皞皞,杀之不怨,利之不庸,施及蛮貊,而凡有血气者莫不尊亲,为其良知之同也。呜呼!圣人之治天下,何其简且易哉![1]

王阳明天地万物一体的思想和程颢一脉相承,程颢用"医书言手足痿痹为不仁"来说明感受不到百姓疾苦为"麻木不仁",王阳明也认为"生民之困苦荼毒"就是自己的切肤之痛,感受不到这个疾痛,则无是非之心。而按照孟子的说法,是非之心就是不虑而知的"良

[1]王守仁:《答聂文蔚》,《全集》,第69页。

知", 这就把万物一体思想和"致良知"学说联系在一起。"良知之在人心, 无间于圣愚, 天下古今之所同也"和上面引述《拔本塞源论》的"天下之人心, 其始亦非有异于圣人也"表达了同样的意思, 良知是心之本体, 天下人的本心和圣人的本心并无区别, 良知自然也是人人本具的。尧舜这些圣人视老百姓的饥饿、陷溺如自己饥饿、陷溺, 只要有一个人没有受到恩泽, 就好像是自己把人推到山沟中似的。而现在的人只要真正致良知, 也能够达到和圣人一样的境界, "公是非, 同好恶, 视人犹己, 视国犹家, 而以天地万物为一体"。如果人人都能够真正致良知, 就自然能够是非得宜、好恶得当, 就能够像感应到自己的事务一样感应到别人的事务, 像尽心处理自己家庭的事务一样处理国家的事务, 进而能够在实际上做到万物一体, 最终达到天下大同的理想社会。① 这里我们看到, 天地万物一体思想是良知所代表的是非之心的思想根基和根本依据, 也是致良知的内容和目标, 致良知就是为了实现天地万物一体之仁。

弟子们不理解王阳明万物一体的思想经常有各种各样的疑问, 例如: 人与万物同体, 那么人有良知, 草木瓦石也有良知吗? 又如: 所谓"同体"要像身子一样"血气相通"才叫同体, 不同的人血气不通只能算异体, 禽兽草木和人就离得更远了, 怎么能叫"同体"呢? 相信现代的读者也会提出类似的问题。对于草木瓦石等类是否也有良知的问题, 王阳明是这样回答的:

---

① 张新国:《身体、心灵与自然的融通——王阳明心学主体性的结构》,《哲学研究》2020年第2期。

人的良知，就是草木瓦石的良知。若草木瓦石无人的良知，不可以为草木瓦石矣。岂惟草木瓦石为然，天地无人的良知，亦不可为天地矣。盖天地万物与人原是一体，其发窍之最精处，是人心一点灵明。风、雨、露、雷、日、月、星、辰、禽、兽、草、木、山、川、土、石，与人原只一体。故五谷禽兽之类，皆可以养人；药石之类，皆可以疗疾：只为同此一气，故能相通耳。①

对于禽兽草木之类和人从形体看千差万别，从距离看相去甚远，怎么能"同体"？王阳明回答说：

你只在感应之几上看，岂但禽兽草木，虽天地也与我同体的，鬼神也与我同体的。……可知充天塞地中间，只有这个灵明，人只为形体自间隔了。我的灵明，便是天地鬼神的主宰。天没有我的灵明，谁去仰他高？地没有我的灵明，谁去俯他深？鬼神没有我的灵明，谁去辨他吉凶灾祥？天地鬼神万物离去我的灵明，便没有天地鬼神万物了。我的灵明离却天地鬼神万物，亦没有我的灵明。如此，便是一气流通的，如何与他间隔得！……今看死的人，他这些精灵游散了，他的天地万物尚在何处？②

从王阳明对这两个问题的问答，我们可以看出，王阳明的天地万物同体思想至少有以下两个维度：

其一："身与物同体"。不是指人身体直接与物等同，而是指人"来

---

①王守仁：《传习录（下）》，《全集》，第94页。
②同上，第109页。

自天，同于天"，人是天生地养的，是天地万物的一份子。现代科学常识告诉我们，组成人的元素无一不是来自自然界；在当时的认识水平上，王阳明用五谷禽兽可以养人、药石之类可以救人这个朴素的例子论证人和天地万物同气共类、息息相通、原本就是一体的，已经是不容易了。万物同体的这层含义提醒人们，人不是外在于天地万物的孤立存在，人混处于天地之间，与天地万物相融一体；①人在物质层面上和万物是共通的，也是平等的，人没有肆意残害他物、掠夺自然的特权，而应顺应自然，与万物和谐相处。

其二："心与物同体"。人是天地万物之心，良知是心之本体，人的良知自然就是天地万物的良知。从周敦颐以来，宋明儒学是以人是天地的意义即人为天地之心来说明人相对于万物的卓越处的。②人的心（良知）就是天地之心（良知），"天地无人的良知，亦不可为天地矣"是指没有人的良知，这个世界连同其万事万物就都失去存在的意义了。最浅显的例子，没有人的思维和语言，谁去为"草木瓦石"乃至天地万物命名？人在精神（良知）层面上通过人心的"感应"与万物同体，并成为天地万物的主宰，赋予万物以意义，离心则无物，即谓"心外无物"。所以，人就应当自觉承担起关照天地万物的义务和责任，致吾心之良知于事事物物，使事事物物皆得其理③。用现代的语言就是"构建生态文明共同体"。

---

①刘莉萍、俞帆、张伟：《王阳明哲学体系的理论建构和学说特征》，《湖南大学学报（社会科学版）》第30卷，第5期，2016年9月。
②张新国：《身体、心灵与自然的融通——王阳明心学主体性的结构》，《哲学研究》2020年第2期。
③王守仁：《答顾东桥书》，《全集》，第36页。

三、王阳明万物一体视野中的《大学》

《年谱》记载，王阳明晚年在绍兴老家讲学，"只发《大学》万物同体之旨，使人各求本性，致极良知以至于至善，功夫有得，则因方设教"。[①] 他的教学路数是从《大学》万物同体的思想出发，启发学生体悟自己的本性（本心），去做致良知的功夫。《大学》文本中并没有直接讨论万物同体或者万物一体的内容，这里讲的"发《大学》万物同体之旨"是指王阳明用自己万物同体的思想对《大学》进行不同于前人的诠释。[②] 嘉靖六年（1527年）八月，王阳明出征广西前，把讲授《大学》的内容辑录成《大学问》，由弟子钱德洪刊印，这是王阳明晚年主要的学术结晶，钱德洪称之为"师门之教典"，足见其在阳明心学中的地位。

《大学》历来被儒家称为"大人之学"，为什么《大学》开宗明义说"大学之道，在明明德"呢？王阳明说："大人者，以天地万物为一体者也，其视天下犹一家，中国犹一人焉。若夫间形骸而分尔我者，小人矣。"[③] 王阳明首先给"大人"下一个定义，就是以天地万物为一体的人，这样的人把天下看作一家，把整个中国看成一个人。也就是《易经》中说的"与天地合其德"的人。相反，非要从个人私心出发分彼此、争你我、相对立，而不是把大家当一家人或者是一个人，就是

---

①钱德洪：《王阳明年谱》，《全集》，第1060页。
②陈来：《王阳明的万物一体思想》，《中共宁波市委党校学报》，2019年第2期。
③王守仁：《大学问》，《全集》，第798页。

"小人"了。也就是说"大人"心量很大，胸怀宽广，把天下人都当成一个人，天下人的事都是我的事；而"小人"心量小，心胸狭窄，我的就是我的，你的就是你的，斤斤计较，决不能让别人占一点便宜。接着王阳明论述为什么大人有容纳天地的宏量："大人之能以天地万物为一体也，非意之也，其心之仁本若是，其与天地万物而为一也。岂惟大人，虽小人之心亦莫不然，彼顾自小之耳。是故见孺子之入井，而必有怵惕恻隐之心焉，是其仁之与孺子而为一体也；孺子犹同类者也，见鸟兽之哀鸣觳觫，而必有不忍之心焉，是其仁之与鸟兽而为一体也；鸟兽犹有知觉者也，见草木之摧折而必有悯恤之心焉，是其仁之与草木而为一体也；草木犹有生意者也，见瓦石之毁坏而必有顾惜之心焉，是其仁之与瓦石而为一体也；是其一体之仁也，虽小人之心亦必有之。是乃根于天命之性，而自然灵昭不昧者也，是故谓之'明德'。"①无论"大人""小人"，其本心都是与天地万物为一体的，所以，见到婴儿将掉入井里才会有怵惕恻隐之心，见到鸟兽哀鸣、草木摧折、瓦石毁坏才会有怜悯惋惜之心，这个与天地万物感同身受的恻隐仁心是"天命之性"，是每个人先天具有的，所以称为"明德"。只不过"小人"因为受私心私欲的困惑，天天想着自己那点"小九九"，自己把心量弄小了，自己遮蔽了心中"明德"。最后，王阳明得出结论："是故苟无私欲之蔽，则虽小人之心，而其一体之仁犹大人也；一有私欲之蔽，则虽大人之心，而其分隔隘陋犹小人矣。故夫为大人之学者，亦惟去其私欲之蔽，以自明其明德，复其天地万物一体之本然

---

① 王守仁：《大学问》，《全集》，第798页。

而已耳;非能于本体之外而有所增益之也。"① 所谓大人之学只是要人去除私欲的障蔽,使自己心中的明德充分显现出来,恢复自己内心天地万物一体的本来状态而已,不是在本心之外又增加别的知识什么的。这就是"大学之道在明明德"。

大学之道,为什么又说在"亲民"呢? 王阳明认为,"明明德"是树立天地万物一体的心之本体,而"亲民"是以天地万物为一体的心体的自然发用。所以"明明德"必体现在"亲民",而"亲民"才能彰显出心中的"明德"。所以孝敬我自己的父亲,就要推及孝敬他人的父亲,以及天下所有人的父亲,做到这一点后,我仁爱的本心才能真实地同我父亲、他人父亲以及天下所有人的父亲成为一体,这样,孝的"明德"才开始彰显出来。同样,对于兄弟、君臣、朋友,乃至山川、鸟兽、草木等等,都按照这样从内心真实地友悌、忠诚、信义、怜惜他们,把他们和自己视作无差别的整体,这样我本心的"明德"才显现出来,真正与天地万物合为一体。这是儒家的"差等之爱",孔子说:"己欲立而立人,己欲达而达人",孟子说:"老吾老以及人之老,幼吾幼以及人之幼",推己及人,推人及动物植物、山川瓦石,都视为自己的一部分,人人都有这样的境界,人人都真实地践行这样的理念,就一定会形成父慈子孝、兄友弟恭、夫和妇随、长惠幼顺、朋信友义的和谐社会,形成天人合一、万物一体的大同世界。王阳明认为,这就是《大学》所说的"明明德于天下",也就是齐家、治国、平天下,也是《中庸》所说的"尽性",充分发挥人和万物的本性。

王阳明立足天地万物一体的思想根基对《大学》"明明德""亲

---

① 王守仁:《大学问》,《全集》,第798页。

民"做出新的解释，反映了他不仅关心省察克治、反求诸己的内心修为，而且注重博施济众、仁民爱物的社会实践，体现了儒家"修己安人""内圣外王"的崇高理想，这和他倡导的心即理、知行合一、致良知是一以贯之的。

天地万物一体的思想虽然是几千年来古圣先贤反复强调的，也以不同形式反复出现在各类经书典籍里面，但是如果把从古书上读来的东西不加消化吸收原封不动讲给学生，那就叫作"口耳之学"。钱德洪在《传习录》序言中谈及王阳明"万物一体"思想时说："平生冒天下之非诋推陷，万死一生，遑遑然不忘讲学。惟恐吾人不闻斯道，流于功利机智，以日堕于夷狄禽兽而不觉。其一体同物之心，譊譊终身，至于毙而后已。此孔孟已来贤圣苦心，虽门人子弟，未足以慰其情也。"[1] 钱德洪是王阳明最亲密的弟子之一，晚年一直跟随王阳明左右，他对王阳明的理解应该是最真实恳切的。从钱德洪的描述中，我们能深刻体会到，王阳明对学生的教诲绝对不是夸夸其谈的空口说道，天地万物一体之仁已然融入王阳明的生命，他用生命在言传身教他历经万死一生切身体悟到的真理，他是一个悲天悯人的长者，激励后来者"恻然而悲，戚然而痛，忿然而起，沛然若决江河而有所不可御者矣"[2]，成为以天地万物为一体的豪杰之士。

---

①钱德洪：《传习录（中）》序言，《全集》，第35页。
②王守仁：《答顾东桥书》，《全集》，第36页。

四、"至善"与"无善无恶"

第九章讨论"四句教"时遗留了一个问题，王阳明的"无善无恶心之体"是否违背孟子的性善论？许多质疑者认为心体无善无恶的观点和告子的性无善恶论及禅宗的性空论相似，而与孟子的性善论相违背。刘宗周、黄宗羲等儒家学者为了回护王阳明，甚至称"四句教"并非出自王阳明之口，认为"心体无善无恶"是王畿所倡导，与王阳明不相干，学者不可以"无善无恶"妄议阳明。①

从前面各章的介绍看，王阳明思想主要传承自孟子，他真的违背孟子性善论了吗？孟子性善论说了什么呢？我们先看看两千多年前孟子和告子的一段著名辩论。

告子曰："生之谓性。"

孟子曰："生之谓性也，犹白之谓白与？"

（告子）曰："然。"

（孟子）"白羽之白也，犹白雪之白；白雪之白犹白玉之白与？"

（告子）曰："然。"

（孟子）"然则犬之性犹牛之性；牛之性犹人之性与？"②

---

① 姚才刚：《黄宗羲对王门"四句教"的理解》，《湖北大学学报（哲学社会科学）》第43卷第2期，2016年3月。
② 《孟子·告子上》。

告子认为，先天具备的本能就是人的本性（如告子说的"食色性也"，这个本性是没有善恶之分的）。孟子问他，你说的生之为性，就像说白就是白颜色东西的性吗（白是白色物体天生具备的属性）？告子说是的。孟子接着问，那么白羽毛的白就如同白雪的白一样，白雪的白就如同白玉的白一样吗？告子认为是一样的。孟子进一步问：照这么说，狗的性和牛的性一样，牛的性和人的性一样吗？孟子不愧为优秀的辩论家，用归谬的辩论法一步一步把告子问得无言以对。如果拿"食""色"这些天生的生理欲望和本能作为人的本性，那么人和动物就没有任何区别了，因为动物也有"食""色"这些天生的本能。那就好比是把"白"当作物的性，那么白羽毛的性和白雪、白玉的性就一样了，白狗和白牛的性也一样了，这显然是荒谬的。那么，究竟什么才是人的性呢？这个性应该符合两个要求：一个是所有人共有的，只要是人不分高低贵贱都具有；另一个是人特有的，除了人之外，其他东西所没有的，也就是能够把人和其他动物、植物、无生命物区分开来的。围绕这个问题，古今中外很多哲学家给出了各种各样的答案，例如：无羽毛的两脚动物、政治动物、社会动物、直立行走的哺乳动物、会制造工具的动物、会思考的动物、社会关系的总和，等等。中国古代哲人也有自己的答案：

荀子说："水火有气而无生，草木有生而无知，禽兽有知而无义；人有气、有生、有知，亦且有义，故最为天下贵也。力不若牛，走不若马，而牛马为用，何也？曰：人能群，彼不能群也。人何以能群？曰：分。分何以能行？曰：义。故义以分则和，和则一，一则多力，多力则强，强则胜物，故宫室可得而居也。故序四时，裁万物，兼利天下，无它故焉,得之分义也。"① 这里提到了人的三个特殊属性"义""分""群",荀子认为,人区别于动植物和无生命物质的最本质属性是"义",义者宜也,也就是合适的、恰当的,也引申为"道义"。人有根据特定情境采取符合本人身份、符合社会规则、合乎道德规范的恰当行为的能力,动植物都没有这个能力。正因为有"义",所以能"分",分可以理解为分别、分工,以及由此形成的社会等级和名分。有了"分",人就组成了和谐统一而坚强有力的"群",从而能战胜自然界的其他物种,能做出有利于天下的事情。荀子还认为,人生而具有"好利""疾恶""好声色"之性,如果不加以抑制,则会产生争夺、残贼、淫乱,导致辞让、忠信、礼义的消亡,所以需要法治和礼仪加以规范和引导,"故必将有师法之化,礼义之道(通'导'),然后出于辞让,合于文理,而归于治"。②

孟子说:"人之所以异于禽兽者几希。"③"无恻隐之心,非人也;无羞恶之心,非人也;无辞让之心,非人也;无是非之心,非人也。恻隐之心,仁之端也;羞恶之心,义之端也;辞让之心,礼之端也;是非之心,智之端也。人之有是四端也,犹其有四体也。"④孟子认为,人和动物的差别在于人有"心",而不管圣人还是一般人,人人"心"中本来就具有恻隐、羞恶、辞让、是非之善端,此善端是人皆有之,并且是"不学而能,不虑而知"的,"若火之始然,泉之始达。苟能充

---

① 《荀子·王制》。
② 《荀子·性恶》。
③ 《孟子·离娄下》。
④ 《孟子·公孙丑上》。

之, 足以保四海; 苟不充之, 不足以事父母"。^①这就是孟子性善论核心的"四端"说。所以, 孟子性善论中的"性", 既指人天生的、与生俱来的或生而有之的本性, 也指与禽兽和其他物类相区别的、人之所以为人的本质。

孟子的性善论是阳明心学, 特别是致良知说的主要思想来源之一, 王阳明正是在"是非之心, 人皆有之, 不学而能, 不虑而知"的基础上建立他的良知学说的。如前所论, 王阳明对孟子的良知思想进行了创新性的发展, 赋予了良知和致良知更丰富的含义。其中,"良知即是天理""良知即是道"(详见本书第八章)都是孟子所没有提及的, 这里王阳明不仅仅是在人与动物本性区别的意义上讨论良知, 而是在更根本、更深层次的意义上说良知。"理""道""天理""天道"是宇宙的终极真理, 自然也包含人类社会和人本身的真理, 上面我们已经论述过, 从更深的层次和更宏观的整体上讲, 这个理就是天地万物一体之理。王阳明认为《大学》里的"至善""明德"也是对这个终极真理探讨, 他说:"至善是心之本体, 只是'明明德'到'至精至一'处便是。""天理即是'明德' 穷理即是'明明德'。"(详见本书第五章)所以, 至善在王阳明的语境里指的是"道""理""天理"。

在回答学生关于"大学之道何以在止于至善"时, 王阳明说:"至善者, 明德、亲民之极则也。天命之性, 粹然至善, 其灵昭不昧者, 此其至善之发现, 是乃明德之本体, 而即所谓良知也。""是乃民彝物则之极, 而不容少有议拟增损于其间也。少有拟议增损于其间, 则是私意小智, 而非至善之谓矣。""故止至善之于明德、亲民也, 犹规矩

①《孟子·公孙丑上》。

之于方圆也，尺度之于长短也，权衡之于轻重也。故方圆而不止于规矩，爽其则矣；长短而不止于尺度，乘其剂矣；轻重而不止于权衡，失其准矣；明明德、亲民而不止于至善，亡其本矣。故止于至善以亲民，而明其明德，是之谓大人之学。"① 至善是良知，是心之本体，是明德、亲民的终极准则，是人伦物理的终极原理，容不得半点刻意的设计、筹划、增益、减损，对于明德、亲民来说，它就像"规矩之于方圆也，尺度之于长短也，权衡之于轻重也"。王阳明正是在这个意义上说"至善者心之体""无善无恶心之体""至善只是此心纯乎天理之极便是""无善无恶者理之静""无善无恶是谓至善"的。在这个意义上，"至善"与"无善无恶"是不矛盾的，至善超越了经验意义上的善恶，而成为善恶的判断标准，作为"标准""准则"自然是无善无恶的，就像规矩对于方圆、尺度对于长短、权衡对于轻重一样，我们也不可以用方圆、长短、轻重来说规矩、尺度、权衡，即可以说规矩是"无方无圆的"、尺度是"无长无短的"、权衡是"无轻无重的"。

王阳明曾说过"心之本体即是性"，又说"无善无恶心之体"，人们自然可以推论他认为"性是无善无恶"的，而事实上他也直接说过"性之本体原是无善无恶的"，这是许多人质疑王阳明违背孟子性善论的原因。我们来看看王阳明本人对这个问题是怎么看的。

问："古人论性，各有异同，何者乃为定论？"

先生曰："性无定体，论亦无定体，有自本体上说者，有自发用上说者，有自源头上说者，有自流弊处说者。总而言之，只是一个性，但所见

---

① 王守仁：《大学问》，《全集》，第798页。

有浅深尔。若执定一边，便不是了。性之本体原是无善无恶的，发用上也原是可以为善，可以为不善的，其流弊也原是一定善一定恶的。譬如眼，有喜时的眼，有怒时的眼，直视就是看的眼，微视就是觑的眼。总而言之，只是这个眼，若见得怒时眼，就说未尝有喜的眼，见得看时眼，就说未尝有觑的眼，皆是执定，就知是错。孟子说性，直从源头上说来，亦是说个大概如此。荀子性恶之说，是从流弊上说来，也未可尽说他不是，只是见得未精耳。众人则失了心之本体。"

问："孟子从源头上说性，要人用功在源头上明彻；荀子从流弊说性，功夫只在末流上救正，便费力了。"

先生曰："然。"[①]

王阳明和学生的这段问答，很清楚很通俗地表明了关于"性"的观点，并直接对孟子的性善论和荀子的性恶论进行评价。"性"只是一个，不同人看问题角度不一样、论述有深有浅，就会产生不同的论断。孟子是从源头上说性，人的所有善行都来源于人心中恻隐、羞恶、辞让、是非这"四端"，这是人与其他物类的本质区别，说是人的本性没有错。但是这四端又是来自哪里？为什么人有四端，而动植物却没有？显然还可以不断追问下去。如果把眼光进一步扩大到生物、非生物，直至天地万物，乃至整个宇宙，一定还有一个更高的原则支配着这一切，这就是宇宙的终极真理。而根据"心即理"原则，这个终极真理本然地存在于人的心中，人也能够通过一定方法和途径掌握这个真理（现代的全息理论也表达了类似的思想）。王阳明用自己独

①王守仁：《传习录（下）》，《全集》，第101页。

特的生命经验，体悟到这个终极真理是"造化生生不息之理"，是以天地万物为一体之理。万物一体自然无善无恶，王阳明说："天地生意，花草一般，何曾有善恶之分？子欲观花，则以花为善，以草为恶；如欲用草时，复以草为善矣。"[1] 日出日落不为善，花开花谢何来恶，天行健，地势坤，"天地之大德曰生"，万物只是在和而不同之中共生互化而已。所以，王阳明说"性之本体原是无善无恶的""无善无恶心之体"和孟子性善论并不矛盾，他们不是在同一个层次上论性，王阳明的性无善无恶论可以涵盖和统摄孟子的性善论。正如日本学者佐藤一斋对王阳明这段对话的注解："性之本体，无善无恶者，指形而上而言。至于善恶可言，则已落于形而下。故无善无恶者，即所谓至善，而与物无对，是其本体也。"[2]

五、人生第一等事——王阳明的终极追求

王阳明在十几岁的时候就立下了人生第一等事是"读书学圣贤"远大志向，十八岁拜谒娄谅先生，得到"圣人必可学而至"[3] 的教诲，做圣贤之志更为坚定，几十年间，不论求学问道、科举为官，还是蒙冤受屈、贬谪边陲，不论剿匪平叛、浴血沙场，还是闲居山林、讲学授徒，始终矢志不渝，苦苦追寻。嘉靖七年戊子（1528 年）农历十一月二十九日，完成了最后一次为国征战的王阳明，在回故乡途中的一

①王守仁：《传习录（上）》，《全集》第26页。
②陈荣捷：《王阳明传习录详注集评》，第286页，重庆出版社，2017年3月第1版。
③钱德洪：《王阳明年谱》，《全集》，第1002页。

叶扁舟上与世长辞。是时服侍左右的弟子问他是否有遗言，他用"此心光明，亦复何言"八个字为一生画上圆满的句号。[1]回顾他跌宕起伏、波澜壮阔、顶天立地、苦难辉煌的一生，王阳明真真正正做到无愧于天地鬼神、无愧于社稷苍生、无愧于古圣先贤、无愧于列祖列宗、无愧于子孙后代、无愧于文化学术，光明磊落、胸怀坦荡，表里如一、知行合一，一个人一生做到"此心光明"，可称得上圣人矣！

"读书学圣贤"有两层意思，一个是读书，亦指广义的学习；另一个是学圣贤，以圣贤为学习的榜样，身体力行立圣贤志、行圣贤事，最终成为圣贤。这两层意思指的是同一件事情，学习的唯一目的就是做圣贤，而做圣贤的唯一途径就是学习。"读书学圣贤"和《大学》的为学之道是一脉相承的，学就是学做"明明德、亲民、止于至善"的圣人。孟子说："学问之道无他，求其放心而已矣。"[2]求放心，就是把因外物诱惑而放失的本心找回来，恢复人心中善的本性，也就是"明明德"。荀子说："君子之学也，入乎耳，著乎心，布乎四体，形乎动静，端而言，蠕而动，一可以为法则。小人之学也，入乎耳，出乎口；口耳之间则四寸耳，曷（何）足以美七尺之躯哉！"[3]王阳明的为学观继承了儒家传统为学思想，他说："然世之讲学者有二：有讲之以身心者；有讲之以口耳者。讲之以口耳，揣摸测度，求之影响者也；讲之以身心，行着习察，实有诸己者也，知此则知孔门之学矣。"[4]这个"身心之学""孔门之学"，有时也称为圣人之学、良知之学或直接

①钱德洪：《王阳明年谱》，《全集》，第1091页。
②《孟子·告子上》。
③《荀子·劝学》。
④王守仁：《答罗整庵少宰书》，《全集》，第65页。

称为心学，王阳明认为这是根于天地万物一体之仁，直承尧舜禹时代"十六字心法"的真正的学问。

上面介绍《拔本塞源论》时讲过，古代圣人对天下人心因私欲遮蔽而相互隔阂，以至于父子兄弟反目成仇的状况感到深深的忧虑，于是要推行他的天地万物一体之仁来教化天下百姓。教什么呢？王阳明说："其教之大端，则尧、舜、禹之相授受，所谓'道心惟微，惟精惟一，允执厥中。'"①教的宗旨是尧、舜、禹相传的"心法"。王阳明对这个心法专门进行了解释：

夫圣人之学，心学也。学以求尽其心而已。尧、舜、禹之相授受曰："人心惟危，道心惟微，惟精惟一，允执厥中。"道心者，率性之谓，而未杂于人。无声无臭，至微而显，诚之源也。人心，则杂于人而危矣，伪之端矣。见孺子之入井而恻隐，率性之道也；从而内交于其父母焉，要誉于乡党焉，则人心矣。饥而食，渴而饮，率性之道也；从而极滋味之美焉，恣口腹之饕焉，则人心矣。惟一者，一于道心也。惟精者，虑道心之不一，而或二之以人心也。道无不中，一于道心而不息，是谓"允执厥中"矣。一于道心，则存之无不中，而发之无不和。是故率是道心而发之于父子也无不亲；发之于君臣也无不义；发之于夫妇、长幼、朋友也无不别、无不序、无不信；是谓中节之和，天下之达道也。放四海而皆准，亘古今而不穷；天下之人同此心，同此性，同此达道也。②

①王守仁：《大学问》，《全集》，第798页。
②王守仁：《重修山阴县学记》，《全集》，第216页。

《中庸》说:"率性之谓道",遵循本心、本性可以称为"道"。王阳明认为,道心,完全遵循、显现本心,没有间杂人欲之私,这就是圣人之心,就是以天地万物为一体之心,所以说"道心惟微",无声无臭,至微而显,是至诚无妄的源头,它非常的精微,"不容少有议拟增损于其间也"。人心却掺杂了私欲私意,导致人心相隔,"间形骸而分尔我",不能以天地万物为一体,不能心心相通,即俗话说的人心隔肚皮,居心叵测,这是虚伪狡诈的开端。举例说,看见幼儿将掉入井里不忍之心油然而生,下意识伸出援助之手,而没有考虑任何其他因素,这就是遵循道心本性而行;如果这个善举不是纯粹循天道而行,而是为了结交婴儿的父母或者求取乡人的赞誉,就有私心了。"惟精惟一"是指专一而精纯地追求道心显现,就像舂米一样要一遍一遍地舂、簸、筛、拣,直到得到洁白无瑕的大米为止。"允执厥中"是虔诚地秉持中正之道。"道"不偏不倚,无过无不及,始终中正至诚,以天地万物为一体,一心一意随时随地坚守这个"道心"就是"允执厥中"了。

教的内容是什么呢? 王阳明说:"其节目则舜之命契,所谓'父子有亲,君臣有义,夫妇有别,长幼有序,朋友有信'五者而已。唐、虞、三代之世,教者惟以此为教,而学者惟以此为学。"[1] 这"五伦"并不是用外在的道德标准来说教或强制规范的,而是教育引导学生专一于"道心",存养大中至正的本心,则本心发用出来的行为都平和规矩,自然"发之于父子也无不亲;发之于君臣也无不义;发之于夫妇、

---

① 王守仁:《大学问》,《全集》,第798页。

长幼、朋友也无不别、无不序、无不信"。① 自然社会秩序安定, 社会和谐稳定。除了教修心的功夫外, 不教那些具体的技术性的知识和技能吗? 王阳明说:"学校之中, 惟以成德为事, 而才能之异或有长于礼乐, 长于政教, 长于水土播植者, 则就其成德, 而因使益精其能于学校之中。"② 学校以培养学生良好的德行为主要目标, 而才能禀赋每个人各不相同, 有的擅长礼乐、有的擅长政教、有的擅长农业, 但是教学要抓住 "德" 这个根本, 要让学生在各自不同的专业中成就自己的德性, 同时, 这些特殊才能通过学校的成德之教, 也会更加精湛。这是古代以德为主, 因材施教的理念, 是现代 "德才兼备、以德为先" 育人理念的思想源泉。浙江大学教授郑强对学生讲过一个 "不教" 原则: 对那些没有爱国之心的学生, 我教他们高分子专业知识, 他们毕业后跑到某国大型军工企业工作, 帮助做导弹的密封圈, 今后两国交战他们参与制造的导弹飞回来把我炸死, 这样的学生我绝对不教。③ 不论古今, 德育都应该摆在首要位置。

推行圣人之教的结果是, 天下同心同德, 人人举德而任, 各尽所能, 各得其所, 不以崇卑为轻重, 不以劳逸为美恶, "处于烦剧而不以为劳, 安于卑琐而不以为贱", 天下之人熙熙皞皞, 皆相视如一家之亲, 没有 "人己之分, 物我之间", 组成一个浑然一体、井然有序、安定和谐的社会。相反, 不推行圣人之教的时代, "王道熄而霸术猖, 圣学晦而邪说横", 天下人心相隔, 自私自利, 欺天罔人, 倾诈攻伐,

---

① 王守仁:《大学问》,《全集》, 第798页。
② 同上。
③ 引自郑强教授讲座视频。

斗争劫夺,斯人沦于禽兽夷狄。圣学既远,训诂、记诵、词章等学术纷纷籍籍,世人沉溺于无用的学问,教师不教圣人之学,学生只学功利之术,所有学习都是为了满足自己的私欲,以至于功利的毒害深入骨髓,形成习惯。没有圣人之学作为根本,记诵越广,越助长人的傲慢;知识越多,越帮助人作恶,见闻越广,越便于人的狡辩;辞章越华丽,越可掩盖人的虚伪。[①]

　　王阳明一生致力于传播圣人之学,他自己切实体悟到以天地万物为一体的圣人之心,也希望更多的人跟随他行圣人之道。他曾坦言"读书讲学,此最吾所宿好"[②],他最钟情也最得意的事业并非金榜题名,也非戎马倥偬,亦非加官晋爵,而是讲学论道。他在传统儒家为学观的基础上,用生命实践探索出一个独特的学术体系,这就是以"万物一体"为思想根基,以"心即理"为基础,以"知行合一"为实践功夫,以"致良知"为大头脑的阳明心学体系,这也是本书探讨的主要框架和内容。(见图10-1)

---

①王守仁:《大学问》,《全集》,第798页。
②王守仁:《赣州书示四侄正思等》,《全集》,第815页。

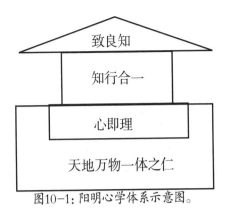

图10-1：阳明心学体系示意图。

在讲学实践中，王阳明总结了一套有效管用的教学方法。在龙场他为学生订立了"立志、勤学、改过、责善"的教条，[①] 在他以后的讲学中，他不断发展他的教学思想。

——立志。

为什么要立志？立志是根本，是为学的基础和前提，王阳明说："夫学，莫先于立志。""君子之学，无时无处而不以立志为事。""吾人为学紧要大头脑只是立志，所谓困忘之病，亦只是志欠真切。"关于立志与成事的关系，王阳明认为立志是成功的必要条件，而非充分条件，"有有志而无成者矣，未有无志而能有成者也"。苏轼也说："古之立大事者，不惟有超世之才，亦必有坚忍不拔之志。"一个人没有志向，学习、工作、生活就没有目标，就会随波逐流，浑浑噩噩，一事无成。"志不立，天下无可成之事""志之不立，犹不种其根而徒事培拥灌溉，劳苦无成矣。世之所以因循苟且，随俗习非，而卒归于

<hr>

①王守仁：《教条示龙场诸生》，《全集》，第804页。

污下者, 凡以志之弗立也"。①

立什么志? 竺可桢先生曾对学生说: "诸位在校, 有两个问题应该自己问问: 第一, 到浙大来做什么? 第二, 将来毕业后要做什么样的人? " 做什么样的人就是立志。1835 年 8 月, 即将中学毕业的马克思和同学们畅谈志向, 同学们有的想成为诗人、科学家或哲学家, 有的想当教士或牧师, 有的想做工厂主、农场主, 而马克思的志向是为人类的幸福和自身的完美而工作, 他和立下圣贤志向的王阳明一样始终不渝地忠实于少年时代的誓言, 一生为全人类的福祉奋斗不息。真正的立志, 是立志成为什么样的人, 不是立志做什么事, 更不是立志当多大官、赚多少钱。王阳明要求弟子们也要像他一样立"必为圣人之志", 正如程颐所说"有求为圣人之志, 然后可与共学"。② 立志成为圣人, 这个目标似乎过于远大, 遥不可及, 令人望而却步, 其实不然。王阳明说: "圣人之所以为圣人, 惟以其心之纯乎天理而无人欲, 则我之欲为圣人, 亦惟在于此心之纯乎天理而无人欲耳。" ③ 所以"只念念要存天理, 即是立志"。圣人是个大公无私的人, 日常生活中做到"诸恶莫作、众善奉行"即是圣人。王阳明在龙场对学生说: "使为善而父母怒之, 兄弟怨之, 宗族乡党贱恶之, 如此而不为善可也; 为善则父母爱之, 兄弟悦之, 宗族乡党敬信之, 何苦而不为善为君子? 使为恶而父母爱之, 兄弟悦之, 宗族乡党敬信之, 如此而为恶可也; 为恶则父母怒之, 兄弟怨之, 宗族乡党贱恶之, 何苦而必为恶

①王守仁:《示弟立志说》,《全集》, 第218页。
②程颢、程颐:《河南程氏遗书》卷第二十五,《二程集》, 第322页。
③同注释①。

为小人?诸生念此,亦可以知所立志矣。"①王阳明的教学方法很独特,立圣贤志很高远,但又很接地气,很好实行,只要日常"为善去恶"做个君子,不做小人,并且"为善去恶"能带来"父母爱之,兄弟悦之,宗族乡党敬信之"的好处,让学生很容易接受。

怎么立志?立志有一个培育巩固的过程。王阳明有个很形象的比喻:"立志用功,如种树然。方其根芽,犹未有干;及其有干,尚未有枝;枝而后叶,叶而后花实。初种根时,只管栽培灌溉,勿作枝想,勿作叶想,勿作花想,勿作实想。悬想何益!但不忘栽培之功,怕没有枝叶花实?""我此论学是无中生有的工夫,诸公须要信得及只是立志。学者一念为善之志,如树之种,但勿助勿忘,只管培植将去,自然日夜滋长,生气日完,枝叶日茂。树初生时,便抽繁枝,亦须刊落。然后根干能大。初学时亦然。故立志贵专一。"②立志用功就像种树,志如树的根芽、种子,只要一心一意呵护培植它,用功栽培灌溉,不让这点志气夭折了、中断了;而不能好高骛远,拔苗助长,看到一点点小树苗就想着开花结果。立志要立常志,要持之以恒,时时警醒。王阳明说:"君子之学,无时无处而不以立志为事。正目而视之,无他见也;倾耳而听之,无他闻也。如猫捕鼠,如鸡覆卵,精神心思凝聚融结,而不复知有其他。然后此志常立,神气精明,义理昭著。"③

——勤学。

中华民族是勤劳的民族,炎黄子孙有勤学的传统,历代关于勤

---

①王守仁:《教条示龙场诸生》,《全集》,第804页。
②王守仁:《传习录(上)》,《全集》,第13页,第52页。
③王守仁:《示弟立志说》,《全集》,第218页。

学的励志文章汗牛充栋。勤学为了什么? 孔子说:"古之学者为己,今之学者为人",学习是为自己学的,不是为别人学的。学习不是为了考试、升学,更不是为了向别人炫耀,而是为了提升自己的思想境界、提高自己的综合素质、完善自己的人格,这才是学习的真正意义所在。孔子本人就是一个勤学的典范,从十五岁"志于学"一直到晚年,都孜孜不倦地读书学习,留下了"韦编三绝"的故事,说他晚年一遍一遍反复研读《易经》,致使编联竹简的皮绳多次脱断。王阳明也是勤学的榜样,他年轻时"日则随众课业,夜则搜取诸经子史读之,多至夜分"①,白天和大家一起上课,晚上自学到半夜,传说他父亲担心他身体受不了,晚上不准他待在书房里,把他的灯都拿走,可见阳明读书之刻苦。

在王阳明看来,立志和勤学是密不可分的,"已立志为君子,自当从事于学,凡学之不勤,必其志之尚未笃也"。②为学不勤一定是立志不够坚定。他曾经把学习比作种田:"君子之于学也,犹农夫之于田也,既善其嘉种矣,又深耕易耨,去其螽莠,时其灌溉,早作而夜思,皇皇惟嘉种之是忧也,而后可望于有秋。夫志犹种也,学问思辩而笃行之,是耕耨灌溉以求于有秋也。"③立下为学的志向只是种下种子,唯有日出而作,日落而息,辛勤耕耘灌溉,才能有秋天的好收成。

王阳明挑选学生不是看是否聪慧、机警、敏捷,而是看是否勤

①钱德洪:《王阳明年谱》,《全集》,第1002页。
②王守仁:《教条示龙场诸生》,《全集》,第804页。
③王守仁:《赠郭善甫归省序》,《全集》,第200页。

奋、踏实、谦逊。他告诫学生，自以为是、虚荣浮夸、大言不惭、嫉贤妒能的人只会让人厌恶和鄙弃，而谦虚谨慎、勤学好问、学人之长、补己之短、忠厚老实、表里如一的人才能得到他人的尊敬和赞扬。

——改过。

古语说："人谁无过？过而能改，善莫大焉。"[1] 王阳明对龙场的学生说："夫过者，自大贤所不免，然不害其卒为大贤者，为其能改也。故不贵于无过，而贵于能改过。"[2] 人都会犯错，就算是圣人，也不免要犯错误，只要能改正错误，并不影响圣人的光辉。两千多年前，子贡也说过类似的话："君子之过也，如日月之食焉：过也，人皆见之；更也，人皆仰之。"[3] 所以，人最可贵的品格不是不犯错误，而是勇于改正错误。

王阳明告诫学生：平时要经常自我反省，是否有违背廉、耻、忠、信的行为？孝敬父母长辈、友爱兄弟朋友之心是否淡薄了？是否不经意间染上了奸诈、刻薄的恶习？万一有这些缺点和毛病，一定要痛下决心改过自新；同时，也不要因为曾经犯过错就过度羞愧、自卑，只要能彻底洗心革面，即使曾经当过盗贼，也不妨害他成为君子。在王阳明看来，改过不仅仅是纠正做错了的事，也不仅仅是改变不良习惯，更重要的是通过"自思""自省"从心上去除恶念，这才能从根本上避免再次犯同样的错误。其实，改过就是所谓"正其心之不正以归于正"，既是王阳明对格物的定义，也是他"知行合一"的立言宗

①《左传·宣公二年》，《春秋左传正义》，卷二十一。
②王守仁：《教条示龙场诸生》，《全集》，第804页。
③《论语·子张》，见《四书章句集注》，第178页。

旨。(详见第七章第四节)

一切过失,都是起源于心。"心正而后身修",时时省察克治,只要心头有一念不善产生,便斩钉截铁地克去这个不善的念头,就是从根上进行了一次改过,久而久之,修炼成"不动心"的功夫,就能做到不犯大的过错。

——责善。

责,要求、期望、督促之意;善,是指向善,止于至善。责善,大意是互相督促、提醒,使对方不断向善,品格臻于至善。如果说"改过"侧重于自我批评、自我反省,那么"责善"则是同志间的真诚批评,是规劝别人改过。王阳明要求弟子们,批评别人要讲究方式方法,尽量委婉含蓄,使人乐于接受,乐于改过。如果一上来就直白地指出朋友的过错,极力地揭发暴露他的短处,使他无地自容、羞愧难当,这样只会让他产生怨恨愤怒之心,本来他是想改的,被你这样一激怒,他反而不改了。所以,凡是揭露别人短处,攻击别人隐私,来博取"正直"美誉的,都不是真正的"责善"。反过来,"凡攻我之失者,皆我师也",如果别人用这种直白而剧烈的方式批评我,我应该诚恳快乐地接受并心存感激。王阳明还以身作则,检讨自己品德、学问的不足,鼓励学生直言相谏。王阳明对学生的教导,表明他对人性的深刻洞察,也充分体现了他严于律己、宽以待人的品格。

王阳明为弟子立下的这四条教规,看似通俗、粗浅,都是日常为人处世的规范,其实蕴含着他的心学精髓,是引导学生特别是初学弟子进入圣学正道的指南,立志是立圣贤之志,勤学是勤于圣人之学,改过是省察克治以达圣人境界,责善是相互砥砺以止于至善,按照这四条着实用功，为学的大方向就不会偏，人生的大方向也就不会偏。

嘉靖六年丁亥（1527年）八月，王阳明奉命出征广西思田之前，把绍兴阳明书院的事务交给弟子钱洪德和王畿管理，并亲笔写下《客座私祝》，"客座"也作"客坐"指招待客人的房间，就是现在的客厅，"私祝"即"私嘱"，王阳明把这幅手书郑重地悬挂于书院客厅，作为告诫弟子及昭示来访客人的"告示"。他希望温良、恭谨、正直和诚信的朋友来这里讲学论道，以正道教训子弟，勿以劣行诱惑子弟；嘱咐子弟亲近贤良，远离卑俗，互相勉励，共同进步。《客座私祝》是王阳明最后一次以书面的形式立下的教规，可以说是他教学的遗嘱，凝聚了他一生讲学授徒的心血，体现了他对后学的严格要求和殷切期望。明末著名学者和爱国志士黄道周在书卷上题跋："公之斯文若乾坤元气，春温秋肃受者皆生，又如千仞壁立，截断众流，天下父母，苟不顾其子弟为不肖，皆当家书一通，塾置一本。此为公手书，凛然正色，在行墨间尤不可亵观也。福州陈氏宝之，出求题识，遂得著墨楮间，何如幸耶！"黄道周认为天下父母都可以把这幅私祝作为教育子女的范本。现谨全文抄录《客座私祝》作为本书的结语，与天下读书人共勉之。

但愿温恭直谅之友来此讲学论道，示以孝友谦和之行。德业相劝，过失相规，以教训我子弟，使毋陷于非僻。不愿狂躁惰慢之徒来此博弈饮酒，长傲饰非，导以骄奢淫荡之事，诱以贪财黩货之谋，冥顽无耻，扇惑鼓动，以益我子弟之不肖。呜呼，由前之说，是谓良士；由后之说，是谓凶人。我子弟苟远良士而近凶人，是谓逆子，戒之！戒之！

嘉靖丁亥八月将有两广之行，书此以戒我子弟，并以告夫士友之辱临于斯者，请一览教之。王守仁书。[1]

---

①《客座私祝》原件收藏于余姚博物馆，系国家一级文物。纸质，纵44cm，横36cm，共22张，其中2张为跋，封面和封底以缂丝加框制成。钤印白文"王守仁印"，朱文"王伯安"印。私祝书法风骨峻迈，端庄高雅，行笔有神融气贯之感，体现了他庄严、慎重、朴实的性格及高洁、脱俗的情操。参见：鲁怒放《王阳明〈寓赣州上海日翁书〉和〈客座私祝〉》，《东方博物》2008年02期。

附录一：同是天涯沦落人

（一）

正德四年（1509 年）秋天，王阳明来到龙场已经近两年时间，经历了生活困顿、地方小官欺侮等诸多磨难，也经历了参透生死的龙场悟道，生活环境和身心状况均得到了较大的改善，并已开始传播知行合一之教。

一个阴雨的黄昏，有一来自京城的小吏，带着一子一仆，将要去赴任，路过龙场，投宿在一个苗族人家里。王阳明本想问问他北京的情况，因为天色已晚，并下着雨，也就作罢。第二天一早，王阳明派人到小吏寄宿的苗家去请小吏，无奈一行三人已经走了，终究没有能见上一面。

快中午的时候，有从蜈蚣坡来的人说起，那边有一个老人死在坡下，有两个年轻人在一旁痛哭。王阳明黯然伤神地说，"这一定是那个吏目死了，令人悲伤呀！"傍晚的时候，又有人来说："坡下有两个死人，有一个人坐在旁边哭泣。"王阳明询问当时的状况，断定是小吏的儿子也死了。第二天，又有人来说："看见蜈蚣坡下堆着三具尸体。"毫无疑问，小吏的仆人也死了。这是一件非常不幸，令人悲伤的事情!

　　想到这素不相识的三个人暴尸荒野，无人收殓，王阳明心生怜悯，就带了两个童子，拿着畚箕和铁锹前去埋葬他们。一开始两个童子面露难色，不太想去。王阳明对他们说："唉! 我和你们就如他们一样啊!"两个童子潸然泪下，很自觉地和王阳明一起去了蜈蚣坡。他们到蜈蚣坡找到了尸体后，就在尸体旁的山麓挖了三个坑，埋葬了他们。随后，王阳明用一只鸡、三碗饭祭奠了这三个客死在外的异乡人。祭文《瘗旅文》悲伤恳切，感天动地，被选入《古文观止》，与唐代李华《吊古战场文》和韩愈《祭十二郎文》合称为祭文"三绝"，广为传诵。

（二）

　　祭文正文，王阳明直接与死者对话，哀惋动情，情凄意切，催人泪下坟墓外面的人刚刚把三个素昧平生的过路人埋到了坟墓里面，手中还粘有挖坑覆土时的新鲜泥土，该对坟墓里的人说点什么呢? "你是什么人啊? 你是什么人啊? 为什么平白无故跑到这荒山野岭做了孤魂野鬼啊? ""我是因为得罪了奸臣而被贬官放逐到这里，你又有什么罪过呢? 听说你的官位不过是个吏目罢了，俸禄不足五斗，你带领妻子儿女亲自耕种也是能够得到的呀! 为什么要因为这区区五斗米折了你堂堂七尺的身躯呢? 这还不够，还要加上你的儿子和仆人呢? "

"你要真为这五斗米而来,就应当欣然上路,为什么我昨天看见你路过龙场时愁容满面,不胜忧伤呢? 你们顶风冒雨,翻山越岭,饥渴劳顿,身体已经极度疲惫,又加上外有瘴气瘟疫侵扰,内有忧愁苦闷郁积,怎能不死呢? 我本来知道你一定会死,只是没想到你会死得这么快,更没想到你的儿子、仆人也这么快相继死去! 这都是你自找的,还能说什么呢! 我想到你们尸骨无人收敛,前来埋葬你们,这也给我带来无穷的悲伤。"

"就算我不埋葬你,在这深山幽谷,成群结队的狐狸、身粗如轮的毒蛇,也会把你们葬到它们腹中,不至于使你们暴尸野外。你已经没有知觉了,可我又如何忍心呢? 自从我离开了父母家乡,来到这里已近三年了,一样经受了瘴疠毒气的侵扰却能苟且保全,是因为我不曾有一天的忧伤啊。今天如此悲伤,是我为你想得太重,而为自身想得很轻啊。我不应该再为你悲伤了。"[1]

问死如问生,问人如问己。墓前祭奠,最悲切者,莫过于这种与死者的直接对话。祭文中,王阳明既为死者因微薄俸禄丢了性命感到惋惜,也为自己遭遇同样的境遇感到悲伤;既责备死者不能欣然接受命运的安排,又抒发自己"既来之则安之"的超然胸襟。坟墓内外,同是天涯沦落人,境遇有许多相似处,而心境不同,结局何止相去万里,不能不引人深思。

①王守仁:《瘗旅文》,《全集》第785页。《古文观止》,第881页。

（三）

在祭文最后，王阳明为死者吟唱了两首骚体歌："连绵的山峰与天相接啊，飞鸟也不能越过。游子怀念故乡啊，分不清西东。分不清西东啊，唯有天空相同。异域他乡啊，也在四海之中。达观的人天下为家啊，不一定非要固守一处。魂啊，魂啊，不要伤心悲痛！"

另一首安慰死者魂魄的歌是："你我都远离故乡土啊，蛮族言语听不懂。我在这能活多久也不好说，我如果死在这里，你就带着儿子和仆人来和我在一起。我和你遨游嬉戏啊，驾着彩色龙虎拉的车。我们共同登高眺望遥远的故乡啊，一起因思乡而叹息！我若能活着回去啊，你还有儿子和仆人跟随。路旁的坟头累累啊，住着的多是中原流离失所的人士。大家相互招呼一起去溜达啊，以清风雨露为食，你不会挨饿。早晨与麋鹿结成伙伴，晚上与猿猴一同栖息。你可以安心地住在这里，可不要化作厉鬼危害这里的村庄啊！"

这两首歌，韵密调哀，情真意楚，给人以无限低回、一唱三叹的艺术感受。第一首以达观之论，写深沉之悲，虽在"异域殊方""莫知西东"，但毕竟在同一个天底下，在"环海之中"，可游子怀乡的感情，孤魂无依的悲哀，反而显得更加强烈，正是长歌当哭。第二首以更加深沉的哀思，安慰死者的灵魂，表示如果自己死在这里，就和他们一起遨游，一起眺望故乡。如果他能够活着回中原，就希望他们与"中土流离"在此的孤魂，相互照应，餐风饮露，与麋鹿、猿猴为伴。不但对死者表达了无限的同情，无比的悲哀，而且流露了作者生死莫测、命运无凭的怅惘之情。是明为死者歌，实为生者哭；明是哀悼死者，实是哀悼自己。这是因为王阳明认为自己与吏目有着相似的命运，彼此的心是相通的，自然而然地要产生那种设身处地、推己及人的强烈感情，当他把自己平时积蓄在心头的满腔悲愤，尽情地倾泻出来，文章便具有动人心扉的艺术力量。①

（四）

王阳明去世后，他这篇《瘗旅文》被收入隆庆六年（1597年）刊刻的《王文成公全书》和崇祯年间的刊刻的《阳明先生集要》。清顺治年间，贺复征编的《文章辨体汇选》收录了《瘗旅文》，这也是该文第一次出现在选本中。康熙三十二年（1693年），黄宗羲的《明文海》收录了《瘗旅文》，从这时起，这篇作品开始逐渐经典化。康熙三十四年（1695年），吴楚材、吴调侯叔侄编选《古文观止》，收录了这篇《瘗旅文》。三百年来，《古文观止》的影响力长盛不衰，《瘗旅文》也因此奠定了它在古文中的地位。②

因《瘗旅文》的缘故，这三个名不见经传的小人物的坟墓也一直被人惦记着。清乾隆八年（1743年），山东通判孙谔因办理公事到修文，与修文知县王肯谷一道到蜈蚣坡寻找三人墓。因历经二百三十多年，当地人大都不知道发生在二百多年前的事了，更不知道三人的

---

①陈振鹏，章培恒《古文鉴赏辞典》，第1576页—第1578页，上海辞书出版社，2014年7月。
②张道锋：《论王阳明〈瘗旅文〉的经典化》，《安徽文学》第26页，2018年4期。

坟墓在哪里。最后找到一位70多岁的老人，才带他们找到了被荒草湮没几乎不能辨别的坟墓。孙谞捐资修筑坟墓，并于乾隆十年(1745年)春季赋诗撰文刻碑立于坟头。后来，修文县人又把《瘗旅文》刻成石碑，立于坟侧驿道上，供过往客人凭瞻，因碑位于蜈蚣坡两山之间，碑又高又大，当地人叫作"大碑垭口"，沿袭至今。①

三人坟墓碑在民国年间被毁，《瘗旅文》碑在"文化大革命"中作为"四旧"被造反派砸坏，坟墓因年久失修坍塌。1985年贵州省人民政府将三人坟列为省级文物保护单位，1996年修文县文物管理所筹集资金培修了坟茔，搜集残碑和残碑拓片，反复核对文字，按核准的碑文和书体恢复了王肯谷撰书的墓碑，又请贵州文史专家陈福桐手书《瘗旅文》，重刻大碑竖于坟后垭口处。

（五）

我初读《瘗旅文》时，心中一直有个疑惑：王阳明是儒家圣贤，视国犹家，视人犹己，以天地万物为一体，听闻三人暴尸野外，动了恻隐之心，带童仆前去埋葬并撰文祭奠，也是情理之中的事；然而

①孙谞的碑文云：癸亥秋，因公同王明府过蜈蚣坡，询三人墓，里人无知者。有老生，年七十，扶杖拔藤，导引而至墓前，则荒烟蔓草，几莫能辨。余凭吊久之，不胜怆然。因与明府共谋，捐金筑墓立碣，并口占一律，使后之吊者得有所据。三人有知，当吟吾诗于青枫落日间也。
主仆扶男来瘴地，可怜同日葬幽云。
史书已失三人姓，驿路犹存一尺坟。
魂叫青枫天欲暮，骨缠白草昼常曛。
蜈蚣坡下伤无限，痛哭当年瘗旅文。

当得知吏目死于野外的消息后,至诚侧怛如阳明者,应知老者死后,一子一仆无依无靠,理应派人把两个年轻人接到龙场,就算当个杂役,也能苟延残喘,不至于命丧黄泉,为何等到三人都死了,才去料理后事?

直到最近,我亲自到龙场阳明洞瞻仰,到玩易窝体验,到三人坟凭吊后,结合地形再次仔细研读《瘗旅文》,才解开心中的疑团,深切体会圣人当时的不易。从王阳明居住的阳明洞和当地老百姓帮助搭盖的何陋轩到蜈蚣坡三人坟,距离约11公里多(22里),全程水泥路面县道(几乎是直线),车程约40分钟,步行需要2个多小时。

阳明洞——修文县谷堡乡三人坟景区
步行需2小时42分　11.4公里

图附录1-1: 阳明洞至蜈蚣坡路线图

古时虽有驿道,但是都是在万山丛林中的崎岖小路,有些地方甚至要"扳援崖壁"。两地之间步行至少也需要3小时。从《瘗旅文》中的叙述,也可以大致推测两地的距离:初四日一早,吏目三人就出发了，中午有过路人从蜈蚣坡方向来，带来了老人死在路旁的消息，可以推断三人从龙场出发，到蜈蚣坡约花了 3 小时，路人从蜈蚣坡到龙场又花了 3 小时。王阳明接到吏目死讯后，十分伤心，但是万万没有想到两个年轻人也很快相继死去，"又不谓尔子尔仆亦遽然奄忽也"。《瘗旅文》载，"薄暮，复有人来，云：'坡下死者二人，傍一人坐哭。'"可知，其子在吏目死后一两个小时内也死了。而这个时候，天色已晚，在当时的条件下已经没有办法再赶到 22 里地之外的荒山野岭去施以援手了。更让人想不到的是，第二天，又有人来报，坡上已经有三具尸体了。可见，当时吏目一行三人死于同一天的可能性是很大的。所以，王阳明所能做的只有料理后事了，这已经是仁尽义至了。

（六）

我也曾到三人坟前，祭奠这三位不知姓名的古人。初春的早晨，青松翠竹，荒草萋萋，杂草中长着青苔的古石板驿道依稀可见，有一点"远芳侵古道"意境。山谷空无一人，出奇的安静，一个大坟堆静静地坐在那里，仿佛在等待什么人。我独自一人，捧着一盆菊花，放在墓碑前，三朵黄色的小菊花大概就代表三个古人吧。放上三个小小的面包，没有香也没有烟，仅以一点洒向空中和地上的水，表达对古人的哀思。在快节奏的现代社会，这是简到不能再简的仪式了。极简的祭奠仪式后，我站在坟前，对着空旷的山谷发呆。

图附录1-2: 蜈蚣坡三人坟

　　三位古人是不幸的。仅仅为了微薄的薪俸,离开京城万里奔走,一路长途跋涉,历尽千辛万苦,饥寒交迫,忧郁愁苦,却终究未能到达目的地,一两天之内三人相继惨死在荒郊野外,连姓名籍贯都没有留下,死得不明不白,不得其所,和三只蝼蚁没有什么差别。

　　三位古人是幸运的。谁没有一死? 没有死在蜈蚣坡,也可能死在别的什么坡。而三位不远万里来到龙场,被王阳明先生远远望了一眼之后,第二天就死在 22 里之外的山坡上,仿佛此行的目的,就是为了死在王阳明眼前的蜈蚣坡! 真是死得其时,死得其所啊! 一代圣人亲手把你们埋葬,亲自祭奠你们,随着祭文成为经典,一代又一代读书人感受你们的艰辛,同情你们的遭遇,也记住了你们的故事。一代又一代王阳明的追随者到龙场缅怀圣人,也顺便到蜈蚣坡凭吊你们! 500 年了,你们在这里已经静静地躺了 500 年了,有谁还记得自己 500 年前的祖先? 而只要读过《古文观止》,就忘不了你们。你们人生的最大价值就是在恰当的时间死在这里啊! 你们可以瞑目了!

瘗旅文①

维正德四年秋月三日②, 有吏目云自京来者③, 不知其名氏, 携一子一仆, 将之任④, 过龙场⑤, 投宿土苗家⑥。予从篱落间望见之⑦, 阴雨昏黑, 欲就问讯北来事⑧, 不果。明早, 遣人觇之⑨, 已行矣。

薄午⑩, 有人自蜈蚣坡来, 云:"一老人死坡下, 傍两人哭之哀⑪。"予曰:"此必吏目死矣。伤哉!"薄暮, 复有人来, 云:"坡下死者二人, 傍一人坐哭。"询其状, 则其子又死矣。明日, 复有人来, 云:"见坡下积尸三焉。"则其仆又死矣, 呜呼伤哉!

念其暴骨无主⑫, 将二童子持畚、锸往瘗之⑬, 二童子有难色

---

①瘗(yì)旅文: 为所埋葬的客死他乡之人而写作的祭文。瘗, 掩埋, 埋葬。
②维: 助词, 常用于表示时间的词语之前, 用以加强时间观念。正德四年: 公元1509年, 正德是明武宗朱厚照的年号。
③吏目: 官名。明代在知州下设吏目, 掌管出纳文书等事。
④之任: 犹赴任。
⑤龙场: 地名, 即在今贵州省修文县境内的龙场驿。
⑥土苗: 指当地的苗族居户。
⑦篱落: 篱笆。
⑧此句谓: 想到他们的住处去询问——些有关他们从北边来的事情。
⑨觇(chān): 窥视。
⑩薄: 迫近, 将近。
⑪傍(páng): 旁边。
⑫暴(pù)骨无主: 谓尸体在露天之下没有人去掩埋。
⑬将(jiāng): 带领。畚(běn): 畚箕。锸(chā): 铁锹。

然①。予曰："嘻！吾与尔犹彼也②！"二童闵然涕下③，请往。就其傍山麓为三坎④，埋之。又以只鸡、饭三盂⑤，嗟吁涕洟而告之⑥，曰：

"呜呼伤哉！繄何人⑦？繄何人？吾龙场驿丞余姚王守仁也⑧。吾与尔皆中土之产⑨，吾不知尔郡邑⑩，尔乌为乎来为兹山之鬼乎⑪？古者重去其乡⑫，游宦不逾千里⑬。吾以窜逐而来此⑭，宜也。尔亦何辜乎⑮？闻尔官吏目耳⑯，俸不能五斗⑰，尔率妻子躬耕可有也⑱。乌为乎以五斗而易尔七尺之躯？又不足，而益以尔子与仆乎⑲？

---

①有难色然：形容脸上流露出为难神态的样子。

②此句谓：我和你们是同他们一样的。

③闵然：哀怜的样子。

④就：靠近。山麓：山脚。为：犹挖。坎：坑穴。

⑤盂：盛汤或饭食的一种圆口器皿。此句谓在他们的坟前放上一只鸡、三盂饭作祭奠用。

⑥嗟吁：叹息。涕洟（yí）：流泪。

⑦繄（yī）：犹"是"。

⑧驿丞：官名，明代在某些州县设置的掌管驿站的官吏。驿站是古时传递公文的人换马或休息的地方。余姚：今浙江省余姚县。

⑨中都之产：出生于中原的人。

⑩郡邑：代指死者的籍贯。

⑪乌乎：疑问代词，为什么。一本作"乌为乎"。

⑫此句谓：古人是不愿轻易离开自己故乡的。

⑬游宦：外出做官。

⑭窜逐：放逐、流放。宜：应该。

⑮何辜：有什么罪过。

⑯此句谓：听说不过做吏目这样的小官而已。

⑰俸：官吏的薪水。不能五斗：达不到五斗。五斗，代指微薄的官俸。古薪俸为粮，以斗论。

⑱率：带领。妻子：妻子和孩子。躬耕：亲自参加田间耕作。此句谓：微薄的官俸收入，你在家带着妻子和孩子种田也能得到。

⑲益：加上。

263

呜呼伤哉！尔诚恋兹五斗而来①，则宜欣然就道②，胡为乎吾昨望见尔容蹙然③，盖不胜其忧者④？夫冲冒雾露，扳援崖壁⑤，行万峰之顶，饥渴劳顿⑥，筋骨疲惫，而又瘴疠侵其外⑦，忧郁攻其中⑧，其能以无死乎？吾固知尔之必死，然不谓若是其速，又不谓尔子尔仆亦遽然奄忽也⑨！皆尔自取，谓之何哉！吾念尔三骨之无依而来瘗尔，乃使吾有无穷之怆也⑩。

　　呜呼伤哉！纵不尔瘗⑪，幽崖之狐成群，阴壑之虺如车轮⑫，亦必能葬尔于腹，不致久暴露尔。尔既已无知，然吾何能违心乎⑬？自吾去父母乡国而来此⑭，三年矣，历瘴毒而苟能自全⑮，以吾未尝一日之戚戚也⑯。今悲伤若此，是吾为尔者重，而自为者轻也⑰。吾不宜复

---

①诚：如果，假如。
②欣然：很高兴的样子。就道：上路。
③尔容：你脸上的神情。蹙（cù）然：愁眉不展的样子。
④不胜：谓承受不了。
⑤扳援：攀引而上。
⑥劳顿：犹劳困。
⑦瘴疠：因受瘴气而生的疾病。瘴气，是山林间湿热蒸发能致病的一种气。
⑧中：内心。
⑨不谓：未料到，没想到。此句谓可是没想到你死得这么快。
⑩怆（chuàng）：悲伤。
⑪纵不尔瘗：即"纵不瘗尔"，即使我不来埋葬你。
⑫虺（huǐ）：毒蛇。此句谓：毒蛇猛兽也会吃掉你们的尸体。
⑬为心：犹言安心。
⑭去：离开。父母乡国：出生地，故乡。
⑮苟：勉强。自全：自己保护自己。
⑯戚戚：局促忧伤。
⑰自为：为自己。

为尔悲矣。吾为尔歌，尔听之。"

歌曰："连峰际天兮，飞鸟不通^①。游子怀乡兮，莫知西东。莫知西东兮，维天则同。异域殊方兮，环海之中^②。达观随寓兮，奚必予宫^③。魂兮魂兮，无悲以恫^④。"

又歌以慰之曰："与尔皆乡土之离兮，蛮之人言语不相知兮。性命不可期^⑤，吾苟死于兹兮，率尔子仆，来从予兮。吾与尔遨以嬉兮^⑥，骖紫彪而乘文螭兮^⑦，登望故乡而嘘唏兮。吾苟获生归兮^⑧，尔子尔仆，尚尔随兮，无以无侣为悲兮！道旁之冢累累兮^⑨，多中土之流离兮，相与呼啸而徘徊兮^⑩。餐风饮露，无尔饥兮。朝友麋鹿，暮猿与栖兮^⑪。尔安尔居兮，无为厉于兹墟兮^⑫！

---

①际：接近。

②维天则同：只有天是相同的。维，通"唯"。异域殊方：泛指外地他乡。

③达观：对事情看得开，不计较一得一失。随寓：犹言到处为家。予宫：我的房屋。

④恫(tōng)：哀痛。

⑤期：预料。

⑥遨、嬉：游玩。

⑦骖(cān)：原意为三匹马驾车，此代指驾驭。紫彪：紫色的小马。文螭(chī)：彩色的龙。螭为古传说中的一种无角的龙。

⑧生归：活着回到家乡。

⑨冢：坟墓。累累(léi)：一座连一座的样子。

⑩呼啸：发出尖而长的声音。徘徊：在一个地方来回走动。

⑪此二句是说，早上与麋鹿为友，晚上和猿猴同宿。

⑫厉：恶鬼。墟：山。

附录二: "心外无物"的运用—山中有贼吗?

(一)十字箴言的提出

正德十一年(1516年)九月,正在南京任鸿胪寺卿的王阳明,突然接到吏部任命决定,"奉圣旨,王守仁升都察院左金都御史,巡抚南、赣、汀、漳等处地方"。这一年王阳明45岁。[①]

朝廷为什么会在王阳明任南京鸿胪寺卿才一年多的时间,就给他升职并让他巡抚地方? 这有一个背景。这个巡抚的主要职责是剿匪,巡抚所管辖的江西安南、赣州,福建汀州、漳州,广东南雄、韶州、惠州、潮州及湖广郴州等地方,地处四省交界,是行政管制比较薄弱的地方,加之地势险要,山林茂密,几十年来,盗匪猖獗。这些盗匪并非由几个破产农民集聚而成,打家劫舍,偷盗抢夺的一般强盗,而是具有几万人甚至十几万人规模的土匪集团,他们攻打州县,杀害县官,洗劫官府银库,无恶不作。大的贼窟首领自立为王,内部任命官职,已经有造反和割据的味道了。朝廷先后派了几任巡抚,用

①王守仁:《谢恩疏》,《全集》,第250页。45岁是指中国传统计算年龄的"虚岁",刚出生即为1岁。按现在国际通用的年龄计算方式为44岁。

尽一切办法，甚至调动狼达土兵①，都未能彻底剿灭。

正德十年（1515年），朝廷任命文森为都察院右佥都御史，巡抚南、赣、汀、漳等地，文森托病不赴任，朝廷下旨予以严厉斥责。②最终朝廷决定委派王阳明担任左佥都御史，职位在文森之上。王阳明接到任命后，即上《辞新任乞以旧职致仕疏》，表示自己体弱多病，才疏学浅，在鸿胪寺卿这个闲散的职位上尚且感到不称职，何况巡抚这个保一方平安的重要职务，实在不敢担此大任，担心误了国事；另外，祖母岑氏已经九十七岁了，卧病在床，朝思暮想着嫡孙能回去见最后一面。奏疏写得情真意切，感人至深。王阳明这个辞职举动和此前文森托病不上任有本质的不同。王阳明在正德十年（1515年）四月、八月和九月就已经三次上疏申请辞官归田，理由也是体弱多病和回家探望九十多岁的祖母。③应该说，因身体健康等个人原因辞职是王阳明到南京任职后不久就有的真实想法，并非接到巡抚任命之后，贪生怕死，逃避责任的托词。

朝廷在十月二十四日、十一月十四日两次下敕谕催促王阳明尽快赴任，并于十二月初二日，对王阳明的《辞新任乞以旧职致仕疏》正式批复："该臣奏为乞恩辞免新任仍照旧职致仕事，奏奉圣旨：王守仁不准休致。南、赣地方见今多事，着上紧前去，用心巡抚，钦此。"

---

①狼达、土兵：详见第二章第四节注释，第61页注释①。
②文森（1462—1525），字宗严，南直隶长洲县（今江苏苏州）人。成化二十三年（1487）进士，历庆云、郓城二县县令、御史、南京太仆寺少卿。正德十年（1515），进为右佥都御史，巡抚南赣，未赴任。嘉靖四年（1525）卒于家。（见董平《王阳明的生活世界》第167页）
③其中的两个辞职奏疏《自劾乞休疏》《乞养病疏》见《全集》，第245页。

王阳明接旨后第二天，也就是十二月初三日即动身前往赣州，于次年（1517年，正德十二年正月）抵达赣州接管巡抚一职。

王阳明上任后，以全部精力投入地方军政事务的处理，选练民兵，推行"十家牌法"，较快恢复当地人民的生产生活秩序，为剿匪做充分的准备。二月至四月间，用两个多月时间，剿灭了福建漳州南部和广东东北部的匪患。十月至十二月间，又用两个多月时间，剿灭了江西南、赣和湖广接壤处的横水、桶冈贼巢。在此期间，在给弟子杨士德的信中，王阳明首次提出了"破山中贼易，破心中贼难"的观点。结束横水桶冈之战后，王阳明即把部队拉到江西龙南地区，准备攻打浰头贼巢，进攻前，在给弟子薛侃的信中，再次提到这个观点。信件摘录如下：[①]

> 即日已抵龙南，明日入巢，四路兵皆已如期并进，贼有必破之势。某向在横水，尝寄书仕德云："破山中贼易，破心中贼难。"区区剪除鼠窃，何足为异？若诸贤扫荡心腹之寇，以收廓清平定之功，此诚大丈夫不世之伟绩。数日来谅已得必胜之策，捷奏有期矣。何喜如之！

这个观点可以视作王阳明剿匪实践的一个经验总结，反映了他经过漳南、横水桶冈两场战争后，对彻底歼灭南、赣、汀、漳等地的匪患，充满着必胜的信心。

清代马士琼在《王文成公文集原序》中对王阳明给予极高的评价，认为"求其文起八代之衰，道济天下之溺，忠犯人主之怒，勇夺

---

①王守仁：《致杨仕德薛尚谦》，《全集》，第144页。

三军之气,所云参天地,关盛衰,浩然而独存者,惟我文成夫子一人而已"。序言中引用王阳明的原话只有一处,不是"知行合一",不是"致良知",不是"四句教",而是这句"破山中贼易,破心中贼难",可见马士琼对这句话的重视。

　　迄今读夫子《语录》,有云"破山中贼易,破心中贼难";其望道未见之心,振箨发蒙之念,虽历千古而如见也,非天下之至德,其孰能与于此?[①]

　　王阳明全集中,提到这十个字的地方,只有这两处,但是这十字箴言在阳明心学中具有极为重要的地位,常常被后人所引用,成为脍炙人口的名言。

(二)对十字箴言的解释

　　对于王阳明"破山中贼易,破心中贼难"这个著名观点,历来有不同解释。"破山中贼易"没有歧义,是指用武力剿灭山中现实存在的盗贼。"破心中贼难",一直以来都有两种不同的解释,一种观点认为,是破山中强盗的"心中贼"难,意即用武力征服山中盗贼容易,但要让他们心服口服却难,而要彻底去除他们心中做贼的念想难上加

①马士琼:《王文成公文集原序》,《全集》,第1342页。望道,《孟子·离娄篇》第二十章,孟子曰:"文王视民如伤,望道而未之见。"文王对待老百姓就像对待受伤的人,渴望真理就像从未见过一样。振箨发蒙:箨,竹笋外壳,发蒙,启发蒙昧。

难，于是官兵一走，许多被镇压、改造为良民的强盗又呼啸山林了。这个观点推而广之，就是要去除老百姓"心中贼"不容易，所以王阳明要兴办学堂，施以教化，让老百姓接受"仁义礼智信、温良恭谦让"的教育，从根本上消除良民落草为寇的思想根源。总之，这种观点认为"破心中贼"是破别人心中之贼。[①]

还有一种观点认为，这里的"破心中贼"是指破王阳明自己心中之贼。意思是王阳明本人认为，山中盗贼不过"区区鼠窃"，消灭他们何足挂齿；而要反求诸己，省察克治，灭掉心中的"人欲"之贼，才是天下最难的事。

有人"调和"或者说"综合"了以上两种观点，认为这里的"破心中贼"，既指破除别人——包括山中盗贼和普通老百姓——心中的私心杂念之贼，也指革去自己心中不良的私欲之贼。[②]

从提出"破山中贼易，破心中贼难"的书信和王阳明一贯的"心外无物"的哲学思想看，这里的"心中贼"应指王阳明本人心中不善的意念。理由如下：

首先，在王阳明给薛侃的信中，"破山中贼易，破心中贼难"后面还有一句极为重要的话："区区剪除鼠窃，何足为异？若诸贤扫荡心腹之寇，以收廓清平定之功，此诚大丈夫不世之伟绩。" 很明显，这句话是对看信人薛尚谦，以及王阳明的诸位门生弟子（即"诸贤"）说的，与"诸贤"共勉，扫荡心腹中的"私欲之寇"，达到廓清心体之

①董平：《王阳明的生活世界》，第166页。
②李明德：《王阳明的破山中贼与心中贼》，《孔子研究》1995年03期。

境界，才是大丈夫立下的举世罕见的丰功伟绩。书信并没有提到，山中有贼的原因是这些贼寇心中有"做贼"的恶念，也没有提到今后平定山中贼之后，要兴教育、化民风等等。

其次，王阳明的修炼方式延续了儒家千年传统，是一种"省察克治""反身而诚"的"内自省"的修炼方式。持这种修炼方式的人，当遭遇困境、磨难、阻隔时，首先从自己内心找原因，力求从调整内心状态入手去寻求解决问题的办法。从书信上下文，我们可以推断，当时应该是学生们非常关心剿匪的进展和老师的安危；而老师回信道，剿匪小菜一碟，区区鼠辈，不足一提，倒是修炼自己内心才是最重要的事，同时勉励学生们要时时警醒，不要放松内心修养。对于学生的加强身心修养的提醒和勉励，在王阳明书信中随处可见。

再次，王阳明的世界观是"心外无物"，在这个总的哲学观点下面，自然能推导出"心外无花""心外无竹""心外无贼"……顺着这个逻辑，我们可以对他的观点，进行合理的增强性的补充：破山中贼易，破心中贼难；心中贼一破，山中贼自然平。有了这个合理的推论才能准确把握"破山中贼易，破心中贼难"这十个字的含义，也才能完整表达王阳明的哲学思想。当然，加上"心中贼一破，山中贼自然平"，则更加容易使人把王阳明思想归为"主观唯心主义"，所以有必要在后面专门分析。

最后，从王阳明思想发展脉络来看，他继承"心即理"，提倡"知行合一"，提出"致良知"，其宗旨都是"存天理，灭人欲"，其实也就是"破心中贼"。他认为只要通过正确的修炼，破了心中贼，就能成为圣贤。所以"破心中贼"，虽然是他在"破山中贼"的战斗环境中提出来的，但与"心即理""知行合一""致良知"的思想是紧密联系、一脉相承的。如果把"破心中贼"理解为对盗贼或老百姓的教化，对于理解其思想的统一性、完整性是有偏颇的。

（三）王阳明是怎样破山中贼的？

对于肆掠福建、江西、广东、湖广四省交界地区几十年，历经几任巡抚、都督，调集狼达土兵，都对付不了的匪患，王阳明究竟是用什么方法剿灭的？我们把他剿匪的主要事迹归纳如下（见表附录2-1）：[①]

表附录 2-1：王阳明南赣剿匪大事记

时间	主要事件
正德十二年（1517年）正月十六日	到达赣州，开府办公，颁布训令《巡抚南赣钦奉敕谕通行各属》，选拣民兵，推行《十家牌法》
二月初	平漳州贼寇。历时两个月，攻破巢穴四十多处，擒斩贼犯二千六百八十余名颗，俘获贼属一千四百九十余名口
四月	班师。路过上杭，恰逢大旱之后连连日大雨，作《时雨堂记》
五月	整编部队，上奏设立平和县（今福建省漳州市平和县）
六月	疏请通盐法，解决军饷问题

---

①钱德洪：《王阳明年谱》，《全集》，第1015-1032页。

九月	朝廷改命王阳明提督军务,授予旗牌,给予更大的军事权。抚谕贼巢,送去牛酒银布和劝降书招抚浰头贼寇,上疏谢升赏(朝廷因王阳明平漳州贼寇有功,奖励升一级,银二十两,纻丝二表里),上疏处南、赣商税,解决军饷问题
十月	平横水、桶冈诸寇。历时两个月,破巢八十四处,擒斩大贼首谢志珊、蓝天凤等八十六名颗、从贼首级三千一百六十八名颗,俘获贼属二千三百三十六名口
十二月	班师。至南康,百姓沿途顶香迎拜
闰十二月	上奏设立崇义县(今江西省赣州市崇义县)
正德十三年(1518年)正月	征三浰。(出征前在写给薛侃的信中提出"破山中贼易,破心中贼难")
正月初三	设计擒杀浰头大贼首池仲容
正月初七	进攻三浰贼巢。历时两个月,捣巢穴三十八处,擒斩大贼首二十九名颗、次贼首三十八名颗、从贼二千零六名颗;俘获贼属男妇八百九十名口
三月	在匪患基本平定的时候,因身体原因,上疏请求申请辞官归田,没有得到朝廷批准
四月	班师,立社学。颁发告谕,兴立社学,延师教子,歌诗习礼
五月	上奏设立和平县(今广东省河源市和平县)
六月	升都察院右副都御史,荫子锦衣卫,世袭百户。上疏辞免升荫,请求以原职退休归田,没有得到朝廷批准

从这个极其简要的清单上,我们可以看出,这个劫剽焚驱,祸害百姓几十年的毒瘤,被王阳明用短短一年多的时间铲除得一干二净,"南、赣数十年桀骜难攻之贼,两月之内,扫荡无遗"。扫平贼巢后,王阳明在大贼窟所在地设置了三个县治,以避免官兵走后,盗贼重

新聚集。此举保一方百姓后世几百年的安居乐业。

王阳明剿匪采取的重要措施，简要摘录如下：

【准备】上文说过，王阳明接到任命书后，向朝廷上了一个辞职奏疏，但他预料到朝廷不会批准他辞职归田，于是他一边等待朝廷最终批复，一边抓紧做上任前的准备工作。通过各种渠道，了解南、赣、汀、漳地区的风土人情、老百姓的生产生活状况以及匪患的成因、规模、现状等。事实上，王阳明上任前已经开始履行职责了，正德十一年（1516年）十一月二十五日、二十六日，王阳明分别对兵备佥事胡琏上报的两个公文进行了批示，对漳南道教练民兵和进剿漳南卢溪贼巢予以指导，提出"兵不在多，惟贵精练""事欲可久，尤须简严"的练兵思想和"兵难遥度，事贵乘时""惟在歼取渠魁，毋致横加平善"的作战方针。并表示大规模的作战等他上任后再详细计议。[①]上任后，王阳明极端重视情报搜集，他要求各地官员用一个月左右的时间详细调查并上报所管辖区域的城堡关隘、军兵民快、财政军费、闲置田地、盗贼活动详情以及采取的措施等情况，"山川道路之险易，必须亲切画图；贼垒民居之错杂，皆可按实开注"。[②]力求全面而深入地了解军情、民情、敌情，对贼巢的数量、位置、每个贼巢盗贼数、头目姓名、战斗力等，基本上了如指掌。对我方的情况也做了客观如实的判断："且就赣州一府观之，财用耗竭，兵力脆寡，卫所军丁，止存故籍；府县机快，半应虚文；御寇之方，百无足恃，以此例彼，余亦

<hr>

① 王守仁：《批漳南道教练民兵呈》《批漳南道进剿呈》，《全集》，第887-888页。
② 王守仁：《巡抚南赣钦奉敕谕通行各属》，《全集》，第446页。

可知。夫以赢卒而当强寇，犹驱群痒而攻猛虎，必有所不敢矣。"①
可见，王阳明在大规模军事行动之前力求做到知己知彼。

【选拣民兵】王阳明坚决反对以往动不动就调狼达、土兵协助
剿匪的做法，一方面耗费大量的钱财；另一方面狼达、土兵远道而
来，盗贼早已闻风遁匿，狼达、土兵一走，盗贼又再次聚集；更重要
的是狼达、土兵所到之处抢夺老百姓，比强盗祸害更大。"夫事缓则
坐纵乌合，势急乃动调狼兵，一皆苟且之谋，此岂可常之策？古之善
用兵者，驱市人而使战，假吕戍以兴师。岂以一州八府之地，遂无奋
勇敢战之夫？事豫则立，人存政举"。针对当时兵力不足、士气萎靡
不振、战斗力低下的问题，王阳明提出了一整套选练民兵的方案，对
建立精悍部队做出了周密的部署："为此案仰四省各兵备官，于各属
弩手、打手、机快等项，挑选骁勇绝群，胆力出众之士，每县多或十
余人，少或八九辈；务求魁杰异材，缺则悬赏召募。""所募精兵，专
随各兵备官屯扎，别选素有胆略属官员分队统押。教习之方，随材异
技；器械之备，因地异宜；日逐操演，听候征调。各官常加考校，以核
其进止金鼓之节。本院间一调遣，以习其往来道途之勤。资装素具，
遇警即发，声东击西，举动由己；运机设伏，呼吸从心。如此，则各县
屯戍之兵，既足以护防守截；而兵备募召之士，又可以应变出奇。"②

【推行"十家牌法"】鉴于过去进剿之前，往往有城乡居民向山
贼通风报信，或山贼藏匿于居民家中刺探官府消息，王阳明参照古代
"保甲法"创造出一种户籍登记和检查制度。具体做法是把十户人

①王守仁：《选拣民兵》，《全集》，第447页。
②同上。

276

家编为一个甲组,互保连坐,发现私通盗贼者,十户人家均受惩罚。这是王阳明"御外之策,必以治内为先"思想的具体落实,对清除敌军暗探,稳定地方治安、安定民生起到重要的作用。这种管理模式一直到1949年新中国成立之前还在广大农村地区应用。[①]

【整编部队】王阳明觉得"南、赣之兵素不练养",下决心对部队进行重新整编:"每二十五人编为一伍,伍有小甲;五十人为一队,队有总甲;二百人为一哨,哨有长、协哨二人;四百人为一营,营有官、有参谋二人;一千二百人为一阵,阵有偏将;二千四百人为一军,军有副将。偏将无定员,临阵而设。"同时严明军纪、申明赏罚:"副将得以罚偏将,偏将得以罚营官,营官得以罚哨长,哨长得以罚总甲,总甲得以罚小甲,小甲得以罚伍众。"经过训练,使这支部队成为"上下相维,大小相承,如身之使臂,臂之使指,自然举动齐一,治众如寡,庶几有制之兵矣"。[②]通过整编,部队成为一个听从号令的统一整体,作战能力大大提升了。

【攻心为上】在攻打横水、桶冈之前,王阳明为了稳住三浰的贼寇,避免其支援横水桶冈,派人给三浰各个贼巢送去牛酒银布和一篇告谕。这篇告谕将心比心,感情真挚,是古往今来劝降书的顶峰之作。"夫人情之所共耻者,莫过于身被盗贼之名;人心之所共愤者,

<hr>

[①] 王守仁:《十家牌法告谕各府父老子弟》,《全集》第449页。每十家制作一个大牌,详细记录某县某坊的这十家的人员籍贯。牌由十家轮日保管和查验,每日傍晚时分,轮到保管的人要持牌到各家查审:某家今夜少某人,往某处,干某事,某日当回;某家今夜多某人,是某姓名,从某处来,干某事;都要审问清楚,并通报各家知会。若事有可疑人员,应马上报告官府。如或隐蔽,事发,十家同罪。
[②] 王守仁:《兵符节制》,《全集》,第459页。

莫甚于身遭劫掠之苦。今使有人骂尔等为盗，尔必怫然而怒。尔等岂可心恶其名而身蹈其实？又使有人焚尔室庐，劫尔财货，掠尔妻女，尔必怀恨切骨，宁死必报。尔等以是加人，人其有不怨者乎？人同此心，尔宁独不知？乃必欲为此，其间想亦有不得已者，或是为官府所迫，或是为大户所侵，一时错起念头，误入其中，后遂不敢出。此等苦情，亦甚可悯。然亦皆由尔等悔悟不切。尔等当初去从贼时，乃是生人寻死路，尚且要去便去；今欲改行从善，乃是死人求生路，乃反不敢，何也？""尔等今虽从恶，其始同是朝廷赤子"朝廷也不忍杀尔，"闻尔等辛苦为贼，所得苦亦不多，其间尚有衣食不充者""担惊受怕，出则畏官避仇，入则防诛惧剿，潜形遁迹，忧苦终身"，不如"以尔为贼之勤苦精力，而用之于耕农，运之于商贾，可以坐致饶富而安享逸乐，放心纵意，游观城市之中，优游田野之内"。[1] 这份劝降书起到了非常好的效果，有些山寨看了劝降书之后立即投降，如当时酋长黄金巢、卢珂等，即率众来投，愿戴罪立功，效死以报。

【军事行动】王阳明在南、赣、汀、漳地区的大规模军事行动主要有漳南、横水桶冈、浰头三大战役，每个战役前他都亲自进行极为周密的部署，亲自统筹协调各方面武装力量，亲自指挥作战，甚至亲自到前线督战。后人在写传记的时候，喜欢用文学的语言描绘战争壮丽的场面，以及主帅在战争中"羽扇纶巾，谈笑间，强虏灰飞烟灭"的潇洒飘逸，好像战争是一门可供欣赏的高雅艺术。真实的情况是，当时战斗打得极为惨烈，根据王阳明自己写的奏疏描述，在漳南战役中的一场战斗中，"前后大战数合，擒斩首从贼犯黄烨等，共计

---

[1] 王守仁：《告谕浰头巢贼》，《全集》，第475页。

四百三十二名颗,俘获贼属一百四十六名口,烧毁房屋四百余间,夺获马牛等项。被贼杀死老人许六、打手黄富璘等六名""指挥覃桓,县丞纪镛,被大伞贼众突出,马陷深泥,被伤身死""军人易成等七名、兵快李崇静等八名,俱被贼伤身死",王阳明本人"亦被戳二枪"。①

兵者,诡道也。在作战过程中,王阳明大量运用兵法计谋,虚虚实实,声东击西,迂回包抄、突然袭击、用间反间……一部《孙子兵法》让他运用得出神入化。在浰头战役中,王阳明亲自导演了一出"鸿门宴",假意招降浰头贼寇,邀请强悍而狡猾的大贼首池仲容到赣州过春节。池仲容带着40多位彪悍的随从到赣州勘探王阳明虚实。王阳明精心布置,与之周旋十多天,一步一步使池仲容放松警惕,最后在正月初三日专门摆设的隆重的欢送宴会上,一举把池仲容和一众随从贼犯擒杀。而王阳明也因殚精竭虑"一个头旋昏倒在地。左右慌忙扶起,呕吐不止"。在一年多时间里,通过三场大规模的进剿,按砍下的人头计算,共擒斩贼犯八千零九颗,此外,坠崖、烧死贼徒不计其数。②盘据四省,穷凶极恶,肆掠一方几十年的匪患被扫荡一空,地方复归于安定。

【保障】军马未动,粮草先行。财政困难,军费短缺,是王阳明上任后碰到的一大难题。他于正德十二年(1517年)六月上疏朝廷,请求疏通盐法,同意盐商到江西袁州、临江、吉安三府贩卖,所收银

①王守仁:《闽广捷音疏》,《全集》,第254页。
②根据王阳明上报朝廷的《闽广捷音疏》(《全集》第254页)、《横水桶冈捷音疏》(《全集》,第285页)、《浰头捷音疏》(《全集》第300页)三篇捷音疏统计。李明德《王阳明的破山中贼与心中贼》根据《王阳明年谱》统计,认为杀了13000多人,《孔子研究》1995年03期。

两,按比例收盐税,既解决袁、临、吉三府缺盐之苦,又补充了南、赣二府的军饷,同时征税的官兵还顺便把守了关隘,可谓一举而三得。这一举措使军费得到有效保障,同时促进了地方商品流动,有利于地方经济发展。应当说明的是,这个举措并非王阳明首创,之前的巡抚曾经采用过,后来因故停止了,王阳明不过是把制度恢复并加以改进了。[1]

(四)山中有贼吗?

有了上面的介绍,我们可以回到本文的主题,按照王阳明的思想,山中有贼吗? 或者在他的思想世界中南赣的"山中贼"和南镇的"山中花"是一回事吗?

我们先套用一下"南镇看花"的思维模式,看看"南赣破贼"能不能说得通——

先生游南镇,一友指**岩中花树**问曰:"天下无心外之物,如此**花树**,在深山中自开自落,于我心亦何相关?"先生曰:"你未**看此花**时,**此花与汝心同归于寂**。你来看此花时,则此花颜色一时明白起来。便知**此花不在你的心外**。"

先生征南赣,一友指**山中盗贼**问曰:"天下无心外之物,如此**盗贼**在深山中横行肆虐,于我心亦何相关?"先生曰:"你未**征此贼**时,**此贼**

---

① 王守仁:《疏通盐法疏》,《全集》,第270页。

与**汝心**同归于寂；你来征此贼时，则此贼形状一时明白起来；便知**此贼不在你的心外。**"

从上面关于王阳明"破山中贼"的简要介绍中，我们可以看出，山中贼是实实在在存在着的，不管王阳明心里怎么想，这些盗贼已经在那里祸害百姓几十年了。我们要细究的是，在王阳明当他的南京鸿胪寺卿闲差，醉心于讲学论道时，他可能对南赣地区的盗贼一无所知，并不了解也不关心远在江西、福建地区盗贼的活动情况，此时南赣的"山中贼"与王阳明的心"同归于寂"。而从他担负南赣剿匪第一责任人之后，他深入研究贼情，亲自制定剿匪方略，亲自指挥作战，甚至冒着生命危险亲自与穷凶极恶的大贼首池仲容周旋，此时"山中贼"在王阳明的心中何止是"明白起来"？他对"山中贼"可以说了如指掌，不知道在心里推演破贼之计多少回了，已然有了必胜的信心了，才敢喊出"破山中贼易，破心中贼难"的豪言壮语。所以，我们可以大胆断言，在王阳明任南赣巡抚之前，该地区的山中贼对于王阳明的"心"来说，的确是"自在之物"，他们逍遥法外、纵横恣意、肆无忌惮，而一旦王阳明把"山中贼"装入自己"心"中，他们从此不再是"自在之物"了，甚至也不是"自由之人"了，他们如同孙悟空进入了如来佛的手掌心，天网恢恢、无可奈何、在劫难逃，要么投降，要么毁灭。能说"山中贼"和"此心"亦何相关吗？

用现代的话语体系说，现在某非洲国家正在发生激烈的战争，但是对于一个生活在和平环境的中国老百姓来说，他或者不知道那里正在发生什么，或者只是从媒体上得知那里发生了战争，但觉得这是一个非常遥远的事情,与自己无关,不了解也不关心交战双方的是非曲直和战斗细节。这场几千公里之外"真真实实"发生的战争,"与汝心同归于寂"。但是,对于派往该国参加维和的中国军人来说,他们亲身参与到维护和平的实战中,随时都有生命危险,战场上的任何一个细节他都必须用心琢磨,战争已不在他们心外了。

所以,在王阳明心里,"南镇破贼"只不过是又一个活脱脱的"南镇看花","山中贼"与"山中花"一样,都不是"心"外之"物",按他的思维逻辑,万事万物俱在心里,心外"无"物,心外"无"贼!

(五)欲破"山中贼"先破"心中贼"

前面,我们在"破山中贼易,破心中贼难"后,加了一句"心中贼一破,山中贼自然平"。这个"加强版"的说法,更容易让不理解王阳明的人,把他的思想划入"主观唯心主义"的范畴,或者至少认为王阳明无限夸大了个人的主观能动性。

"心中贼一破""山中贼"怎么就"自然平"了?我们先看看,王阳明之前几任巡抚为什么失败?正德六年(1511年)二月,朝廷命左都御史陈金总制军务,征讨江西各处山寨。"金以属郡兵不足用,奏调广西狼土兵"。虽然"狼土兵"骁勇善战,打了些胜仗,但是"贪残嗜杀",所到之处鸡犬不宁,当地流传民谣"土贼犹可,土兵杀我"。陈金也知道这些情况,因不敢得罪这些蛮横的土兵,况且还要仰仗他们剿匪,就睁一只眼闭一只眼,没有禁止土兵的扰民行为。除了只求剿匪成功,不顾老百姓死活,重金调用"狼土兵"外,陈金还有两个致命的弱点，一个是贪财，"不能持廉，军资颇私入""士民皆深怨焉"；另一个贪功，"金急欲成功，遂下令招抚""贼首王浩八等故伪降以缓官兵，攻剿如故，卒不能尽贼"。[①]

没有从心里真正做到"亲民"、贪财、贪功，这些都是主帅陈金的"心中贼"，这些"心中贼"不破，如何破得了"山中贼"？陈金最后因言官弹劾去职。朝廷任命右副都御史俞谏代替陈金提督军务，继续在江西剿匪。史料记载俞谏颇有军功，因遭宁王朱宸濠嫉，被弹劾召还。随后，朝廷任命文森为都察院右金都御史，巡抚南、赣、汀、漳等地，文森因惧怕托病不赴任，受到朝廷严厉斥责。俞谏是遭人嫉恨被弹劾的，从史料记载无法揣度他的内心状态。文森胆小怕事，托病不上任，"畏惧"即是"心中贼"，临阵而惧，未战已先败矣。

不单单"贪财""贪功""畏惧"是"心中贼"，《大学》有云"身有所忿懥，则不得其正；有所恐惧，则不得其正；有所好乐，则不得其正；有所忧患，则不得其正"。忿懥、恐惧、好乐、忧患等情绪容易使人心"不得其正"，从而无法做出正确的判断，所以也可以称为"心中贼"。故古人常说，不论身处顺境、逆境，都要时时"内自省"，克去内心声、色、货、利等私欲，努力使自己的内心处于"喜怒哀乐之未发"或"发而皆中节"的状态。有了这个状态就能做到"千磨万击还坚劲，任尔东西南北风"。我们从上面叙述中，可以清晰地看到，王阳明使用的正是儒家这个传统的克敌制胜的"武功心法"，他所言所行、所作所为无非循着内心"纯乎天理"的良知，爱民如子，嫉恶如仇，毫无

①《明史》卷一百八十七，列传第七十五，中华书局，1974年4月第1版。

半点私欲之杂,有这样一个光明的内心境界,有这样一个强大的内心力量,区区"山中贼"即不在话下。

"山中贼"不破是因为"心中贼"未灭。事业、工作、生活中的失败、阻碍或不顺,都可以比喻为"山中贼",这些"山中贼"之所以挥之不去,是因为我们"心中贼"挥之不去。哪一个人敢说自己心中没有贼? 按照王阳明的看法,只有内心纯乎天理,而无半点私欲之杂,才算得上是心中无贼。这已经是圣人的境界了,如同数学中的"无穷大""无穷小"的概念,可以无限接近,但永远达不到。凡人心中总有自己的"小九九",或贪财、或好色、或图名、或恋权……或自私、或懒惰、或嫉妒、或好逸恶劳、拈轻怕重,或好高骛远、心浮气躁,或狂妄自大、目中无人……这些就是凡人的"心中贼",带着"心中贼"做事,就心有"挂碍",就远离不了"颠倒梦想",做事磕磕绊绊的也就在所难免。俗话说,只要思想不滑坡,办法总比困难多,思想不滑坡可以理解为保持思想纯洁,保持为国为民的初心,也就是王阳明所说的破了"心中贼",那任何"山中贼"都难不倒我们。

只要人人破除"心中贼",则"天下无贼"矣!

参考书目

古籍：《大学》《中庸》《论语》《孟子》《诗经》《尚书》《礼记》《周易》《春秋》

《荀子》《庄子》《老子》《墨子》《左传》《孙子》《金刚经》《坛经》《心经》《黄帝内经》

周敦颐：《周敦颐集》，中华书局，1990年。

张载：《张载集》，中华书局，1978年。

程颢、程颐：《二程集》，中华书局，1981年。

陆九渊：《陆九渊集》，中华书局，1980年。

朱熹：《四书章句集注》，中华书局，2011年。

朱熹：《朱子语类》，中华书局，1986年。

王守仁：《王阳明全集》，上海古籍出版社，2012年。

冯梦龙：《皇明大儒王阳明先生出身靖乱录》，（张昭伟编注《王阳明图传》，上海古籍出版社，2017年）。

黄宗羲：《明儒学案》，中华书局，2008年。

吴楚材、吴调侯：《古文观止》，江西人民出版社，1981年。

梁启超：《儒家哲学》，中华书局，2015年。

牟宗三:《中西哲学之会通》,上海古籍出版社,1997年。

毛泽东:《实践论》,《毛泽东选集》,人民出版社,1991年。

钱穆:《中国思想史》,九州出版社,2012年。

钱穆:《国学概论》,商务印书馆,1997年。

钱穆:《阳明学述要》,九州出版社,2010年。

冯友兰:《中国哲学史》,中华书局,1984年。

冯友兰:《中国哲学小史》,中国人民大学出版社,2005年。

冯友兰:《贞元六书》,华东师范大学出版社,1996年。

张岱年:《中国哲学史》,中国大百科全书出版社,2014年。

艾思奇:《辩证唯物主义历史唯物主义》,人民出版社,1978年。

钱锺书:《管锥编》,三联书店,2007年。

任继愈:《中国哲学史》,人民出版社,2003年。

汤一介:《汤一介哲学精华编》,北京联合出版公司,2016年。

邓爱民:《朱熹王守仁哲学研究》,华东师范大学出版社,1989年。

北京大学哲学系编:《中国哲学史》,人民出版社,1980年。

蔡仁厚:《王阳明哲学》,九州出版社,2013年。

楼宇烈:《中国文化的根本精神》,中华书局,2017年。

陈鼓应、赵建伟注释:《周易今注今译》,商务印书馆,2016年。

陈鼓应注释:《老子今注今译》,商务印书馆,2003年。

束景南:《王阳明年谱长编》,上海古籍出版社,2017年。

陈来:《有无之境:王阳明哲学的精神》,生活读书新知三联书店,
2009年。

陈来:《传统与现代:人文主义的视界》,生活读书新知三联书

店, 2009年。

董平:《王阳明的生活世界》, 商务印书馆, 2018年。

胡军:《哲学是什么》, 北京大学出版社, 2002年。

金一南:《心胜》, 长江文艺出版社, 2013年。

〔德〕黑格尔:《哲学史讲演录》, 商务印书馆, 1959年。

〔德〕马克思、恩格斯:《马克思恩格斯选集》, 人民出版社, 1972年。

〔法〕伯格森:《时间与自由意志》, 商务印书馆, 1958年。

〔英〕罗素:《哲学问题》, 商务印书馆, 2007年。

〔法〕萨特:《存在与虚无》, 生活读书新知三联书店, 1987年。

〔日〕西田几多郎:《善的研究》, 商务印书馆, 2017年。

〔瑞士〕耿宁著, 倪梁康译:《人生第一等事——王阳明及其后学论"致良知"》, 商务印书馆, 2016年。

〔美〕黄仁宇:《万历十五年》, 中华书局, 2007年。

〔美〕陈荣捷:《王阳明传习录详注集评》, 重庆出版社, 2017年。

〔日〕冈田武彦:《王阳明大传》, 重庆出版社, 2015年。

〔美〕杜维明:《青年王阳明》, 生活读书新知三联书店, 2017年。

〔美〕L·S·斯塔夫里阿诺斯著、吴象婴等译:《全球通史: 从史前史到21世纪》, 北京大学出版社, 2006年。

〔法〕奥利维埃·库德隆:《身体·节奏: 生物钟与健康》, 海天出版社, 2001年。

《明史》，中华书局，1974年。

《康熙字典》清康熙五十五年内府刻本影印本，书海出版社，2003年。

《中国哲学大辞典》（张岱年主编），上海辞书出版社，2010年。

《佛学大词典》，中国书店出版社，2011年。

《古文鉴赏辞典》，上海辞书出版社，2014年。

《现代汉语词典》，商务印书馆，1978年。

《人类智慧与共同命运：首届中国阳明心学高峰论坛精粹》，中国社会科学出版社，2018年。

后　记

　　出版这本小册子纯属偶然，它最初是我读书的笔记。我读书的时候有两个小习惯：一个是随手记笔记，把读到的好观点、好句子和自己的一些心得、体会记下来，有时候记在本子上，有时候直接注在书页的空白处，虽然杂乱无章，但不至于使灵感转瞬即逝；另一个习惯是比较爱钻牛角尖，越是读不懂的地方，越是千方百计想把它搞懂，所以，有一些书我反复读，甚至一读读好几年。

　　王阳明的《传习录》就是一本我反复阅读的书，也是刚开始时有许多地方读不懂的书。这些读不懂的地方就成了困扰我的问题，我花了很多年时间，试图通过求解文义、查阅资料、遍访名师等千方百计找到答案；这些困惑我的问题又成了我实践探索的课题，我试图用王阳明先生的思维方式去思考，借鉴王阳明先生的一些思路和做法来调整身心，解决实际中遇到的问题，渐渐地我对王阳明的思想有了自己粗浅的理解。但是我始终认为，学习是一件极其私密化的事，如果说学有所得，也是自得于心，不足为外人道也。

　　一次偶然的机会到北京三智文化书院参加交流研讨，书院理事长高斌先生建议我把学习过程中形成的笔记和一些观点整理成书。两年多来，我利用业余时间断断续续地整理，终于形成现在这个小册子，当年困扰我的问题也成了书中各章节的标题。和读者们分享我对这些问题的思考，并不是想让大家接受我的观点，只是想告诉大家我对这些问题是这么想的、也是这么做的，如果它对于有同样困惑的人有那么一点点借鉴作用，那我就感到很欣慰了。

在我学习实践和整理书稿的过程中得到了很多同志的鼎力支持和无私帮助。连续几届参加中国阳明心学高峰论坛，现场聆听中外著名专家学者的最新研究成果报告，开拓了我的思路和视野；参加北京三智文化书院、燕京读书会的定期学习交流，使我加深了对《传习录》文本和王阳明思想的理解。著名的古籍整理专家肖祥剑先生对书稿从书名、目录、内容到排版、装帧、出版都给予悉心的指导。两年多来，我把部分章节陆续放在微信公众号和朋友圈征求意见，很多同志提出了宝贵意见，帮助我改正了许多错误。借此机会，我谨向支持和帮助我的所有同志表示衷心的感谢！

陈垂培

2020 年 6 月 18 日